Cómo ganar
Amigos
e **influir** en las
Personas

¡Tadavía el mejor libro para guiarte hacia tu éxito!

Dale Carnegie

Cómo ganar amigos e influir en las personas

por Dale Carnegie

Edición original (1937) revisada y adaptada

Traducido por Ana Hernández

ISBN: 978-1-937094-52-2

Una publicación de:

Editorial Renuevo
www.EditorialRenuevo.com

Contenido

Ocho cosas que este libro te ayudará a lograr

1.- Sal de la rutina mental, piensa nuevos pensamientos, adquiere una nueva visión, descubre nuevas ambiciones.

2.- Haz amigos fácil y rápidamente.

3.- Aumenta tu popularidad.

4.- Gana a la gente para que piensen como tú piensas.

5.- Aumenta tu influencia, tu prestigio, tu habilidad para terminar las cosas.

6.- Trata con las quejas, evita los argumentos, mantén tu contacto humano tranquilo y agradable.

7.- Conviértete en un mejor hablante, y un conversador más entretenido.

8.- Despierta entusiasmo entre tus asociados.

Este libro ha conseguido hacer todas estas cosas para más de diez millones de lectores en más de treinta y seis idiomas.

Prólogo a la edición revisada

Como Ganar Amigos e Influir en las Personas fue publicado por primera vez en 1937, en una edición de solamente cinco mil copias. Ni Dale Carnegie ni los editores, Simón y Schuster, creían que se podría realizar más que esta cantidad modesta de ventas. Para su asombro, el libro se convirtió en una sensación de la noche a la mañana, y se hizo edición tras edición haciendo rodar la imprenta para poder suplir día con día la creciente demanda del público. Cómo Ganar Amigos e Influir en las Personas tomó su lugar en la historia de las publicaciones como uno de los más vendidos internacionalmente de todos los tiempos. «Tocó un nervio» y llenó una de las necesidades humanas que era más que un fenómeno de moda en los días de la post-depresión, como evidencia de sus continuas e ininterrumpidas ventas hasta los ochentas, casi medio siglo después.

Dale Carnegie solía decir que había sido más fácil ganar un millón de dólares que poner una frase en idioma inglés. «Cómo ganar amigos e influir en las personas» llegó a ser una frase citada, parafraseada, parodiada, usada en innumerables contextos, desde caricaturas políticas hasta novelas. El libro en sí fue traducido a casi todos los idiomas escritos. Cada generación lo ha descubierto de nuevo y lo ha encontrado relevante.

Lo que nos trae a la pregunta lógica: ¿Por qué revisar un libro que ha probado y sigue probando su atractivo vigoroso y universal? ¿Por qué estropear el éxito?

La respuesta es que, debemos de darnos cuenta que el mismo Dale Carnegie fue un corregidor incansable de su trabajo durante toda su vida. *Como Ganar Amigos e Influir en las Personas* fue escrito para ser usado como un libro de texto para sus cursos de *Hablante Eficaz y Relaciones Humanas* y hasta el día sigue siendo usado para esos cursos. Hasta su muerte en 1955, constantemente mejoró y corrigió el curso mismo para hacerlo efectivo para las necesidades cambiantes de un público que nunca deja de crecer. Nadie era más sensible a las corrientes cambiantes del presente que Dale Carnegie. Él mejoraba y refinaba sus métodos de enseñanza constantemente; el actualizó varias veces su libro *«Hablante Eficaz»*. Si hubiera vivido más tiempo, él mismo hubiera hecho las revisiones a **Cómo Ganar Amigos e Influir en las Personas** para que reflejare mejor los cambios que han tomado lugar en este mundo desde los años treinta.

Mucho de los nombres de gente prominente en el libro, muy conocidos para él cuando se hizo la primera publicación, ya no son reconocidos por muchos de los lectores del presente. Ciertos ejemplos y frases les son tan extrañas y anticuadas para nuestro ambiente social como los de una novela Victoriana. El mensaje importante del libro y el impacto en su totalidad es debilitado hasta ese punto.

Nuestro propósito, por lo tanto, en esta versión, es aclarar y fortalecer el libro para el lector moderno sin estropear el contenido. Nosotros no hemos «cambiado» **Como Ganar Amigos e Influir en las Personas** excepto para hacer algunas excisiones y agregar algunos ejemplos más contemporáneos. El asombroso y vivaz estilo Carnegie está intacto – aun la jerga de los años treinta está ahí todavía. Dale Carnegie escribió así como hablaba, de una manera conversacional intensa, exuberante y coloquial.

Así que su voz aún habla con la misma fuerza de siempre, en el libro y en su trabajo. Miles de personas alrededor del mundo, están siendo entrenadas en los cursos de Carnegie y los números van en aumento cada ano. Y otros miles están leyendo y estudiando **Como Ganar Amigos e Influir en las Personas** y están siendo inspirados a usar sus principios para mejorar sus vidas. Para todos ellos, ofrecemos esta revisión con el intento de perfeccionar y pulir una herramienta finamente creada.

Sra. Dorothy Carnegie

Un atajo a la distinción

por Lowell Thomas

(Esta información biográfica de Dale Carnegie fue escrita como una introducción a la edición original de **Como Ganar Amigos e Influir en las Personas**. *Se vuelve a imprimir en esta edición para dar a los lectores información adicional de los antecedentes de Dale Carnegie.)*

Era una noche fría de enero de 1935, pero el clima no los pudo ahuyentar. Dos mil quinientos hombres y mujeres atestados en el gran salón de baile del Hotel Pennsylvania en Nueva York. A las siete y media, todos los asientos disponibles estaban llenos. Muy pronto el amplio balcón estaba atestado. Dentro de poco, hasta los espacios donde no hay asientos estaban llenos, y cientos de personas, cansadas después de trabajar un día en los negocios, se mantuvieron parados por una hora y media para ser testigos, ¿de — qué?

¿Un desfile de modas?

¿Seis días de una vuelta ciclística o una apariencia en persona de Clark Gable?

No. Esta gente había sido atraída por un anuncio en el periódico. Dos días antes por la tarde, ellos habían visto el anuncio de una página completa en el New York Sun mirándoles a la cara:

Aprende a hablar de manera eficiente:
Prepárate para el Liderazgo

¿Algo pasado de moda? Sí, pero ya sea que lo creas o no, la ciudad más sofisticada de la tierra, con 20 por ciento de la población dependientes de ayuda gubernamental durante la Depresión, dos mil quinientos habían dejados sus casas y se habían ido de prisa para el hotel como respuesta al anuncio del periódico. Las personas que respondieron fueron esas de la clase alta — ejecutivos, empleados y profesionales.

Estos hombres y mujeres habían venido a escuchar la apertura de un curso ultramoderno, y muy práctico sobre «Cómo hablar de manera eficiente e influenciar hombres de negocios» — un curso ofrecido por El Instituto de Comunicación Efectiva y Relaciones Humanas Dale Carnegie.

¿Por qué estaban ellos ahí, estos dos mil quinientos hombres y mujeres?

¿Debido a una hambre repentina de más educación como resultado de la Depresión?

Aparentemente no, porque este mismo curso había estado llenando salones completos en la ciudad de Nueva York cada temporada durante los últimos veinticuatro años. Durante ese tiempo, más de quince mil negociantes y profesionales habían sido entrenados por Dale Carnegie. Aun grandes, e incrédulas organizaciones conservadoras tales como Westinghouse Electric Company, La Compañía Editora McGraw-Hill, La Brooklyn Union Gas Company, La Cámara de Comercio de Brooklyn El Instituto Americano de Ingenieros Electrónicos y la Compañía Telefónica de Nueva York habían tenido este entrenamiento realizado en sus propias oficinas para el bien de sus miembros y ejecutivos.

El hecho que este gente, diez o veinte años después de haber abandonado la escuela primaria, la secundaria o la universidad, vinieran a tomar este entrenamiento, es un comentario que pone de manifiesto las horrorosas deficiencias de nuestro sistema educativo.

¿Qué es lo que los adultos quieren realmente estudiar? Esta es una importante pregunta; y para poder contestarla, La Universidad de Chicago, La Asociación Americana para la Educación para Adultos, y las escuelas United Y.M.C.A. llevaron a cabo una encuesta que duró un período de dos años.

La encuesta reveló que el interés primario para los adultos es la salud. Además, reveló que su interés secundario es desarrollar destrezas en relaciones humanas — ellos quieren aprender la técnica de llevarse bien con la gente e influencia a otras personas. Ellos no desean convertirse en oradores, y ellos no quieren escuchar mucha palabrería que suene muy profesional acerca de la psicología; ellos quieren sugerencias que pueden usar inmediatamente en los negocios, contactos sociales y en su hogar.

Así que, eso era lo que los adultos querían estudiar, ¿no es cierto?

«Así es,» dijeron las personas que hicieron la encuesta. «Está bien. Si eso es lo que ellos quieren, nosotros se los daremos.»

En busca de un libro de texto, ellos descubrieron que nunca se había escrito un manual de trabajo para ayudar a la gente a resolver sus problemas diarios en relaciones humanas.

¡Aquí está un buen costal! Por cientos de años, volúmenes para aprender griego, latín y matemática avanzada habían sido escritos — temas acerca de los cuales los adultos no se emocionan. Pero el tema del cual el adulto tiene hambre de conocimiento, una verdadera pasión por ayuda y dirección — nada!

Esto explica la presencia de dos mil quinientos adultos ansiosos amontonados en el salón de baile del Hotel Pennsylvania como respuesta al anuncio en el periódico. Aquí, aparentemente, al fin, estaba algo que ellos habían estado buscando por largo tiempo.

En la escuela y la universidad, ellos habían estudiado minuciosamente los libros, creyendo solamente el conocimiento era el sésamo abierto para la recompensa — tanto financiera — como profesional.

Pero unos pocos años en lo duro-y-violento en los negocios y la vida profesional había traído fuertes desilusiones. Ellos habían visto algunos de los triunfadores más importantes en los negocios, obtenidos por hombres que además de conocimiento poseían la habilidad de hablar bien, persuadir gente para que pensara como ellos, y venderse a sí mismos y sus ideas.

Pronto descubrieron que si alguno aspiraba a usar la gorra del capitán y navegar en la nave de los negocios, la personalidad y la habilidad de hablar bien son más importantes que el conocimiento de los verbos en latín o un pergamino de Harvard.

El anuncio en el periódico *New York Sun* que la sesión sería muy entretenida. Dieciocho personas que habían tomado el curso estaban formadas en frente del altavoz — y a quince de ellas se les había dado exactamente setenta y cinco segundos a cada una para que para contara su historia. Solamente setenta y cinco segundos para hablar, y luego el «pon» sonaba el mazo y el presidente gritaba, «¡Tiempo! ¡El siguiente!»

El asunto se movió con la misma velocidad con que se mueve una manada de búfalos corriendo a través de las planicies. Los espectadores se pararon por una hora y media para observar toda la sesión.

Los participantes eran una muestra representativa de la vida: varios representantes de ventas, un ejecutivo de una cadena de tiendas, un panadero, el presidente de una asociación de comercio, dos banqueros, un agente de seguros, un contador, un dentista, un arquitecto, un dueño de droguería que había ido de Indianápolis a Nueva York a tomar el curso, un abogado que había llegado de La Habana para prepararse para dar un importante discurso de tres minutos.

El primer participante llevaba el nombre gaélico Patrick J. O'Haire. Nacido en Irlanda, el atendió la escuela por cuatro años solamente, se fue para America, trabajó como mecánico, y luego como chofer.

Ahora, sin embargo, tenía cuarenta años. Él había criado una familia y necesitaba más dinero, así que trató de vender camiones. Sufría de un complejo de inferioridad que como él decía, «estaba acabando conmigo,» él tenía que caminar de arriba para abajo por lo menos media docena de veces frente a una oficina antes de tener valor suficiente para abrir la puerta. Él estaba como vendedor a tal punto que estaba pensando ir de nuevo a hacer labor manual a una taller de maquinaria. De repente un día él recibió una invitación para asistir a un curso de cómo hablar de manera eficiente en una organización de Dale Carnegie.

Él no quería asistir porque sentía un temor de que tendría que asociarse con muchos graduandos universitarios, y se iba a sentir fuera de lugar.

Su desesperada esposa insistió en que él tenía que ir, diciendo, «Pat, es posible que te ayude de alguna manera». Él se fue al lugar donde la reunión se iba a llevar acabo y se paró en la banqueta por cinco minutos antes de generar suficiente confianza en sí mismo para entrar al lugar.

Las primeras veces que trató de hablar frente de otros, él estaba mareado de temor. Pero mientras fueron pasando las semanas, el perdió todo su miedo a las audiencias y pronto se dio cuenta que le encantaba hablar — entre más grande era la audiencia, mejor para él.

Además, él perdió su miedo hacia los individuos y sus superiores. Él les presentó a ellos sus ideas en el departamento de ventas. Él se convirtió en un miembro valioso y muy querido de su compañía. Esta noche, en el Hotel Pennsylvania, Patrick O'Haire, se paró frente a dos mil quinientas personas y contó una alegre y jovial historia de sus logros. Ola tras ola de risa invadió la audiencia. Pocos oradores profesionales igualan su desempeño.

El siguiente orador, Godfrey Meyer, era un banquero con canas, padre de once niños. La primera vez que él trató de hablar en el salón de clases, se quedó literalmente sin habla. Su mente se negaba a funcionar. Su historia es una ilustración vívida de cómo el liderazgo gravita hacia la persona que puede hablar.

Él trabajó en Wall Street, y por cuarenta y cinco años había vivido en Clifton, Nueva Jersey. Durante ese tiempo, él había estado muy activo en los asuntos de la comunidad y conocía tal vez unas quinientas personas.

Poco después de que se había inscrito en el Curso Carnegie, él recibió su factura de impuestos y estaba enfurecido por algo que él consideraba eran cambios injustos. Normalmente, él se hubiera sentado en casa a echar humo hasta por los oídos, o hubiera salido a quejarse con sus vecinos. Pero en lugar de hacer eso, esa noche él se puso su sombrero, se fue para la reunión de la ciudad, y se desahogó en público.

Como resultado de esa plática de indignación, los ciudadanos de Clifton, Nueva Jersey lo instaron para que se perfilara como candidato para Concejal de la ciudad. Así que durante semanas él anduvo de reunión en reunión, denunciando malgasto y extravagancia municipal.

Habían noventa y seis candidatos en la contienda. Cuando las boletas fueron contadas, he aquí Godfrey Meyer estaba en el liderazgo. Casi de la noche a la mañana, él se había convertido en una figura pública para casi cuarenta mil personas en su comunidad. Como resultado de sus discursos, en seis semanas, él ganó ochenta veces más amigos de lo que había ganado en los anteriores veinticinco años.

Y su salario como Concejal significaba que a él devolverían un porcentaje de 1.000 al año sobre sus inversiones en el curso Carnegie.

El tercer orador era jefe de una gran asociación de manufactureros de comida. Él contó como anteriormente había sido incapaz de pararse y expresar sus ideas en las reuniones frente a la junta directiva.

Como resultado de haber aprendido a pensar cuando está parado frente a una audiencia, dos cosas asombrosas pasaron. Pronto se convirtió en el presidente de su asociación, y teniendo esa posición, él estaba obligado a dirigir reuniones por todos los Estados Unidos. Citas de sus charlas fueron propagadas por Associated Press e impresos en diarios y revistas conocidas a través del país.

En dos años, después de haber aprendido a hablar de manera efectiva, él recibió más publicidad gratis para su compañía y sus productos de lo había sido capaz de obtener previamente con un cuarto de millón de dólares que tenía disponible para la publicidad. Este orador admitió que él había dudado en llamar por teléfono a algunos de los ejecutivos importantes en Manhattan e invitarlos a almorzar con él. Pero como resultado del prestigio que había adquirido en sus charlas, estas mismas personas le llamaron por teléfono y lo invitaron a almorzar y se disculparon por interferir en su tiempo.

La habilidad de hablar es un atajo a distinción. Pone a una persona en primer plano, eleva la cabeza y los hombros de la persona por encima de la multitud. A la persona que puede hablar de una manera aceptable usualmente se le da el crédito de una habilidad más allá de lo que ella o él en realidad posee.

Un movimiento por la educación de los adultos se ha estado extendiendo por toda la nación; y la fuerza más espectacular en ese movimiento fue Dale Carnegie, un hombre que escuchó y criticó mas charlas de adultos que ningún otro hombre en cautividad. Según una historieta de Ripley «Aunque usted no lo crea», él ha criticado 15.000 charlas. Si ese gran total no te impresiona, recuerda que eso significa una charla para casi cada uno de los días que han transcurrido desde que Cristóbal Colón descubrió América. O, poniéndolo de otra manera, si toda la gente que dio charlas antes que él hubieran usado sólo tres minutos y hubieran aparecido ante él en serie, hubiera tomado diez meses, escuchando día y noche, para oírlos bien.

La propia carrera de Dale Carnegie, llena de fuertes contrastes, fue un ejemplo notable de lo que una persona puede lograr cuando está obsesionada con un ideal original y encendida con entusiasmo.

Nacido en una granja de Missouri que estaba a diez millas del ferrocarril, él no vio un tranvía hasta que tuvo doce años de edad; y aun así, para cuando tenía cuarenta y seis años, estaba familiarizado con los rincones lejanos de la tierra, desde Hong Kong a Hammerfest; y, una vez, él se acercó más al Polo Norte de lo que la sede de Admiral Byrd en Little América estaba del Polo Sur.

Este muchacho de Missouri que una vez había recogido fresas y cortado cardos por cinco dólares la hora, se convirtió en un bien pagado entrenador en el arte de la libre expresión para ejecutivos de grandes corporaciones.

Este antiguo vaquero que una vez había perforado ganado bovinos, marcado terneros y montado cercos en el oeste de Dakota del Sur fue después a Londres a dar un espectáculo bajo el patrocinio de la familia Real.

Este chico, que era un fracaso total la primera media docena de veces que trató de hablar en público, se convirtió en gerente de personal. Gran parte de mi éxito es debido al entrenamiento bajo Dale Carnegie.

El joven Carnegie tuvo que luchar por una educación, porque la mala suerte siempre estaba atacando la vieja granja en el noroeste de Missouri rápido con golpes fuertes. Año tras año, el río «102» se desbordaba, ahogaba el maíz y barría con el heno. Temporada tras temporada, los cerdos gordos se enfermaban y morían de cólera, el mercado para el ganado y las mulas se vino abajo, y el banco amenazó con cerrar la hipoteca.

Cansados del desaliento, la familia vendió la propiedad y compró otra granja cerca de la Universidad Estatal de Maestros en Warrenburg, Missouri. Hospedaje y comida podría haberse conseguido por un dólar al día, pero el joven Carnegie no podía darse ese lujo. Así que, él se quedó en la granja y viajaba diariamente a caballo tres millas hacia la universidad. En la casa, él ordeñaba vacas, rajaba leña, le daba de comer a los cerdos, y estudiaba los verbos en latín alumbrado por una lámpara de aceite de hulla hasta que su vista se ponía borrosa y comenzaba a cabecear.

Aun cuando se iba a la cama a la medianoche, programaba su alarma para que lo despertara a las tres en punto de la mañana. Su padre criaba cerdos de raza Duroc-Jersey — y eso era peligroso, durante la noches demasiado frías, los cerdos pequeñitos se congelaban hasta morir; así que éstos eran puestos en una canasta, cubiertos con un saco de arpillera, y colocados detrás de la estufa de la cocina. Gracias a su naturaleza, los cerdos exigían comida caliente a las 3 de la mañana. Así que cuando la alarma sonaba, Dale Carnegie salía de las sábanas, sacaba la canasta de lechones para llevarlos con su madre, esperaba que ellos mamaran, y luego los llevaba de nuevo a la calidez de la estufa de la cocina.

Habían seiscientos estudiantes inscritos en la Universidad Estatal de Maestros, y Dale Carnegie era uno de la aislada media docena de los que no podían darse el lujo de vivir dentro y pagar pensión en la ciudad. Él estaba avergonzado de la pobreza que lo obligaba a regresar a la granja a ordeñar vacas todas las noches. Él sentía vergüenza de su abrigo, el cual era muy liviano, y sus pantalones, los cuales eran muy cortos. Rápidamente desarrolló una complejo de inferioridad, y buscó un atajo rápido que le diera distinción. Pronto se dio cuanta que habían ciertos grupos en la universidad que disfrutaban de influencia y prestigio – los jugadores de béisbol y futbol americano y los muchachos que ganaban los debates y concursos de oratoria.

Al darse cuenta que no tenía talento para el atletismo, él decidió participar a ganar uno de los concursos de oratoria. Él pasó meses preparando sus charlas. Él practicaba mientras iba montado a caballo hacia la universidad y cuando iba de regreso; practicaba sus charlas mientras ordeñaba las vacas; mientras montaba un fardo de heno en la granja, con gran gusto y ademanes presentaba su discurso enardecedor acerca de los problemas del día a las palomas asustadas.

Pero a pesar de toda esta seriedad y preparación, enfrentó derrota tras derrota. Él tenía dieciocho años en ese entonces – sensible y orgulloso. Él se desanimó, se deprimió a tal punto que pensó en el suicidio. Y de repente, comenzó a ganar, no solamente un concurso, sino todos los concursos de oratoria en la universidad.

Otros estudiantes le suplicaron que los entrenada y ellos también ganaron.

Después de graduarse de la universidad, él comenzó cursos de correspondencia a los ganaderos en las colinas de arena del oeste de Nebraska y el este de Wyoming.

A pesar de toda la energía y el entusiasmo sin límites, él no pudo llegar a obtener la calificación. Él se desanimó tanto que se fue a la habitación del Hotel Alliance, Nebraska, en el medio del día, se tiró en la cama, y lloró de desesperación. Él deseaba regresar a la universidad, deseaba retirarse de la dura batalla de la vida; pero no podía. Así que decidió irse para Omaha a conseguir otro trabajo. No tenía dinero para el boleto del ferrocarril así que viajó en un tren de carga, dando alimento y agua a dos carros llenos de animales salvajes a cambio de su pasaje. Después de llegar al sur de Omaha, él consiguió un trabajo vendiendo tocino, jabón y manteca para la empresa Armour y Compañía. Su territorio estaba entre Badlands y el territorio de las vacas y los Indios al oeste de Dakota del Sur. Él cubría su territorio viajando en tren de carga y diligencia y a caballo y dormía en hoteles de pioneros donde la única división entre cada cuarto de hotel era una sábana musulmana. Él estudió libros en el arte de vender, montó caballos salvajes de apuestas, jugó póker con los Indios y aprendió como colectar dinero. Y cuando, por ejemplo, un comerciante del interior no podía pagar dinero en efectivo por el tocino y el jamón que había ordenado, Dale Carnegie tomaba a cambio una docena de pares de zapatos del estante, vendía los zapatos a los ferroviarios y remitía las facturas a Armour y Compañía.

Con frecuencia él viajaba cien millas diarias en el tren de carga. Cuando el tren se paraba a descargar, él iba de prisa hacia el pueblo, visitaba tres o cuatro comerciantes, hacía sus órdenes; y cuando escuchaba el silbato, corría de prisa de regreso y en un santiamén se colgaba del tren cuando ésta estaba ya en movimiento.

En un término de dos años, él se había tomado un territorio improductivo que se había mantenido en el lugar número veinticinco y lo había impulsado hacia el primer lugar entre las veintinueve rutas automovilísticas saliendo del sur de Omaha. La empresa Armour y Compañía le ofreció un ascenso, diciéndole: «Tú has logrado lo que parecía imposible». Pero él rechazó el ofrecimiento y renunció, se fue a Nueva York, estudió en la Academia Americana de Artes y Dramática, y viajó por el país, haciendo el papel de Dr. Hartley en el Polly del Circo.

Él nunca iba a ser Nooth or Barrymore. Él tenía el buen sentido de reconocerlo. Así que él regresó al trabajo de las ventas, vendiendo automóviles y camiones para la empresa Packard Motor Car Company.

Él no sabía nada de maquinaria y tampoco le importaba. Terriblemente infeliz, él tenía que atormentarse a sí mismo a hacer su tarea todos los días. El deseaba tener tiempo para estudiar, para escribir libros que él había soñado escribir cuando estaba en la universidad. Así que renunció. Pasaba sus días escribiendo historias y novelas y para mantenerse a sí mismo, enseñaba en una escuela nocturna.

¿Enseñando qué? Al mirar atrás y evaluar su trabajo universitario, el vio que su entrenamiento en oratoria había hecho más para darle más confianza, valor, equilibrio y la habilidad de conocer y lidiar con gente de negocios que el resto de los cursos en junto. Así que el instó a la escuelas Y.M.C.A en Nueva York que le dieran una oportunidad de conducir cursos en oratoria para la gente de negocios.

¿Qué? ¿Convertir en oradores a la gente de negocios? Absurdo.

La gente de Y.M.C.A lo sabía. Ellos habían intentado hacerlo — y siempre habían fallado. Cuando se rehusaron a pagarle un salario de dos dólares la noche, él estuvo de acuerdo en enseñar en base a comisión y tomar un porcentaje del total de las ganancias — si es que habían ganancias para tomar. Y en tres años ellos le estaban pagando treinta dólares la noche sobre esa base — en lugar de pagarle dos.

El curso creció. Otros «Ys» oyeron halar de este, y luego otras ciudades. En poco tiempo, Dale Carnegie llegó a ser un orador de circuito de gloria que cubría Nueva York, Filadelfia, Baltimore y después Londres y Paris. Todos los libros de texto eran muy académicos e imparciales para la gente de negocios que acudió a estos cursos. Como resultado de esto, él escribió su propio libro titulado *La Oratoria e Influenciando Hombres de Negocios*. Se convirtió en el texto oficial de todos los Y.M.C.A y también para la Asociación de Banqueros y la Asociación de Hombres de Crédito Nacional.

Dale Carnegie afirmaba que toda la gente podía hablar cuando se enojaban. Él decía que si tú golpearas en la mejilla y derribaras al hombre más ignorante del pueblo, él se levantaría y hablaría con elocuencia, pasión y énfasis que habría rivalizado el famoso orador William Jennings Bryan cuando estaba en el apogeo de su carrera. Él afirmaba que casi cualquier persona puede dar un discurso aceptable en público si él o ella tiene la confianza en sí mismo e idea ardiente dentro de sí.

El decía que la manera de desarrollar confianza en sí mismo es hacer lo que te da miedo hasta que tienes un registro de experiencias exitosas en tu pasado. Así que él obligaba a cada uno de los miembros de la clase a que hablaran en cada sesión del curso. La audiencia era comprensiva. Todo ellos «estaban navegando en el mismo bote»; y con la práctica constante, ellos desarrollaron valentía, confianza y entusiasmo que se transmitió en sus charlas privadas.

Dale Carnegie te diría que él se ganó la vida todos esos años, no por enseñar oratoria — eso fue accidental. Su trabajo más importante era ayudar a las personas a conquistar sus miedos y desarrollar valentía.

Al inicio él comenzó simplemente a conducir un curso en oratoria, pero los estudiantes que asistieron era hombres y mujeres de negocio. Muchos de ellos no habían visto el interior de un salón de clases por treinta años. Muchos de ellos estaban pagando la colegiatura a plazos. Ellos querían resultados y los querían pronto – resultados que pudieran usar el día siguiente en entrevistas de negocio y hablar frente a grupos.

Así que él fue forzado a ser rápido y práctico. Por consiguiente, desarrolló un sistema de entrenamiento que es único — una combinación sorprendente de cómo hablar en público, el arte de vender, relaciones humanas y la psicología aplicada.

Ningún esclavo de reglas fuertes y fijas, él desarrolló un curso que es tan real como el sarampión, pero dos veces más divertido.

Cuando terminó la clase, los graduados formaron sus propios clubes y continuaron reuniéndose quincenalmente por años después. Un grupo de diecinueve miembros en Filadelfia se reunió dos veces al mes durante la temporada de invierno durante siete años. Con frecuencia los miembros de la clase viajaban cincuenta o cien millas para asistir la clase. Un estudiante solía viajar cada semana desde Chicago hasta Nueva York.

El profesor William James de la Universidad de Harvard solía decir que la persona promedio desarrolla solamente el diez por ciento de su talento y capacidad mental. Dale Carnegie, ayudando a hombres y mujeres de negocio a desarrollar sus posibilidades latentes, creó uno de los más significantes movimientos en la educación para adultos.

Lowell Thomas - 1936

Cómo fue escrito este libro — y porqué
by Dale Carnegie

Durante los primeros treinta y cinco años del siglo veinte, las casas editoras de América imprimieron más de la quinta parte de un millón de libros diferentes. Muchos de estos eran aburridos a muerte, y muchos fueron un fracaso financiero. «Muchos», ¿Dije eso? El presidente una de las casas editoras más grandes en el mundo, me confesó que su compañía, después de setenta y cinco años de experiencia en la publicación de libros, perdió dinero en siete de cada ocho libros que publicó.

¿Por qué entonces, tuve la osadía de escribir otro libro? Y después de que lo había escrito, ¿por qué habría de tomarme la molestia de leerlo?

Ambas son buenas preguntas, y trataré de contestarlas.

Desde 1912, yo he estado dirigiendo cursos educativos para hombres y mujeres profesionales y de negocio en Nueva York. Al inicio, yo dirigía solamente cursos de cómo hablar en público — cursos diseñados para entrenar adultos, a través de su propia experiencia, para que pudieran pensar cuando estuvieran parados frente a una audiencia y expresar sus ideales con más claridad, más efectividad y más serenidad, tanto en entrevistas de negocios como frente a grupos.

Pero a decir verdad, con el pase del tiempo, yo me di cuenta que por mucho que estos adultos necesiten entrenamiento en cómo hablar en público, necesitan aun más entrenamiento en el arte de llevarse bien con la gente en los negocios de día a día y en las relaciones sociales.

También me di cuenta, poco a poco, que yo personalmente estaba muy necesitado de dicho entrenamiento. Cuando miro atrás a través de los años, me horrorizo de mi frecuente falta de delicadeza y compresión. Me hubiera gustado que un libro como éste hubiera sido puesto en mis manos veinte años atrás. Hubiese sido una bendición incalculable.

Tratar con la gente es probablemente el problema más grande que tengas que enfrentar, especialmente si estás en los negocios. Sí, y eso también es una verdad si eres una ama de casa, arquitecto o ingeniero. Investigaciones que se hicieron hace unos años bajo el auspicio de la Fundación de Progreso y Enseñanza Carnegie descubrió el dato más importante y significativo — dato que después fue confirmado con estudios adicionales en el Instituto de Tecnología Carnegie. Estas investigaciones revelaron que aun en los campos técnicos como la ingeniería, cerca del 15% del éxito financiero de una persona se debe al conocimiento técnico de la persona y el 85% se debe a la destreza en ingeniería humana — a la habilidad personal de saber tratar con la gente.

Por muchos años, yo conduje cursos cada temporada en el Club de Ingenieros de Filadelfia, y además cursos para New York Chapter del Instituto Americano de Ingenieros Eléctricos. Probablemente más de quinientos ingenieros habían cursado mis clases. Ellos vinieron a mí porque finalmente se dieron cuenta que, después de años de observación y experiencia, el personal en ingeniería mejor pagado no es frecuentemente aquel que sabe más de ingeniería. Uno por ejemplo, puede contratar meramente alguien que tenga la habilidad técnica en ingeniería, contabilidad, arquitectura o alguna otra profesión al salario nominal. Pero la persona que tiene el conocimiento técnico más la habilidad de expresar ideas, para asumir liderazgo, y despertar entusiasmo entre la gente — esa persona está encaminada a obtener un mayor poder adquisitivo.

Cuando John D. Rockefeller estaba en su apogeo de sus actividades dijo lo siguiente: «La habilidad de tratar con la gente es una comodidad que se puede comprar como el azúcar y el café». «Yo pagaría más por esa habilidad», dijo John D., «que cualquier otra habilidad bajo el sol.»

¿No se supone que cada universidad en la tierra debería impartir cursos para desarrollar la actividad mejor pagada bajo el sol? Pero que haya tal curso práctico de sentido común, disponible para educar a adultos en algún colegio o universidad, éste se me ha escapado hasta el presente.

La Universidad de Chicago y las escuelas United Y.M.C.A condujeron una encuesta para determinar qué es lo que los adultos desean estudiar.

La encuesta costó $25.000 y tomó dos años en realizarse. La última parte de la encuesta se llevó acabo en Meriden, Connecticut. Fue elegido como un pueblo típico americano representativo del resto del país. Cada persona adulta de Meriden fue entrevistada y se le solicitó que contestara 156 preguntas — preguntas tales como, «¿Cuál es su negocio o profesión? ¿Su educación? ¿Qué hace usted en su tiempo libre? ¿Cuáles son sus ingresos? ¿Sus ambiciones? ¿Sus problemas? ¿Cuáles son los temas que a usted le interesa más estudiar?» etcétera. La encuesta reveló que el tema de la salud es el interés primordial de los adultos, y lo segundo es el interés en la gente: cómo entender y llevarse bien con las personas, cómo caerle bien a la gente y, cómo hacer que otros piensen como tú.

Así que, el comité que condujo esta encuesta decidió realizar un curso para adultos en Meriden. Ellos buscaron diligentemente un libro de texto sobre el tema – y no encontraron ni uno. Finalmente, ellos se acercaron a una de las autoridades más importantes del mundo en la educación para adultos y le preguntaron si sabía de algún libro que satisficiera las necesidades de este grupo. Esta autoridad dijo, «No», y contestó, «Yo sé lo que esos adultos desean. Pero el libro que ellos necesitan nunca ha sido escrito».

Por experiencia propia yo sabía que esta declaración era verdad, porque yo mismo había estado buscando y tratando de descubrir por años un manual práctico en relaciones humanas.

Ya que no existía ese libro, tuve que tratar de escribir uno para mi propio uso en el curso. Y aquí está. Espero que te guste.

Mientras me preparaba para este libro, yo leí todo lo que pude encontrar en cuanto al tema — desde artículos en los periódicos, artículos de revistas, registros de tribunales familiares, escritos de los filósofos antiguos y psicólogos contemporáneos. Además, yo contraté a un investigador especializado para que pasara un año y medio en varias bibliotecas leyendo todo lo que a mí se mí hubiera pasado cuando estaba estudiando los tomos de eruditos en psicología, para que estudiara minuciosamente cientos de artículos de revistas, investigara incontable cantidad de biografías, tratara de averiguar cómo los grandes lideres de todas las edades lidiaron con la gente.

Nosotros leímos sus biografías, leímos la historia de la vida de los grandes líderes, desde Julio Cesar hasta Thomas Edison. Yo recuerdo que leímos más de cien biografías de Theodore Rooselvelt. Estábamos decididos a no escatimar tiempo ni esfuerzo para descubrir cada idea práctica que alguien hubiese utilizado a través de las edades para ganar amigos e influir en las personas.

Yo personalmente entrevisté mucha gente exitosa, algunos de ellos inventores mundialmente famosos tales como Marconi y Edison; líderes políticos como D. Roosevelt y James Farley; líderes como Owen D. Young; estrellas del cine como Clark Gable and Mary Pickford; y exploradores como Martin Johnson — yo traté de descubrir las técnicas que ellos usaron en relaciones humanas. De todo este material yo preparé una charla corta. La titulé, «Como ganar amigos e influir en las personas». Yo digo, «corta», bueno, al inicio era corta, pero luego se alargó y se convirtió en discurso que consumía una hora con treinta minutos. Por años, cada temporada yo daba esta conferencia a los adultos en los cursos del Instituto Carnegie en Nueva York.

Yo daba la conferencia e instaba a los oyentes a que salieran y lo probaran en sus negocios y sus contactos sociales, y luego regresaran a la clase y hablaran acerca de sus experiencias y los resultados que ellos habían logrado. ¡Qué asignación más interesante! Estos hombres y mujeres, hambrientos de superación personal, estaban fascinados con la idea de trabajar en una nueva clase de laboratorio – el primero y único laboratorio de relaciones humanas que nunca antes había existido.

Este libro no fue escrito en el sentido usual de la palabra. Creció como crece un niño. Creció y se desarrolló del laboratorio, de las experiencias de miles de adultos.

Años atrás, comenzamos con un juego de reglas impresas en una tarjeta que no era más grande que una postal. La siguiente temporada imprimimos una tarjeta más grande, luego un folleto, luego una serie de cuadernillos, cada uno expandiéndose en tamaño y alcance. Después de quince años de experimentos e investigaciones llegó este libro.

Los principios que establecemos aquí no son meramente teorías o conjeturas. Ellas funcionan como magia. Aunque suene increíble, yo he visto la aplicación de estos principios literalmente revolucionar las vidas de mucha gente.

Para ilustrar, un hombre con 314 empleados ingresó a uno de los cursos. Por años, él había manejado, criticado y reprochado a sus empleados límites ni criterios. Amabilidad, palabras de apreciación y ánimo eran ajenas a su vocabulario. Después de estudiar los principios que se discuten en este libro, este empleador cambió radicalmente su filosofía de vida. Su organización es ahora inspirada por una nueva lealtad, un nuevo entusiasmo, un espíritu nuevo de trabajo en grupo. Trescientos catorce enemigos se han convertido en 314 amigos. Esto dijo él de una manera orgullosa en una charla ante la clase: «Antes cuando caminaba en mi empresa nadie me saludaba. Mis empleados miraban para otro lado cuando yo me veían acercarme. Pero ahora todos ellos son mis amigos y me llaman por mi nombre de pila». Este empleador ganó más ganancia, más tiempo libre – lo cual es definitivamente más importante – y él halló más felicidad en su hogar y en su negocio.

Innumerables vendedores han incrementado rápidamente sus ventas por el uso de estos principios. Mucho de ellos han abierto cuentas nuevas — cuentas que ellos habían solicitado en vano. A ejecutivos les han dado un incremento de autoridad, incremento de salario. Uno de los ejecutivos reportó un gran incremento en salario gracias a que él aplicó estas verdades. Otro, un ejecutivo de la compañía Gas Works Company en Filadelfia, fue programado para un descenso de posición cuando tenía sesenta y cinco años porque era agresivo y no tenía destreza para dirigir a la gente. Este entrenamiento no solamente le salvó del descenso, sino que le llevó a un ascenso con incremento de pago.

En ocasiones innumerables, cónyuges que atendían en banquete que se ofrecía al final del curso me han dicho que sus hogares son mucho más felices desde que su esposo o esposa comenzaron a asistir a este entrenamiento.

Con frecuencia la gente se asombra con los resultados que logran.

Todo parece magia. En algunos casos, en su entusiasmo, ellos me han llamado al teléfono de mi casa el día domingo porque no han podido esperar cuarenta y ocho horas para contarme sus logros en la sesión regular del curso.

Un hombre estaba tan movido por una charla sobre estos principios que estuvo sentado hasta altas horas de la noche discutiendo éstos con otros miembros de la clase. A las tres de la mañana, los otros se fueron para su casa. Pero él estaba tan conmovido al darse cuenta de sus errores, tan inspirado por la nueva visión de un nuevo mundo más rico que se había abierto frente a él, que él no podía dormir. Él no durmió esa noche, ni el siguiente día, ni la siguiente noche.

¿Quién era este hombre? Un ingenuo, individuo sin entrenamiento listo para borbotear sobre cualquier teoría que había aparecido? No, lejos de eso. Esa un sofisticado indiferente comerciante de arte, hombre de ciudad, que hablaba tres idiomas con fluidez y graduado de dos universidades europeas.

Mientras escribía este capítulo, yo recibí una carta de un alemán de la vieja escuela, un aristócrata cuyos ancestros habían servido por generaciones como oficiales profesionales del ejército de Hohenzollerns. Su carta, escrita desde un transatlántico de vapor, hablaba acerca de la aplicación de estos principios que se elevó casi a un nivel de fervor religioso.

Otro hombre, un viejo neoyorquino, graduado de la Universidad de Harvard, hombre rico, dueño de una fábrica grande de alfombras, declaró que él había aprendido más en catorce semanas por medio de este sistema de entrenamiento acerca del arte de influenciar a la gente, que lo que había aprendido acerca del mismo tema en durante los cuatro años de universidad.

¿Absurdo? ¿Cómico? ¿Fantástico? Por supuesto, tú tienes el privilegio de descartar esta afirmación con el adjetivo que quieras. Yo simplemente estoy reportando, sin comentar, una declaración hecha por un conservador y eminente exitoso graduado de la Universidad de Harvard en una discurso público de aproximadamente seiscientas personas en el club Yale de Nueva York la tarde de 23 de febrero de 1933.

«Comparado con lo que deberíamos ser», dijo el famoso profesor William James de Harvard, «comparado con lo que deberíamos ser, estamos medio despiertos. Nosotros estamos haciendo uso de solamente una pequeña parte de nuestros recursos mentales y físicos. Hablando ampliamente, el ser humano vive muy dentro de sus límites. Él posee poderes de varias clases que habitualmente no usa.»

Esos poderes, son los cuales tú «habitualmente no usas». El único propósito de este libro es ayudarte a descubrir, desarrollar y beneficiarte por esos bienes inactivos que están sin usar.

«La educación», dijo el Dr. John G. Hibben, ex presidente de la Universidad de Princeton, «es la habilidad de enfrentar las situaciones de la vida.»

Si para cuando hayas terminado de leer los primeros capítulos de este libro — si para ese entonces no estás un poquito más equipado para enfrentar las situaciones de la vida — entonces debo de considerar que este libro es un total fracaso para el caso tuyo. Porque «el fin de la educación», dijo Herbert Spencer, «no es el conocimiento sino la acción.»

Y este libro es un libro de acción.

Dale Carnegie - 1936

Nueve sugerencias de cómo obtener el máximo provecho de este libro

1. Si deseas obtener el mejor provecho de este libro, hay un requisito indispensable, un esencial infinitamente más importante que cualquier regla y técnica. A menos que tengas este requisito fundamental, mil reglas sobre como estudiar servirán de poco. Y si posees esta cualidad fundamental, entonces puede lograr maravillas sin leer ninguna sugerencia para obtener el máximo provecho de este libro. ¿Cuál es este requisito mágico? Únicamente esto: un deseo que te empuje a aprender, una fuerte determinación para incrementar tu habilidad para tratar con la gente.

   ¿Cómo se puede desarrolla dicho impulso? Recordándote constantemente a ti mismo que tan importante son estos principios par ti. Imagínate a ti mismo como el llegar a manejarlos bien te a va a ayudar principalmente a llevar una vida mas rica, plena y satisfactoria. Di a ti mismo una y otra vez: «Mi popularidad, mi felicidad y sentido de estimación no depende de una pequeña medida de mi habilidad en el trato con las personas».

2. Lee cada capítulo rápidamente para obtener una "vista de pájaro de éste. Probablemente sentirás las tentación de apresurarte al siguiente capítulo. Pero no lo hagas – a menos que lo estés leyendo meramente por entrenamiento. Pero si lo estás leyendo porque quiere incrementar tus destrezas en relaciones humanas, entonces vuelve hacia atrás y leer de nuevo cada capítulo completo. A la larga, esto te ahorrará tiempo y te dará resultados.

3. Para con frecuencia en tu lectura para pensar sobre lo que estás leyendo. Pregúntate a ti mismo justamente cuándo y cómo puedes poner en práctica estas sugerencias.

4. Marca con crayola, lápiz, lapicero, rotulador o marcador cuando encuentres una sugerencia que tu sientas que puedes usar, traza una línea a lado de la sugerencia. Si es una sugerencia de mucha importancia, entonces subraya cada oración o resáltala, o haz

una marca con «****». Marcar y subrayar un libro lo hace más interesante, y mucho más fácil revisarlo de una manera rápida.

5. Yo conocí a una mujer que sido gerente por quince años de una larga compañía de seguros. Cada mes, ella leía todos los contratos de seguros de nuevo mes tras mes, año tras año. ¿por qué? Porque la experiencia le enseñó que ese era la única manera de mantener sus provisiones claras en su mente. Una vez pase casi dos años escribiendo un libro sobre cómo hablar en público y aun así me di cuenta que tenia que revisarlo vez tras vez para poder recordar lo que había escrito en mi propio libro. La rapidez con la que olvidamos es asombrosa. Así que si quieres obtener verdaderos, y duraderos resultados, no pienses que hojearlos es suficiente. Después de leerlo completamente, tienes que pasar un par de horas revisándolo cada mes. Mantenlo sobre tu escritorio frente a ti todos los días. Échale un vistazo con frecuencia. Mantente constantemente impresionándote a ti mismo con las ricas posibilidades para mejorar que todavía se encuentran a la vista. Recuerda que el uso de estos principios puede ser habitual solamente por medio de una constante y vigorosa campaña de revisión y aplicación. No hay otra manera.

6. Bernard Shaw comentó una vez: «Si le enseñas a un hombre cualquier cosa, él nunca va a aprender». Shaw estaba en lo correcto. Al aprendizaje es un proceso activo. Aprendemos haciendo. Así que, si deseas volverte un experto en estos principios que estas estudiando en este libro, haz algo al respecto. Aplica estas reglas cada vez que tengas la oportunidad. Si no lo haces, las olvidarás rápidamente. Solo el conocimiento que se usa se queda en tu mente. Probablemente se te hará difícil aplicar estas sugerencias todo el tiempo. Yo lo sé porque yo escribí el libro, y aun así, con frecuencia se me hace difícil aplicar todo lo que recomiendo. Por ejemplo, cuando estás disgustado, es mucho más fácil criticar y condenar que tratar de entender el punto de vista de la otra persona. Con frecuencia, es más fácil encontrar faltas que decir halagos. Es más natural hablar de lo que tu quieres, en lugar de hablar de lo que la otra persona quiere, y así sucesivamente. Así que, mientras lees este libro, recuerda que tu no estás meramente tratando de adquirir información. Tú estas intentando formar

nuevos hábitos. Y sí, estas probando otro nueva camino de vida. Eso requerirá tiempo, persistencia y aplicación diaria.

Así que, consulta estas páginas con frecuencia. Coloca éste con un trabajo manual en relaciones humanas; y cuando tengas que enfrentar un problema específico – tal como lidiar con un niño, hacer que tu esposa piense de la manera que tú piensas o satisfaciendo a un cliente irritado – cuando dudes en hacer lo normal, o algo impulsivo. Esto suele ser lo equivocado. En cambio, vuelve a ver estas páginas y repasa los párrafos que has subrayado. Y luego por en práctica y prueba estas otras opciones y velas lograr algo mágico para ti.

7. Ofrécele a tu cónyuge, tu hijo o algún compañero de negocios un una moneda de diez centavos o un dólar cada vez que te agarren violando ciertos principios. Haz un juego divertido de estas reglas.

8. El presidente de una Banco de Wall Street describió una vez, en una charla que se llevó acabo antes de una de mis clases, un sistema altamente eficiente que él usó para su superación personal. Este hombre muy poca educación académica; y aún así él se había convertido en uno de los financieros más importantes en América, y él confesó que le debía parte de su gran éxito a la constante aplicación de su sistema creado en casa. Esto es lo que él hace – lo voy a poner en sus propias palabra con la precisión que puedo recordar. «Por años he mantenido una agenda de trabajo mostrando todas las citas que tengo durante el día. Mi familia nunca hizo planes para mí los sábados por la noche, porque mi familias sabía que yo dedicaba una parte del sábado en la noche al proceso de iluminación de la autoevaluación, revisión y evaluación. Después de la cena yo me retiraba para estar solo, abría mi agenda de trabajo, y analizaba todas las entrevistas, discusiones y reuniones que habían tomado lugar durante la semana. Me preguntaba a mí mismo: "¿Qué errores cometí esta vez? Qué hice correctamente – y de qué manera habría podido mejorar mi desempeño? ¿Qué lecciones puedo aprender de la experiencia?"

«Con frecuencia me daba cuenta que esta revisión semanal me hacía sentía muy infeliz. Con frecuencia me asombraba de mis propios errores. Por supuesto, conforme fueron pasando los años, estos errores se hicieron menos frecuentes. Algunas veces sentía la inclinación de darme una palmada en la espalda un poco después de alguna de esas sesiones.

«Este sistema de auto análisis, auto educación, continuó año tras año, y me dio mejores más y mejores resultados que ninguna otra cosa que haya hecho.

«Me ayudó a mejora mi habilidad para tomar decisiones – y me ayudó enormemente en todos mis contactos con la gente. No puedo recomendarlo lo suficiente.»

¿Por qué no usar un sistema para revisar tu aplicación de los principios que se mencionan en este libro? Si lo haces, dos cosas van a resultar. Primero, te vas a encontrarte involucrado en un proceso educacional que es tanto intrigante como invaluable. Segundo, tú te vas a dar cuenta que tu habilidad para conocer y tratar con la gente va a crecer enormemente.

9. Al final de este libro vas a encontrar varias páginas en blanco en las cuales puedes anotar tus triunfos en la aplicación de estos principios. Sé específico. Anota nombres, fechas y resultados. Mantener dicho registro te inspirará grandes esfuerzos; y qué fascinantes serán estos apuntes cuando de repente sin saberlo te topes con ellos alguna noche después de muchos años.

Para poder sacar el mejor provecho de este libro:

a. Desarrolla una deseo profundo de dominar estos principios de relaciones humanas.

b. Leer cada capítulo dos veces antes de pasar al siguiente.

c. Mientras lees, detente con frecuencia y pregúntate a ti mismo cómo puede aplicar estas sugerencias.

d. Subraya cada idea importante.

e. Repasa este libro cada mes.

f. Aplica estos principios cada vez que tengas oportunidad. Usa este volumen como un manual de trabajo para que te ayude a resolver los problemas de día a día.

g. Haz un divertido juego de tu aprendizaje ofreciéndole a algún amigo una moneda de diez centavos o un dólar por cada vez que te agarre violando uno de estos principios.

h. Revisa cada semana como el avance que estás haciendo. Pregúntate a ti mismo qué errores has cometido, qué mejoras y qué lecciones has aprendido para el futuro.

i. Haz anotaciones en la parte de atrás de este libro mostrando cómo y cuándo has aplicado estos principios.

PRIMERA Parte:
Técnicas Fundamentales en cómo tratar con la gente

Si quieres juntar miel,
¡no patees la colmena!

El 7 de mayo de 1931, la caza humana más sensacional nunca antes vista en la ciudad de Nueva York llegó a su culminación. Después de semanas de búsqueda, «Dos Pistolas» Crowley – el asesino, el pistolero que nunca fumó o bebió – estaba en la bahía, atrapado en el apartamento de su novia sobre la avenida West End.

Ciento cincuenta policías y detectives rodearon y pusieron estado de sitio en el piso que usaba como su escondite. Ellos hicieron agujeros en el techo; ellos trataron de sacar a Crowley, el «asesino de policías» con gases lacrimógenos. Luego montaron sus ametralladoras en los edificios aledaños, y por más de una hora, una de las áreas residenciales más finas de Nueva York retumbaba con el sonido del gatillo de pistolas y el rat-tat-tat de las ametralladoras. Crowley, agazapado detrás de un sillón, les disparaba incesantemente a los policías. Diez mil personas emocionadas miraron la batalla. Nunca antes se había visto algo parecido en las calles de Nueva York.

Cuando Crowley fue capturado, el Comisionado de la Policía E. P. Mulrooney declaró que el bandido de dos pistolas era uno de los más peligrosos criminales jamás encontrados en la historia de Nueva York. «El mataría», dijo el Comisionado, «en un abrir y cerrar de ojos».

¿Pero cómo «Dos Pistolas» Crowley se consideraba a sí mismo? Lo sabemos porque mientras la policía estaba disparando para su apartamento, él escribió una carta dirigida a: «A quien concierne», y mientras escribía, la sangre corría de sus heridas dejando un rastro carmesí en el papel. En su carta Crowley dijo: «Debajo de mi abrigo hay un corazón cansado, pero bondadoso – uno que no le haría ningún daño a nadie».

Un poco antes de este acontecimiento, Crowley y su novia estaban besuqueando en su carro en un camino rural de Long Island. De repente un policía llegó y caminó hacia el carro diciendo: «Déjame ver tu licencia».

Sin decir una sola palabra, Crowley sacó su revólver y disparó una lluvia de plomo al policía. Mientras el policía moribundo caía, Crowler saltó del carro, tomó el revólver del oficial y disparó otra bala en el cuerpo postrado. Y ese fue el asesino que dijo: «Debajo de mi abrigo hay un corazón cansado, pero bondadoso – uno que no le haría a nadie ningún daño».

Crowley fue sentenciado a la silla eléctrica. Cuando llegó a La Casa de la Muerte en Sing Sing, será que dijo: «Esto es lo que consigo por matar gente.» No, más bien esto es lo que dijo antes de morir, «Esto es lo que consigo por defenderme».

El punto de esta historia es el siguiente: «Dos Pistolas» Crowley, no se echaba la culpa de nada.

¿Es esa una actitud entre criminales? Si piensas eso, escucha lo siguiente: «Yo he pasado los mejores años de mi vida dándole a la gente los placeres ligeros, ayudándolos a tener buen tiempo, y todo lo que consigo a cambio es abuso, la existencia de un hombre perseguido».

Esos fueron palabras de Al Capone. Sí, el enemigo público más famoso de América – el líder pandillero más sínico que haya terrorizado a balazos a Chicago. Capone no se condenó a sí mismo. En realidad, el se consideraba un benefactor público – un benefactor poco apreciado e incomprendido.

Y de la misma manera decía Dutch Schultz antes de caer ante las balas de pandilleros mafiosos en Newark. Dutch Schultz, una de las «ratas» más famosas de Nueva York, dijo a en una entrevista que él era un benefactor público. Y él así lo creía.

Yo he tenido correspondencia interesante con Lewis Lawes, quien fuera guardián de la famosa prisión Sing Sing de Nueva York por muchos años, y en cuanto a este tema él declaró que «muy pocos criminales en Sing Sing se consideraban hombres malos. Ellos son humanos como tú y yo. Así que ellos racionalizan, ellos explican. Ellos te pueden explicar porqué tuvieron que abrir una caja fuerte o ser rápidos con el gatillo. La mayoría de ellos intentan, en forma de racionalización, erróneo o lógico, justificar sus actos antisociales, incluso a ellos mismos, por consecuencia manteniendo con firmeza que ellos nunca debieron haber sido puestos en prisión».

Si Al Capone, «Dos Pistolas» Dutch Schultz, y los hombres y mujeres desesperados que están tras las rejas no se culpan a sí mismos de nada — ¿qué de la gente con quien tú y yo tenemos contacto?

John Wanamaker, fundador de las tiendas que llevan el mismo nombre, confesó una vez: «Yo aprendí hace treinta años que regañar es una necedad. Yo tengo suficientes problemas tratando de vencer mis propios problemas y limitaciones sin pensar tanto en el hecho de que Dios no ha tenido a bien distribuir de manera uniforme el regalo de la inteligencia».

Wannamaker aprendió esta lección a temprana edad, pero yo personalmente he «metido la pata» en este mundo viejo por un tercio de siglo antes empezar a darme cuenta que noventa y nueve de cada cien veces, la gente no se critica a sí misma de nada, no importando que tan equivocados estén.

La crítica es inútil porque pone a la persona a la defensiva y usualmente trata de luchar y justificarse a sí mismo. La crítica es peligrosa porque hiere el precioso orgullo de la persona, hiere el sentimiento de importancia, y despierta resentimiento.

B. F. Skinner, el psicólogo mundialmente famoso, probó con sus experimentos que a un animal que se premia por su buen comportamiento aprenderá mucho más rápido y retiene lo aprendido de manera más efectiva que un animal castigado por mal comportamiento. En estudios recientes se ha comprobado que es igual con los seres humanos. Criticando no logramos cambios duraderos y con frecuencia despertamos resentimiento. Hans Selye, otro psicólogo muy bueno dijo, «Así como anhelamos la aprobación, así también tememos la condenación».

El resentimiento que engendra la crítica, puede desmoralizar a los empleados, miembros de familia y amigos, y todavía no corregir la situación por la cual han sido condenados.

George B. Johnston de Enid, Oklahoma, es el coordinador de seguridad de una compañía de ingenieros. Una de sus responsabilidades es ver que los empleados usen sus cascos siempre que estén en el campo haciendo el trabajo. Él reportó que cuando se topaba con los empleados que no estaba usando sus cascos, él les decía con mucha autoridad acerca de la regulación que ellos deberían de cumplir. Como resultado él obtenía aceptación con resentimiento, y con frecuencia, después de que él se iba, los empleados se quitaban el casco.

Él decidió usar un enfoque diferente. La próxima vez que el encontró a algunos empleados sin el casco puesto, él les preguntó si el casco era incómodo o si no les tallaba bien. Y luego le recordaba con un tono amable que usaran sus cascos cada vez que estaban en el campo trabajando. El resultado fue un incremento en el cumplimiento de la regulación sin resentimiento o disgusto emocional.

Tú encontrarás ejemplos de lo inútil de la crítica en miles de páginas sobre la historia. Toma por ejemplo, la famosa disputa entre Theodore Roosevelt y el Presidente Taft – una disputa que separó el Partido Republicano, puso a Woodrow Wilson en la Casa Blanca, y trazó líneas bien marcadas y luminosas sobre la Primera Guerra Mundial y cambió el curso de la historia. Revisemos los hechos rápidamente.

Cuando Theodore Roosevelt dejó la Casa Blanca en 1908, dio su apoyo a Taft, quien fue elegido como el nuevo presidente. Luego Theodore Roosevelt se fue para África a cazar leones. Cuando regresó, él explotó. Él denunció a Taft por su tendencia conservadora, y trató de asegurar la nominación para un tercer mandato para sí mismo, formando el Partido Bull Moose (Alce Toro) y por poco no abolió el G.O.P. (partido de la oposición) en las elecciones posteriores. William Howard Taft y el Partido Republicano obtuvieron mayoría de votos solamente en dos estados – Vermont and Utah, o sea, fue la derrota más desastrosa que el partido republicano había sufrido.

Theodore Roosevelt culpa a Taft, pero ¿será que el Presidente Taft se culpara en algo a sí mismo? Por supuesto que no. Con lágrimas en los ojos, Taft dijo: «No sé cómo podía haber hecho yo algo de manera diferente».

¿Quién fue el culpable? ¿Roosevelt o Taft? Francamente, no lo sé, y no me importa. El punto que estoy tratando de hacer es que todas las críticas de Theodore Roosevelt no sirvieron de nada en persuadir a Taft de que este se había equivocado. Simplemente hizo que Taft se esforzara aun más por justificarse a sí mismo y reiterar con lágrimas en los ojos: «No sé cómo podía haber hecho yo algo de manera diferente».

O bien, el escándalo de petróleo Teapot Dome que mantuvo a los periódicos de aquel tiempo sonando con indignación a principios de 1920. ¡Conmovió a toda la nación! En la memoria de los hombres vivientes, nada como eso había sucedido antes en la vida pública de América. Aquí algunos hechos del escándalo: A Albert B. Fall, Secretario de Relaciones Interiores del gabinete de Harding, se le encargó el arrendamiento de las reservas de petróleo del gobierno de Elk Hill y Teapot Dome – reservas petroleras que habían sido apartadas para el futuro uso de las Fuerza Naval. ¿Permitió licitación pública el Secretario Fall? No señor. Él le dio el jugoso contrato por completo a su amigo Edward L. Doheny. ¿Y qué hizo Doheny? Le dio al Secretario Fall lo que él muy encantado llamó un «préstamo» de cien mil dólares. Luego, una forma imparcial, el Secretario Fall ordenó a los Infantes de Marina de los Estados Unidos conducir al distrito para eliminar competidores cuyos pozos adyacentes estaban minando petróleo de las reservas de Elk Hill. Estos competidores, expulsados del área a punta de pistolas y bayonetas, corrieron a la corte – e hicieron estallar el escándalo de Teapot Dome. La enormidad del problema se hizo tan grande que arruinó la Administración del Harding asqueando la nación entera, amenazando con hundir al Partido Republicano, y puso a Albert B. Fall tras las rejas de la prisión.

Fall fue condenado despiadadamente – condenado como pocos hombres de la vida pública han sido condenados. ¿Se arrepintió? ¡Nunca! Años más tarde Herbert Hoover dio a entender en un discurso público que la muerte del Presidente Harding había sido causada por la ansiedad mental y preocupación porque un amigo lo había traicionado. Cuando la señora Fall escuchó eso, ella saltó de su silla, lloró, sacudió sus puños al destino y gritó: «¡Qué! ¿Harding traicionado por Fall? ¡No! Mi esposo nunca traicionó a nadie. Si se llenara esta casa de oro, eso jamás tentaría a mi esposo a hacer algo malo. Él es quien ha sido traicionado, llevado al matadero y crucificado».

Ahí está otra vez, la naturaleza humana en acción, malhechores culpando a los demás menos a ellos mismos. Todos somos así. Así que cuando tú y yo seamos tentados a criticar a alguien el día de mañana, recordemos a Al Capone, «Dos Pistolas» Crowley y Albert Fall. Démonos cuenta que la crítica es así como la paloma mensajera. Ella siempre regresa a casa. Démonos cuenta que la persona a que vamos a corregir y condenar probablemente se justificará a sí misma; o condenarnos a nosotros, o, como apaciblemente lo dijo Taft: «No sé cómo podía haber hecho yo algo de manera diferente».

La mañana del 15 de abril de 1865, Abraham Lincoln agonizaba en una de las habitaciones del pasillo de una cabaña barata en frente el Teatro Ford, donde John Wilkes le había disparado. El largo cuerpo de Lincoln yacía en forma diagonal frente a una cama hundida que era muy pequeña para él. Una copia barata de la famosa pintura de Rosa Bonheur «The Horse Fair» (La Feria del Caballo) estaba colgada en la parte superior de la cama, y un deprimente llama de gas parpadeaba luces amarillas.

Mientras Lincoln agonizaba, el Secretario de Defensa, Stanton dijo, «Ahí está el gobernador más perfecto de los hombres que el mundo haya visto».

¿Cuál era el secreto del Presidente Lincoln al tratar con la gente? Yo estudié por diez años la vida de Lincoln y dediqué tres años para escribir y reescribir un libro titulado «Lincoln el Desconocido». Yo considero que hice lo mejor posible haciendo un estudio tanto detallado como exhaustivo de la personalidad y la vida hogareña de Lincoln. Yo hice un estudio especial del método de Lincoln de cómo tratar con la gente. ¿Le daba rienda suelta a la crítica? Ah, sí. Cuando era joven en Pigeon Creek Valley of Indiana (Valle Arrollo de la Paloma, Indiana), él no solamente criticaba sino que escribió cartas y poemas ridiculizando a las personas y dejó las cartas tiradas en las calles del condado, donde él estaba seguro de que serían encontradas. Una de esas cartas despertó resentimiento que le «quemó» para toda la vida.

Aun después de que Lincoln llegó a ser un abogado que ejercía su profesión en Springfield, Illinois, él atacó abiertamente a sus oponentes en cartas publicadas en los periódicos. Pero la última vez que lo hizo, fue «la gota que rebasó el vaso».

En el otoño de 1942, él ridiculizó a un político vano y repugnante de nombre James Shields. Lincoln le dio una paliza por medio de una carta anónima publicada en una revista de Springfield. El pueblo se mataba de risa. Shields, sensible y orgulloso, se llenó de indignación. Él se dio cuenta quien había escrito la carta, se montó en su caballo para encontrarse con Lincoln, y lo retó a un duelo. Lincoln no quería pelear. Él se oponía a realizar un duelo, pero no encontraba manera de salir de éste y al mismo tiempo salvar su honor. A él se le dio la opción de escoger el arma. Ya que tenía brazos largos, él escogió sables de caballería y tomó lecciones para manejar una espada en West Point Graduate y, en el día acordado, él y Shields se enfrentaron en un arrecife de arena en el río Mississippi. Se prepararon para pelear a muerte pero, en el último minuto, sus segundos interrumpieron y se paró el duelo.

Ese fue el incidente personal más espantoso en la vida de Lincoln. Le enseñó una lección inestimable en el arte de tratar con las personas. Nunca más volvió a escribir una carta insultante. Nunca más volvió a poner a nadie en ridículo. Y a partir de esa fecha él casi nunca volvió a criticar a nadie por lo que sea.

Vez tras vez, durante la guerra civil, Lincoln puso a un nuevo general al mando del ejército de Potomac, y cada uno en su período – McClellan, Pope, Burnise, Hooker, Meade – cometieron errores trágicos e hicieron que Lincoln caminara de un lado al otro de desesperación. La mitad de la nación condenó salvajemente a estos generales incompetentes, pero Lincoln , «sin malicia hacia nadie, con caridad para todos», se quedó callado. Una de sus citas favoritas era, «No juzgues para que no seas juzgado».

Y cuando la señora Lincoln y otros hablaban con dureza de la gente del Sur, Lincoln contestaba: «No los critiquen; ellos solamente son lo que nosotros seríamos en circunstancias similares».

Pero si alguno ha tenido ocasión de criticar, ciertamente fue Lincoln. Veamos solamente una ilustración.

La Batalla de Gettysburg fue peleada durante los primeros tres días de julio de 1863. Durante la noche del 4 de julio, Lee comenzó a retroceder hacia el sur mientras que los nubarrones inundaron el país con lluvia. Cuando Lee llegó al Río Potomac con su ejército derrotado, él encontró un río crecido e intransitable frente a él, y una victoriosa fuerza armada de la Unión detrás de él. Lee estaba frente a una trampa. Él no podía escapar. Lincoln vio eso. Aquí estaba una oportunidad de oro divina – la oportunidad de capturar las fuerzas armadas de Lee y terminar la guerra inmediatamente. Así que, con una oleada de esperanza, Lincoln le ordenó a Meade que no llamara al consejo de guerra, sino que atacara a Lee de inmediato. Lincoln telegrafió sus órdenes y luego mandó un mensajero especial a Meade exigiéndole acción inmediata.

¿Y qué hizo el General Meade? Él hizo todo lo opuesto a lo que le habían dicho que hiciera. Él llamó al consejo de guerra como violación directa a las órdenes de Lincoln. Él titubeó. Él procrastinó. El telegrafió toda clase de excusas. Se rehusó definitivamente a atacar a Lee. Finalmente, las aguas del río disminuyeron y Lee escapó por el Río Potomac con sus fuerzas armadas.

Lincoln estaba furioso, «¿Qué significa esto?» Lincoln exclamó a su hijo Robert. «¡Grandioso Dios! ¿Qué significa esto? Los teníamos al alcance y solamente teníamos que alargar nuestras manos para que fueran nuestros; sin embargo, nada de lo que podría haber dicho o hecho hizo que la fuerza armada se movieran. Bajo estas circunstancias, casi cualquier general hubiera podido vencer a Lee. Si yo hubiera ido allá, yo mismo lo hubiera azotado».

Con amarga decepción, Lincoln se sentó y le escribió a Meade esta carta. Y recuerda, a estas alturas de su vida Lincoln era extremadamente conservador, así que, refrenó su fraseología. Tenemos entonces, esta carta proveniente de Lincoln en 1863 equivalente al reproche más severo.

Mi querido general,

Yo no creo que usted entienda la magnitud de la desgracia del escape de Lee. Él estaba fácilmente a nuestro alcance, y haber cerrado con él habría, en conexión con otros éxitos que hemos tenido, dado fin a la guerra. Como están las cosas, la guerra se prolongará de forma indefinida. Si no podía atacar a Lee de forma segura el lunes pasado, ¿cómo podrá usted hacerlo al sur del río, cuando puede llevar consigo sólo unos cuantos – no más de dos tercios de las fuerza que usted tenía a la mano en ese entonces? Sería irrazonable esperar y no creer que usted pueda afectar mucho. Su oportunidad de oro se ha ido, y yo estoy en una angustia inmensa como resultado de eso.

¿Qué crees que hizo Meade cuando leyó la carta del Presidente?

Meade nunca vio la carta porque Lincoln nunca se la envió. Fue encontrada entre sus papeles después de su muerte.

Yo supongo – y esta es sólo una suposición – que después de escribir esa carta, Lincoln vio por la ventana y de dijo a sí mismo, «Un momento. Tal vez no debería de precipitarme tanto. Para mí es bastante fácil sentarme aquí en la tranquilidad de la Casa Blanca y ordenar a Meade que atacara; pero si yo hubiera estado en Gettysburg, y si yo hubiera visto tanta sangre como Meade había visto durante la última semana, y si mis oídos hubieran estado perforados con los gritos y chillidos de heridos y moribundos, tal vez tampoco yo estaría tan ansioso de atacar. Si yo tuviera el temperamento tímido de Meade, es posible que yo hubiera hecho exactamente lo que él hizo. De todas maneras, "Ya lo pasado pasó". Si yo envió esta carta, va a aliviar mis sentimientos, pero hará que Meade se justifique a sí mismo. Eso hará que él me condene. Eso despertará resentimientos, perjudicará su utilidad como comandante más adelante, y tal vez le forzará a que renuncie de las fuerzas armadas».

Así que, como ya lo he dicho antes, Lincoln guardó la carta, porque él había aprendido por una amarga experiencia que la crítica fuerte y los regaños casi siempre terminan en futilidad.

Theodore Roosevelt dijo que cuando como presidente fue confrontado con un complicado problema, el solía recostarse y miraba la pintura grande de Lincoln que estaba colgada sobre su escritorio en la Casa Blanca y se preguntaba a sí mismo, «¿Qué haría Lincoln si estuviera en mis zapatos? ¿Cómo resolvería él el problema?»

La próxima vez que seamos tentados a amonestar a alguien, saquemos un billete de cinco dólares de nuestro bolsillo, miremos la foto de Lincoln en el billete, y preguntémonos. «¿Cómo manejaría la situación este problema si él lo tuviera?»

Mark Twain perdía los estribos ocasionalmente y escribía cartas que hasta convertían el papel blanco en color marrón. Por ejemplo, una vez le escribió a un hombre que le había despertado su ira: «Lo que tú necesitas es un permiso para tu entierro. Sólo tienes que decir la palabra y haré que lo consigas.» En otra ocasión él escribió a un editor acerca de los intentos de un corrector de pruebas de «mejorar la ortografía y la puntuación». Él ordenó: «Establece el asunto de acuerdo a mi copia y ve si el corrector de pruebas mantiene sus sugerencias en el fondo de su cerebro en decadencia».

Escribir estas cartas punzantes hacía sentir mejor a Mark Twain. Éstas le permitían sacar toda su frustración, y las cartas realmente no hacían ningún daño, porque la esposa de Mark secretamente las sacaba del buzón, o sea que nunca fueron enviadas.

¿Conoces a alguien a quien te gustaría cambiar, regular y mejorar? ¡Bien! Eso está bien. Yo estoy totalmente a favor. Pero, ¿por qué no empezar contigo mismo? Desde un punto de vista puramente egoísta, eso es algo mucho más rentable que tratar de mejorar a otros – sí, y mucho menos peligroso.

«No te quejes de la nieve sobre el techo del vecino», dijo Confucio, «cuando la entrada a tu propia casa está sucia.»

Cuando yo era todavía joven y trataba de impresionar a la gente, yo escribí una carta absurda a Richard Harding Davis, un autor que alguna vez vislumbraba en gran manera en el horizonte de literatura de América. Yo estaba preparando un artículo de revista sobre autores, y le pedí a Davis que me dijera acerca de su método de trabajo. Pocas semanas antes, yo había recibido una carta de alguien con esta anotación en la parte inferior de la carta: «Dictada pero no leida». Yo estaba bastante impresionado. Yo pensé que el escritor debía de ser muy destacado, importante y ocupado. Yo no estaba ni un poco ocupado, pero estaba ansioso de hacer una impresión en Richard Harding Davis, así que finalicé mi breve nota con las palabras: «Dictada pero no leida».

Él nunca se tomó la molestia de contestar la carta. Él simplemente me la regresó con unos garabatos en la parte inferior: «Tus modales malos son superados únicamente por tus malos modales». Era verdad, yo había cometido un error, y tal vez merecía la represión. Pero, siendo un ser humano, a mí me molestó. Yo me resentí tanto que cuando leí acerca de la muerte de Richard Harding Davis diez años más tarde, el único pensamiento que aún persistía en mi mente — me da vergüenza admitirlo — era el dolor que él me había causado.

Si tú y yo queremos incitar resentimiento el día de mañana que nos amargue la vida por décadas y dure hasta la muerte, sólo démosle rienda suelta a un poco a la crítica fuerte – no importa que tan seguros estemos que sea justificada.

Cuando tratamos con personas, recordemos que no estamos lidiando con criaturas de lógica. Estamos lidiando con criaturas de emoción, criaturas repletas de prejuicios y motivadas por el orgullo y la vanidad.

La dura crítica causó que el sensible Thomas Hardy, uno de los mejores novelistas que enriqueció la literatura inglesa, abandonara para siempre la escritura de la ficción. La crítica llevó a Thomas Chatterton, el poeta inglés, al suicidio.

Benjamín Franklin, falto de tacto en su juventud, llegó a ser tan diplomático, tan hábil tratando con gente, que fue nombrado Embajador de América en Francia. ¿El secreto de su éxito? «No voy a hablar mal de ningún hombre», dijo él, «...y hablaré de todo lo bueno que sé de todos.»

Cualquier necio puede criticar, condenar y quejarse – y la mayoría de los necios lo hacen. Pero se necesita carácter y dominio propio para ser comprensivo y perdonador. «Un gran hombre muestra su grandeza,» dijo Carlyle, «por la forma que trata a los hombres pequeños.»

Bob Hoover, el famoso piloto de prueba y presentador frecuente de espectáculos aéreos, estaba regresando a su casa de Los Ángeles de una presentación aérea en San Diego. Tal como lo describió la revista *Flight Operations* (Operaciones de Vuelo), cuando estaba a trescientos pies de altura, ambos motores se pararon. Por su habilidad para maniobrar, él alcanzó a aterrizar el avión pero se daño severamente, aunque nadie resultó herido.

La primera acción de Hoover después del aterrizaje de emergencia fue inspeccionar el combustible del avión. Justamente como lo había sospechado, el avión de hélice de la Segunda Guerra Mundial que él había estado volando había sido llenado con combustible para jet en lugar de gasolina.

Al regresar al aeropuerto, él solicitó hablar con el mecánico que había hecho servicio a su avión. El hombre estaba enfermo con la agonía de su error. Lágrimas corrían por su rostro cuando Hoover se estaba acercando. Él acababa de causar la pérdida de un avión muy caro y además habría podido causar la pérdida de tres vidas.

Tú te puedes imaginar la ira de Hoover. Uno podía anticipar la reprimenda que este piloto orgulloso y exacto desencadenaría por ese descuido. Pero Hoover no regañó al mecánico; ni siquiera lo criticó. En lugar de regañarlo, él puso su gran brazo sobre el hombro del hombre y dijo, «Para mostrarte que estoy seguro que tú nunca vas a volver a hacer esto, quiero que le des servicio a mi F-52 mañana.»

Con frecuencia los padres son tentados a criticar a sus hijos. Tú esperas que yo te diga «no». Pero no lo voy a hacer, simplemente voy a decir, «Antes de criticarlos, léeles uno de los clásicos del periodismo americano, "Father Forgets" (Papá se olvida)». Originalmente apareció como un editorial en el diario People's Home (EL Hogar del Pueblo). Lo estamos volviendo a imprimir en este libro, con el permiso del autor, en forma resumida como aparece en Reader's Digest:

PAPÁ SE OLVIDA

W. Livingston Larned

Escucha, hijo: Yo estoy diciendo esto mientras tú duermes, una patita se estruja debajo de tu mejilla y rizos rubios, mojados y pegajosos sobre tu frente húmeda. Yo me he metido solo en tu habitación. Hace tan sólo unos minutos, mientras yo me senté a leer mi periódico en el estudio, una ola sofocante de remordimiento se apoderó de mí. Sintiéndome culpable yo me vine a tu cama.

Aquí están las cosas que yo estaba pensando, hijo: yo te he hecho enojar. Mientras te estabas vistiendo para ir a la escuela, yo te regañé porque solamente te frotaste la cara rápidamente con la toalla. Te puse a hacer labores por no limpiar tus zapatos. Yo te hablé con ira cuando tiraste algunas de tus cosas sobre el piso.

Para el desayuno también encontré que fallaste. Tú derramaste cosas. Tú te tragaste la comida. Tú pones los codos sobre la mesa. Tú untas mucha mantequilla en tu pan. Y mientras tú comenzaste a jugar y yo tomaba mi tren, tú te volteaste y me hiciste señas con la mano diciéndome «¡adiós papi!» yo fruncí el ceño y contesté, «¡enderézate!»

Y todo empezó otra vez al atardecer. Cuando iba subiendo la calle yo te vi, de rodillas jugando canicas. Tus medias tenían agujeros. Te humillé delante de tus amigos haciendo que caminaras delante mía hacia la casa. Las medias eran caras – ¡y si tú las tuvieras que comprar tendrías más cuidado! ¡Imagina eso, hijo, de un padre!

¿Recuerdas, después, cuando estaba leyendo en el estudio, como entraste tímidamente, con una mirada de dolor en tus ojos? Cuando eché un vistazo sobre mi periódico, impaciente por la interrupción, tú vacilaste en la puerta. «¿Qué quieres?» te dije duramente.

Tú no dijiste nada, pero corriste impulsivamente y pusiste tus brazos alrededor de mi cuello y me besaste, y tus pequeños brazos me apretaron con una muestra de afecto que Dios ha puesto floreciente en tu corazón y ni el rechazo lo marchita. Y luego te fuiste, repiqueteando la escalera.

Bien, hijo, fue poco después que mi periódico resbaló de mis manos y un terrible y atroz miedo me sobrevino. ¿Qué me ha estado haciendo este mal hábito? El hábito de encontrar fallas, de reprender – esta era mi forma de premiarte por ser un muchacho. No es que no te amara; es que esperaba demasiado de tu juventud. Te estaba midiendo con la vara de mis propios años.

Y es que hay mucho que es bueno y hermoso y verdadero en tu carácter. Tu pequeño corazón es tan grande como el alba misma sobre las anchas montañas. Esto se mostró con tu impulso espontaneo de correr y darme un beso de buenas noches. Nada más importa esta noche, hijo. He venido al lado de tu cama en la oscuridad, y me he arrodillado, ¡avergonzado!

Es una débil reparación; yo sé que tú no entenderías estas cosas si te las dijera cuando estás despierto. ¡Pero mañana yo seré un verdadero padre! Se seré un amiguito para ti, y voy a sufrir cuando tú sufras, y reír cuando tú te rías. Voy a morderme la lengua cuando vengan palabras impacientes. Voy a seguir diciendo como si fuera un ritual: «¡Él no es más que un niño – un pequeño niño!»

Temo que te he visualizado como un hombre. Pero mientras te veo en estos momentos, hijo, estrujado y cansado en tu camita, yo veo que aún eres un bebé. Ayer estabas en los brazos de tu madre, tu cabeza en su hombro. Yo he exigido demasiado de ti, sí demasiado.

En lugar de condenar a la gente, tratemos de entenderlas. Tratemos de averiguar porqué hacen lo que hacen. Eso es mucho más provechoso e interesante que la crítica; y produce simpatía, tolerancia y bondad. «Saberlo todo es perdonarlo todo.»

Así como lo dijo el Dr. Johnson: «Dios mismo, caballero, no propone juzgar al hombre hasta el final de sus días».

¿Por qué deberíamos de hacerlo tú y yo?

• **Principio 1 – *No critiques, condenes o te quejes.***

El gran secreto de cómo tratar con la gente

Solamente hay una manera debajo del cielo para hacer que alguien haga algo. ¿Alguna vez te has puesto a pensar eso? Sí, solamente una manera. Y eso es hacer que la otra persona quiera hacerlo. Recuerda, solamente hay una manera.

Por supuesto tú puedes hacer que alguien quiera darte su reloj poniéndole un revolver en su costilla. Tú puedes hacer que tus empleados cooperen – hasta que te das la vuelta – con amenazas de despedirlos. Tú puedes hacer que un niño haga lo que tú quieres que haga, con un látigo o amenazas. Pero estos métodos torpes tienen fuertes repercusiones indeseables.

La única manera que consigo que hagas algo es proporcionándote lo que tú quieres.

¿Y qué es lo que quieres?

Sigmund Freud dijo que todo lo que tú y yo hacemos proviene de dos cosas que nos motivan: el impulso sexual y el deseo de ser grande.

John Dewey, uno de los filósofos americanos más experimentados, lo puso de una manera un poco diferente. Dr. Dewey dijo que el deseo más profundo en el ser humano es «el deseo de ser importante». Recuerda esta frase: «El deseo de ser importante». Esto es significante. Tú verás mucho de eso en este libro.

Entonces, ¿qué es lo que tú quieres?

No muchas cosas, pero las pocas que deseas, las anhelas con una insistencia que no puede ser negada. Algunas de las cosas que la mayoría de la gente quiere incluyen las siguientes:

1. Salud y conservación de la vida

2. Comida
3. Sueño
4. Dinero y cosas que el dinero puede comprar
5. Vida en el más allá
6. Gratificación sexual
7. El bienestar de sus hijos
8. Una sensación de importancia

Casi todos estos deseos son usualmente agradables – todos excepto uno. Pero hay un anhelo – casi tan profundo, casi tan imperioso como el deseo de comer y dormir – el cual rara vez se satisface. Es lo que Freud llama «el deseo de ser grande». Es lo que Dewey llama «el deseo de ser importante».

Lincoln comenzó una vez una carta diciendo: «A todos nos gusta el elogio».

William James dijo: «El principio más dominante de la naturaleza humana es el deseo vehemente de ser valorado». Se sobreentiende que él no hablaba de «añoro» o «anhelo» o «ansia» de ser valorado. Él dijo el «deseo vehemente» de ser valorado.

Esta es una persistente e insaciable hambre humana, y el individuo raro que satisface genuinamente esta hambre del corazón tendrá a la gente en la palma de su mano y «aun el director de la funeraria se entristecerá cuando él muera».

El deseo de ser importante es una de las principales diferencias que distingue el ser humano de los animales. Para ilustrar eso: cuando yo era un muchacho criado en una granja en Missouri, mi padre criaba cerdos de raza Duroc-Jersey y vacas pedigrí de cara blanca. Nosotros solíamos exhibir nuestros cerdos y vacas en la ferias del pueblo y las exhibiciones de ganado por todo el Oeste Medio. Nosotros ganamos precios por puntaje. Mi padre prendió con alfileres sus máximos galardones sobre una sábana blanca muselina, y cuando los amigos o visitantes venían a la casa, el sacaba su sábana larga de muselina. El sostenía un lado mientras yo sostenía el otro mientras él exhibía sus máximos galardones. A los cerdos no les importaba los galardones que habían ganado, pero a mi padre sí. Los premios le daban a él una sensación de importancia.

Si nuestros ancestros no hubieran tenido este ardiente deseo de importancia, la civilización habría sido imposible. Sin éste, hubiéramos resultado como animales.

Fue este deseo de ser importante lo que llevó a un empleado de abasto sin educación y sumido en la pobreza a estudiar algunos libros de leyes que encontró en el fondo de un barril doméstico que había comprado por cincuenta centavos. Tú probablemente has escuchado hablar de este empleado de abasto. Su nombre era Lincoln.

Fue ese deseo por sentirse importante lo que inspiró a Dickens a escribir sus novelas inmortales. Este deseo inspiró al señor Christopher Wren a diseñar sus sinfonías en piedra. Este deseo hizo que Rockefeller acumular millones que nunca gastó. Y este deseo es el mismo deseo que hizo que esa familia rica en de tu ciudad construyera una casa demasiado grande para sus necesidades.

Este deseo hace que tú quieras vestirte de las últimas modas, manejar el carro del modelo más reciente, y hablar de tus niños brillantes.

Es este deseo lo que atrae a muchas chicas y chicos a unirse a las pandillas y participar en actividades delictivas. Según E.P Mulrooney, quien fuera una vez comisionado de policía de Nueva York, el joven criminal común está lleno de ego, y lo primero que solicitan después de su arresto son los periódicos que lo han convertido en un héroe. La posibilidad desagradable de pasar tiempo encerrado parece remota siempre y cuando puedan presumir del espacio que puede compartir con las figuras del deporte, estrellas del cine y la televisión y los políticos.

Si me dices como obtienes tu sensación de importancia, yo te diré quien eres. Eso determina tu carácter. Eso es lo más significante acerca de ti. Por ejemplo, John D. Rockefeller obtuvo su sensación de importancia dando dinero para construir un hospital moderno en Peking, China, para atender millones de personas pobres que nunca había visto en su vida y nunca vería. Dillinger, por otro lado, obtuvo su sensación de importancia siendo un bandido, un ladrón de bancos y asesino. Cuando los agentes del FBI lo andaban persiguiendo, él se precipitó a una casa que estaba en una granja en Minnesota y dijo, «¡Yo soy Dillinger!» Él estaba orgulloso del hecho de que era el enemigo público número uno. «¡Yo no les voy a lastimar, pero yo soy Dillinger!» les dijo.

Sí, la única diferencia entre Dillinger y Rockefeller es la manera que obtuvieron su sensación de importancia.

La historia nos entretiene con ejemplos de gente famosa batallando por una sensación de importancia. Aun George Washington quería ser llamado «Su Majestad, el Presidente de los Estados Unidos»; y Colón solicitó el título de «Almirante del Mar y Virrey de la India». «Catherine the Great» (Catalina la Grande) se rehusaba a abrir cartas que no estuvieran dirigidas a «Her Imperial Majesty» (Su Majestad Imperial); y la Sra. Lincoln en la Casa Blanca atacó a la Sra. Grant como tigresa, gritando, «¿Cómo te atreves a sentarte en mi presencia sin que yo te invite?»

Nuestros millonarios ayudaron a financiar la expedición del Almirante Byrd al Antártico en 1928 con la condición que las Cordilleras Montañas Heladas llevaran el nombre de ellos; y Victor Hugo aspiraba nada menos a que a la ciudad de París se le cambiara nombre y se bautizara en su honor. Aun Shakespeare, el más poderoso de los poderosos, trató de agregarle brillo a su nombre adquiriendo un escudo de armas para su familia.

A veces las personas se hacían inválidas para obtener simpatía y atención, y obtener así una sensación de importancia.

Por ejemplo, la Sra. McKinley. Ella obtenía una sensación de importancia obligando a su esposo, el Presidente de los Estados Unidos, a descuidar asuntos importantes del estado mientras él se reclinaba sobre la cama a lado de ella durante horas y horas, con el brazo sobre ella tranquilizándola para que se durmiera. Ella alimentaba su persistente e insaciable deseo de atención insistiendo que él se quedara con ella mientras le preparaban el té, y una vez hizo una escena escandaloza cuando él tuvo que dejarla sola con el dentista mientas el cumplía con una cita que tenía con John Hay, su Secretario de Estado.

La escritora Mary Roberts Rinehart me contó una vez de una brillante y vigorosa joven quien se convirtió en inválida con el fin de obtener una sensación de importancia. «Un día», dijo la Sra. Rinehart, «esta mujer había sido obligada a enfrentar algo, su edad tal vez. Los años solitarios estaban por llegar y quedaba muy poco para ella para anticipar. Ella se echó en la cama, y por diez años su madre de avanzada edad subió y bajó al tercer piso, llevando y trayendo bandejas, cuidando de ella. Pero un día la madre de avanzada edad, cansada de tanto servir, se acostó y murió. Por algunas semanas, la dama consumida se puso sentimental; luego se levantó, se puso su ropa, y decidió comenzar a vivir de nuevo.»

Algunas autoridades declaran que de hecho hay gente que se vuelve loca para poder encontrar, en el ensueño de la locura, la sensación de importancia que se les ha negado el duro mundo de la realidad. En los Estados Unidos hay más pacientes padeciendo de enfermedad mental que de todas las demás enfermedades combinadas.

¿Cuál es la causa de la locura?

Nadie puede contestar esta profunda pregunta, pero sabemos que ciertas enfermedades, tales como la sífilis, estropea y destruye las células del cerebro y da como resultado la locura. De hecho, cerca de la mitad de las enfermedades mentales pueden ser atribuidas a causas físicas tales como lesiones cerebrales, alcohol, toxinas y lastimaduras. Pero la otra mitad – y esta es la parte interesante del asunto – se vuelve loca aparentemente sin tener nada orgánicamente malo en sus células cerebrales. En el estudio de las biopsias, donde se estudian los tejidos del cerebro bajo un microscopio de alto poder, estos tejidos aparentemente están tan saludables como los tuyos y los míos.

¿Por qué, entonces, esta gente se vuelve loca?

Yo le hice esta pregunta al médico de cabecera de uno nuestros hospitales psiquiátricos más importantes. Este doctor, quien ha recibidos los más altos honores y los premios más codiciados por su conocimiento en este tema, me dijo que francamente él no sabía porqué la gente se vuelve loca. Nadie lo sabe con certeza. Pero sí dijo, que mucha gente que se vuelve loca encuentra en la locura una sensación de importancia que no fueron capaces de conseguir en el mundo de la realidad. Luego él mi contó una historia:

«Yo tengo un paciente en la actualidad cuyo matrimonio resultó ser una tragedia. Ella quería amor, gratificación sexual, niños y prestigio social, pero la vida arruinó todas sus esperanzas. Su esposo no la amaba. Él incluso rehusaba a comer con ella y la forzaba a que le sirviera los alimentos en su habitación de arriba. Ella no tuvo niños, tampoco posición social. Ella se volvió loca; y, en su imaginación, ella divorció a su esposo y reanudó su apellido de soltera. Ahora ella cree que se ha casado con un aristócrata inglés, e insiste en ser llamada Señora Smith.

«En cuando a sus niños, ella se imagina que ha tenido un nuevo niño cada noche. Cada vez que la llamo ella me dice: "Doctor, yo tuve un bebé anoche".»

La vida le destrozó la nave de sus sueños sobre las afiladas rocas de la realidad; pero la soleadas, islas de la fantasía de la locura, todos sus barcos corren hacia el puerto con los vientos soplando las lonas y los vientos cantando a través de los mástiles.

«¿Trágico? ¡Ay! No lo sé,» su médico me dijo. «Si yo podría alargar mi mano y restaurar su cordura, yo no lo haría. Ella es mucho más feliz así como está.»

Si algunas personas están tan hambrientas de una sensación de importancia que en realidad se vuelven locos para obtenerlo, imagina qué milagro tú y yo podemos lograr dando a la gente aprecio sincero de este lado de la locura.

Una de las primeras personas de negocios en América a quien le fue pagado un salario de más de un millón de dólares al año (cuando no habían impuestos sobre la renta y la persona que ganaba cincuenta dólares a la semana era considerada acomodada) fue Charles Schwab. Él había sido escogido por Andrew Carnegie para que se convirtiera en el primer presidente de la recién formada United States Steel Company en 1921 (Compañía de Acero de Estados Unidos), cuando Schwab tenía solamente treinta y ocho años. (Schwab más tarde abandonó la Compañía de Acero de USA para hacerse cargo de Bethlehem Steel Company (Compañía de Acero Belén), que en ese entonces estaba en problemas, y él la reconstruyó en una de las más lucrativas compañías en América).

¿Por qué Andrew Carnegie pagaba un millón de dólares al año, o más de tres mil dólares al día a Charles Schwab? ¿Por qué? ¿Porque Schwab era un genio? No. ¿Porque él sabía más acerca de la fabricación de acero que ninguna otra persona? Tontería. El mismo Charles Schwab me dijo que él tenía muchos más hombres trabajando para él quienes sabían mucho más acerca de la fabricación de acero que él mismo.

Schwab dijo que a él se le pagaba este salario por la habilidad que tenía de tratar con la gente. Yo le pregunté cómo lo hacía. Aquí está su secreto dicho en sus propias palabras – palabras que deberían ser fundidas en bronce que dure para siempre y colgadas en cada casa y cada escuela, cada tienda y cada oficina del país – palabras que los niños deberían memorizar en lugar de estar perdiendo su tiempo memorizando conjugaciones de verbos en Latín o la precipitación anual en Brasil – palabras que no harán otra cosa que transformar tu vida y la mía si solamente las pusiéramos en práctica:

«Yo considero mi habilidad de despertar entusiasmo entre la gente,» dijo Schwab, «lo más valioso que poseo, y la manera para desarrollar lo mejor que hay en una persona es con aprecio y estímulo.

«No hay nada más que mate la ambición de una persona como la crítica destructiva de sus superiores. Yo nunca critico a nadie. Yo creo en darle a la persona incentivo para trabajar. Así que yo estoy ansioso por dar elogios pero renuente a criticar. Si a mí me gusta algo yo soy cordial en mi aprobación y generoso con mis elogios.»

Eso es lo que hizo Schwab. ¿Pero qué hace la gente común? Exactamente lo opuesto. Si algo no les gusta nada, le gritan a sus subordinados; si les gusta, ellos no dicen nada. Como decía el verso antiguo: «Una vez hice lo malo eso fue lo que oí siempre/Dos veces hice lo bueno, pero nunca lo nunca lo escuché". Una vez que hice lo malo, de eso escucho para siempre/Dos veces hago lo bueno, pero de eso nadie se entera.

«En mi amplia asociación en la vida, reuniéndome con mucha gente grandiosa en varias partes del mundo,» declaró Schwab, «todavía tengo que encontrar a la persona, por grande o elevada que sea su posición, que no haga un mejor trabajo y ponga su mayor esfuerzo bajo un espíritu de aprobación que bajo un espíritu de crítica.»

Él dijo que ese era francamente una de las mayores razones para el éxito fenomenal de Andrew Carnegie. Carnegie elogiaba a sus asociados en público y en privado.

Carnegie quería elogiar a sus asistentes incluso en sus lápidas. Él escribió una epitafio pasa sí mismo que decía: «Aquí descansa un hombre que supo como llevarse bien con los hombres que eran más inteligentes que él mismo.»

El aprecio sincero era una de los secretos más principales de John D. Rockefeller en su éxito en el manejo de los hombres. Por ejemplo, cuando uno de sus socios, Edward T. Bedford, perdió un millón de dólares para la firma a causa de una mala compra en Sudamérica, John D. podría haber criticado; pero él sabía que Bedford había hecho lo mejor que pudo – y el incidente se cerró. Así que Rockefeller encontró algo por lo cual elogiarlo; lo felicitó porque él había podido ahorrar el sesenta por ciento del dinero que había invertido. «Eso es espléndido,» dijo Rockefeller. «Nosotros no siempre lo hacemos tan bien arriba en gerencia.»

Yo tengo entre mis recortes una historia que yo sé que nunca ocurrió, pero representa la verdad, así que la voy a repetir.

Según esta historia absurda, una mujer de granja, al finalizar un día de trabajo muy duro, sirvió a sus parientes hombres, platos amontonados de heno. Cuando ellos indignados preguntaron si ella se había vuelto loca, ella contestó: «¿Por qué? Cómo iba yo a saber que ustedes se iban a dar cuenta? Yo he estado cocinando para ustedes los últimos veinte años y en todo ese tiempo no escuché ni una palabra para dejarme saber que ustedes reconocen la diferencia entre el heno y mi comida.»

Cuando se hizo un estudio hace unos años acerca de las mujeres que abandonaban el hogar, ¿cuál crees que fue la razón principal porqué las mujeres huían? «Falta de reconocimiento.»

Y apuesto que si se hiciera un estudio similar en hombres que huyen de casa arrojaría en mismo resultado. Con frecuencia no apreciamos a nuestro cónyuge y nunca les decimos que les apreciamos.

Un miembro de nuestra clase nos contó de una solicitud que le hizo su esposa. Ella y un grupo de mujeres de su iglesia estaban involucradas en un programa de superación personal. Ella le pidió a su esposo que le ayudara a hacer la lista de seis cosas que él pensara que le ayudarían a ella a ser mejor esposa. El informó a la clase: «Yo estaba sorprendido de dicha solicitud. Francamente, me hubiera sido más fácil hacer la lista de seis cosas que yo cambiaría de ella – madre santa, ella hubiera podido hacer una lista de mil cosas que a ella le gustaría cambiar de mí – pero yo no lo hice. Yo le dije, "Déjame pensarlo, y te daré una respuesta en la mañana".

«La mañana siguiente me levanté muy temprano y llamé a la florería y les pedí que le enviaran seis rosas a mi esposa con una nota diciendo: "No se me ocurren seis cosas que cambiaría de ti. Te amo tal y como eres."

«Cuando llegué esa tarde a la casa, ¿quién creen me saludó en la puerta? Correcto. ¡Mi esposa! Ella estaba casi llorando. Y no es necesario decir, yo estaba muy contento de no haberla criticado como ella lo había solicitado.

«El siguiente domingo en la iglesia, después de que ella había hecho el reporte de la asignación, varias mujeres con quienes había estado estudiando vinieron a mí y me dijeron, "Ese es el gesto de atención mas lindo que he oído". Fue ahí donde me di cuenta del poder de la apreciación.»

Florenz Ziegfeld, el productor más espectacular que haya deslumbrado Broadway, ganó su reputación gracias a su habilidad sutil de «glorificar a la mujer americana». Vez tras vez, tomó pequeñas criaturas tristes que nadie nunca había mirado dos veces y las transformó en el escenario en glamorosas visiones de misterio y seducción. Conociendo el valor de la apreciación y la confianza, él hizo que las mujeres se sintieran bellas por el puro poder de su galantería y consideración. Él era práctico: él aumentó el salario de las coristas de treinta dólares a la semana hasta un máximo de ciento setenta y cinco. Él era además caballeroso; en la noche de apertura de «Follies» él envió telegramas a las estrellas del elenco, le dio a cada una de las coristas del espectáculo rosas American Beauty.

Una vez yo sucumbí a la moda de ayunar y ayuné por seis días y seis noches. Fue difícil. Yo tenía menos hambre al final de los seis días que al final del segundo. Sin embargo yo sé, como tú sabes, hay gente que cree que ha cometido un crimen si dejan a sus familiares y empleados por seis días sin comida; pero ellos los dejan por seis días, seis semanas, y algunas veces seis años sin una efusiva palabra de aprecio que ellos anhelan casi como anhelan la comida.

Cuando Alfred Lunt, uno de los grandes actores de su época, hizo el papel protagónico en «Reunión en Vienna», él dijo, «No hay nada que necesite tanto como el alimento para mi autoestima».

Nosotros alimentamos los cuerpos de nuestros niños, amigos y empleados, pero rara vez alimentamos su autoestima. Nosotros les proveemos la carne rostizada y las papas para producir energía, pero nos olvidamos de decirles las palabras amables de aprecio que «canten» en sus mentes por años, como la música de las estrellas en la madrugada.

Paul Harvey, en una de sus transmisiones de radio, «The Rest of the Story» (El Resto de la Historia), dijo que mostrar aprecio sincero puede cambiar la vida de una persona. Él contó que años atrás un profesor en Detroit le pidió a Stevie Morris que le ayudara a buscar un ratón que estaba perdido en la clase. Ves, ella apreciaba el hecho que la naturaleza le haya dado a Stevie algo que nadie más tenia en la clase. La naturaleza le había dado a Stevie a par de oídos extraordinarios que compensaban su ceguera. Ahora, después de muchos años, él dice que esta acción de apreciación fue el inicio de una nueva vida. Ven, a partir de entonces, él desarrolló el talento de escuchar y pasó a convertirse, bajo el nombre de Stevie Wonder, uno de los mas grandiosos cantantes y compositores de los setentas. (Aurandt, 1977)

Algunos lectores están diciendo en estos momentos mientras leen estas líneas: «¡Tonterías, babosadas, pamplinas! Yo he tratado eso. No funciona – no con gente inteligente!»

Claro, la adulación pocas veces funciona con gente que puede discernir. Es poco profunda, egoísta e insincera. Debería de fallar, y usualmente así pasa. Exacto, algunas personas están tan hambrientas y sedientas de ser apreciadas que se «tragan» cualquier cosa, al igual que un hombre hambriento comerá pasto y lombrices.

Incluso la Reina Victoria era susceptible a la adulación. El Primer Ministro Benjamín Disraeli confesó que él utilizaba zalamería al máximo cuando trataba con la Reina. Usando las palabras exactas que él usó, el dice que él «lo extendía con una paleta». Pero Disraeli era uno de los más pulidos, hábiles y diestros de los hombres que gobernó el lejano Imperio Británico. Él era un genio en su campo. Lo que funcionaba para él no necesariamente tiene que funcionar para mí. A la larga, la zalamería hace más mal que bien. La zalamería es una falsificación, y así como el dinero falsificado, eventualmente te meterá en problemas si haces enojar a alguien más.

¿Cuál es la diferencia entre aprecio y zalamería? Eso es simple. Que una es sincera y la otra insincera. Una sale del corazón; la otra del egoísmo. Una es universalmente admirada; la otra es universalmente condenada.

Recientemente vi el busto del héroe mexicano, General Álvaro Obregón en el palacio de Chapultepec en la Ciudad de México. Bajo el busto están grabadas estas palabras de la filosofía del General Obregón: «No tengas miedo de los enemigos que te ataquen. Ten miedo de los que te adulan».

¡NO! ¡NO! ¡NO! ¡Yo no estoy sugiriendo zalamería! Nada de eso. Yo estoy hablando de una nueva manera de vivir. Déjame repetirlo. Estoy hablando de una nueva manera de vivir.

El Rey George V tenía seis placas de dichos destacados exhibidos en las paredes por su estudio en el Palacio Buckingham. Una de las placas decía: «Enséñame a no recibir ni dar elogios baratos». Eso es, toda la zalamería es – elogio barato. Una vez yo leí una definición de la adulación que tal vez vale la pena repetir: «La adulación le dice a la otra persona precisamente lo que piensa acerca de sí mismo». «Usa el idioma que quieras,» dijo Ralph Waldo Emerson, «tú nunca puedes decir nada, sino lo que eres.»

Si todo lo que tenemos que hacer es adular, todos se darían cuenta y todos llegaríamos a ser expertos en relaciones humanas.

Cuando no estamos ocupados pensando en algún problema específico, usualmente usamos 95 por ciento del tiempo pensando en nosotros mismos. Ahora, si dejamos de pensar en nosotros mismos por largo rato y nos ponemos a pensar en las buenas cosas de otras personas, no tenemos que recurrir a la adulación para dar elogios baratos y falsos del cual la gente se da cuenta aun antes de salir de nuestra boca.

Una de las virtudes más descuidados de nuestro diario vivir es aprecio. De alguna manera, nosotros nos olvidamos de halagar nuestro hijo o hija cuando trae a casa su buen reporte de notas de la escuela, y no animamos a nuestros niños cuando ellos tienen éxito haciendo un pastel o construyendo una casa de para los pájaros. Nada les agrada más a los niños que esta clase de interés y aprobación de los padres.

La próxima vez que disfrutes en filete miñón en el club, dile al chef que la preparación fue excelente, y cuando un vendedor muestre una cortesía inusual hacia tu persona, por favor menciónalo.

Cada ministro, conferencista u orador conoce el desánimo de entregarse a sí mismo a la audiencia y no recibir ni un comentario de aprecio o agradecimiento. Lo mismo que se aplica a los profesionales sin duda se aplica a los trabajadores de oficinas, tiendas y fábricas y a nuestras familias y amigos. En nuestras relaciones personales nunca deberíamos de olvidar que todos nuestros asociados son seres humanos hambrientos de aprecio. Es la ternura legítima que todas las almas disfrutan.

Trata de dejar un pequeño rastro de chispas pequeñas de gratitud en tu vida diaria. Te sorprenderás de cómo éstas establecen llamas pequeñas de amistad que serán faros levantados en tu próxima visita.

Pamela Dunham de New Fairfield, Connecticut, tenía entre sus responsabilidades de trabajo la supervisión de un portero que estaba haciendo un mal trabajo. Los demás empleados se burlaban de él y ensuciaban los pasillos para mostrarle que tan mal estaba haciendo su trabajo. Era tan malo que se estaba perdiendo productividad en la tienda.

Sin éxito, Pamela trató de varias maneras de motivar a esta persona.

Ella se dio cuenta que ocasionalmente él hacía ciertos aspectos de su trabajo muy bien. Ella hizo la decisión de elogiarlo frente a otros por haberlo hecho bien. Cada día, el trabajo que hacía comenzó a mejorar y pronto él comenzó a hacer todo el trabajo eficientemente. Ahora, él hace un excelente trabajo y la demás gente lo elogia y lo reconoce. El aprecio honesto dio resultados, mientras que la crítica y la burla fracasaron.

Dañar a la gente no solamente no los cambia, nunca es necesario. Hay un antiguo refrán que he recortado y pegado sobre mi espejo, donde no puedo evitar verlo todos los días:

> *Yo pasaré por aquí sólo una vez; por lo tanto, si puedo hacer algo bueno o mostrar bondad a cualquier ser humano, lo haré. No lo olvide o me descuide, porque no pasaré de nuevo.*

Emerson dijo: «Cada hombre que conozco de alguna manera es mi superior. En eso, aprendo de él.»

Si eso era cierto de Emerson, ¿no sería como mil veces más lo mismo para ti y para mí? Dejemos de pensar en nuestros logros, nuestros deseos. Tratemos de averiguar los puntos buenos de la otra persona. Entonces olvidémonos de los halagos. Hagamos uso de aprecio honesto y sincero. «Sé bondadoso en tu apreciación y generoso con tus elogios,» y la gente apreciará tus palabras y las atesorará y las repetirá durante toda la vida – las repetirá años después de que tu las hayas olvidado.

* **Principio 2 –** *Da aprecio con honestidad y sinceridad.*

Aquel que hace esto tiene a todo el mundo a su lado. Aquel que no puede, camina solitario.

Yo iba con frecuencia a pescar a Maine durante el verano. A mí personalmente me encantan las fresas con crema, pero me he dado cuenta que por alguna extraña razón, los peces prefieren lombrices. Así que cuando iba a pescar, yo no pensaba en lo que yo quería. Yo pensaba en lo que los peces querían. Yo no ponía la carnada de fresas con crema. Mas bien, yo colgaba una lombriz o un saltamontes en el anzuelo y decía: «¿No te gustaría esto?»

¿Por qué no usar el mismo sentido común para pescar gente?

Eso fue lo que hizo Lloyd George, Primer Ministro de Gran Bretaña durante la Primera Guerra Mundial. Cuando alguien le preguntaba cómo había hecho para mantenerse en el poder después que todos los líderes del tiempo de la guerra – Wilson, Orlando and Clemenceau – habían sido olvidados, él contestó que si permanecer en una posición alta podía ser atribuido a alguna cosa, sería al haber aprendido que era necesario poner la carnada correcta en el anzuelo para pescar el pez.

¿Por qué hablar de lo que nosotros queremos? Eso es niñería. Absurdo. Por supuesto, tú estás interesado en tus necesidades. Tú estás eternamente interesado en eso. Pero nadie más lo está. El resto de nosotros somos igual que tú: estamos interesados en nuestras necesidades.

Así que la única manera en la tierra para influenciar a otras personas es hablar de lo que ellas quieren y enseñarles a conseguirlo.

Recuerda eso el día de mañana cuando estés tratando de conseguir que alguien haga algo. Si, por ejemplo, tú no quieres que tus hijos fumen, no les prediques a ellos, y no hables acerca de lo que tú quieres; sino más bien enséñales que los cigarros pueden ser un obstáculo para que ellos entren al equipo de basquetbol o ganar una carrera de cien metros.

Esto es algo bueno para recordar independientemente de que si estás lidiando con tus hijos o con terneros o chimpancés. Por ejemplo, una vez Ralph Waldo y su hijo trataron de meter un ternero en el establo. Pero ellos cometieron el error común de pensar solamente en lo que ellos querían, así que Emerson empujó y su hijo jaló. Pero el ternero estaba haciendo exactamente lo que ellos estaban haciendo; éste estaba pensando solamente en lo que él quería; así que entiesó las piernas y testarudamente rehusó a salir del pasto.

La criada irlandesa vio su situación. No podía escribir ensayos y libros, pero, en esta ocasión, al menos, tenía más sentido común o sentido de la pantorrilla, que Emerson tenía. Pensó en lo que el becerro quería, y de pronto puso su «dedo materno» en la boca del ternero y dejó que el ternero chupara el dedo mientras lo conducía suavemente en el granero.

Todo acto que has realizado desde el día en que naciste se realizó debido a que querías algo. ¿Y qué de la vez que diste una gran contribución a la Cruz Roja? Sí, eso no es una excepción a la regla. Tú le diste a la Cruz Roja esa donación ya que querías echar una mano, querías hacer un hermoso acto desinteresado, divino. «En cuanto lo hicisteis a uno de los más pequeños de estos mis hermanos más pequeños, lo habéis hecho a mí.» Si no hubieras querido tener ese sentimiento más de lo que querías quedarte con tu dinero, no hubieras hecho esa contribución. Por supuesto, es posible que hubieras hecho la contribución porque sentías cierta vergüenza en negar la solicitud or porque un cliente te pidió que lo hicieras. Pero una cosa sí es cierta: hiciste la contribución porque quisiste algo.

Harry A. Overstreet dijo en su libro iluminador, Influenciando comportamiento humano, «La acción nace de lo que fundamentalmente deseamos ... y el mejor consejo que se pudiera dar a uno que pretende persuadir ya sea en negocios, en el hogar, en la escuela o la política es lo siguiente: Primero, despertar en la otra persona un ansioso querer. El que puede hacer esto tiene todo el mundo a su favor. El que no puede, camina un camino solitario.»

Andrew Carnegie, el muchacho escocés pobre que empezó a trabajar a dos centavos por hora y finalmente regaló $365,000.000, aprendió temprano en la vida que la única manera de influir en las personas es hablar en términos de lo que la otra persona quiere. Asistió a la escuela sólo cuatro años; sin embargo, aprendió a cómo tratar a la gente.

Para ilustrar: Su cuñada estaba sumamente preocupada de sus dos hijos. Estaban en Yale, y estaban tan ocupados con sus propios asuntos que se olvidaron de escribir a casa y no prestaron atención alguna a las cartas desesperadas de su madre.

Entonces Carnegie ofreció apostar cien dólares que podía obtener una respuesta a vuelta de correo, sin ni siquiera pedirlo. Alguien aceptó su apuesta; por lo que escribió una carta detallada a sus sobrinos, mencionando casualmente en un forma de post-data que estaba enviando a cada uno un billete de cinco dólares.

Sin embargo, a propósito mandó la carta sin incluir el dinero.

A vuelta de correo llegaron las respuestas agradeciendo al «Querido tío Andrew» por su atenta nota — y tú ya sabes qué más dijeron.

Otro ejemplo de persuasión proviene de Stan Novak, de Cleveland, Ohio, un participante en nuestro curso. Stan llegó a casa del trabajo una noche para encontrar a su hijo menor, Tim, pataleando y gritando en el suelo de la sala. Él iba a comenzar clases en kindergarten el día siguiente y estaba protestando que no quería ir. Reacción normal de Stan habría sido mandar al niño a su habitación y decirle que mejor se resigne a que tenga que ir a la escuela quiera o no. No tenía otra opción. Pero esta noche, reconociendo que esto no ayudaría en nada a que Tim comenzara el kindergarten en el mejor estado de ánimo, Stan se sentó y pensó: «Si yo fuera Tim, ¿por qué iba a estar emocionada de ir a la guardería?» Entonces, él y su esposa hiciendo una lista de todas las cosas divertidas que Tim haría en el kindergarten, como pintar con los dedos, cantar canciones, hacer nuevos amigos.

Entonces se pusieron en acción. «Todos empezamos a pintar con los dedos sobre la mesa de la cocina, mi esposa, Lil, mi otro hijo Bob, y yo mismo, y todos nos divertíamos. Pronto Tim estaba espiando a la vuelta de la esquina. Después de observar un rato, se acercó a querer participar. "¡Oh, no! Tienes que ir al kindergarten primero para aprender a pintar con los dedos." Con todo el entusiasmo que pude mostrar, repasé la lista usando términos que pudiera entender, diciéndole toda la diversión que tendría en el kindergarten.

La mañana siguiente, pensé que yo era el primero en levantarme Bajé las escaleras y encontré a Tim sentado profundamente dormido en la silla de la sala de estar. "¿Qué estás haciendo aquí?", le pregunté. "Estoy esperando para ir al kindergarten. Yo no quiero llegar tarde." El entusiasmo de toda nuestra familia había despertado en Tim un deseo genuino que ninguna cantidad de discusión o amenaza pudo haber logrado.»

Mañana es posible que deseas persuadir a alguien a hacer algo. Antes de hablar, haz una pausa y pregúntate: «¿Cómo puedo hacer que esta persona quiera hacerlo?» Esa pregunta nos evitará meternos en un callejón sin salida, haciendo conversación inútil acerca de nuestros deseos.

Hubo un tiempo en que alquilaba el gran salón de baile de un cierto hotel en Nueva York durante veinte noches en cada temporada con el fin de celebrar una serie de conferencias. Al comienzo de una temporada, me informaron de repente que yo tendría que pagar casi tres veces más alquiler que antes. Esta noticia me llegó después de que los boletos se habían impreso y distribuido y se habían hecho todos los anuncios.

Por supuesto, yo no quería pagar el aumento, pero ¿qué sentido tenía hablar con el hotel al respecto? Ellos estaban interesados sólo en lo que ellos querían. Así que un par de días más tarde me fui a ver el gerente del hotel.

«Yo estaba un poco sorprendido cuando recibí su carta», le dije, «pero yo no le culpo en absoluto. Si yo hubiera estado en su posición, probablemente hubiera escrito una carta similar al que recibí. Su deber como el gerente del hotel es lograr obtener ganancias. Si usted no hace eso, le despidan y así debería ser. Ahora, tomemos un pedazo de papel y escribamos las ventajas y los inconvenientes que obtendrá usted, si usted insiste en este aumento de la renta.»

Luego tomé un papel con membrete y corrí una línea por el centro y me dirigí una columna «Ventajas» y la otra columna «Desventajas».

Anoté bajo la cabeza «Ventajas» estas palabras: «Salón de baile libre». Luego me fui a decir: «Usted tendrá la ventaja de tener el salón de baile libre para alquilar para bailes y convenciones. Esa es una gran ventaja, para asuntos como el que le pagarán mucho más que usted puede conseguir por una serie de conferencias mías. Si yo ocupo su salón de baile hasta por veinte noches durante el transcurso de la temporada, es seguro que significaría una pérdida de algún negocio muy rentable para usted.»

«Ahora, vamos a considerar las desventajas. En primer lugar, en lugar de aumentar sus ingresos de parte mía, usted va a disminuirlos. De hecho, usted va a liquidarlos completamente porque yo no puedo pagar el alquiler que usted me está pidiendo. Me veré obligado a realizar estas conferencias en algún otro lugar.»

«Hay otra desventaja para usted también. Estas conferencias atraen multitudes de personas educadas y cultas a su hotel. Esa es una buena publicidad para usted, ¿no es así? De hecho, si usted gastaría cinco mil dólares en publicidad en los periódicos, usted no podría atraer a su hotel la cantidad que puedo atraer yo por medio de estas conferencias. Eso vale mucho para un hotel, ¿no es cierto?»

Mientras hablaba, yo escribí estas dos «desventajas» bajo el título apropiado, y entregué la hoja de papel al gerente, diciendo: «Me gustaría que considerara cuidadosamente las ventajas y desventajas que le afectarán a usted y luego me manda su decisión final.»

Recibí una carta el día siguiente, que me informaba de que mi renta se incrementaría sólo el 50 por ciento en lugar de un 300 por ciento.

Eso sí, me dieron esta reducción sin decir una palabra sobre lo que yo quería. Hablé todo el tiempo acerca de lo que la otra persona quería y cómo podía conseguirlo.

Supongamos que yo hubiera hecho lo humano, lo natural; supongamos que hubiera irrumpido en su oficina diciendo: «¿Qué quiere usted decir con querer incrementar el alquiler por un trescientos por ciento cuando se sabe que los boletos ya se han impreso y los anuncios enviados? ¡Trescientos por ciento! ¡Ridículo! ¡Absurdo! ¡Y no voy a pagarlo!»

¿Qué habría pasado? Se habría iniciado un argumento caluroso y tú sabes bien cómo terminan los argumentos. Incluso si yo le hubiera podido convencerle al gerente de que se había equivocado, su orgullo habría hecho difícil para él dar marcha atrás y admitir su error.

Aquí está uno de los mejores consejos jamás dados sobre el arte de las relaciones humanas. «Si hay algún secreto del éxito», dijo Henry Ford, «se lo encuentra en la habilidad de obtener el punto de vista de la otra persona y ver las cosas desde el·ángulo de esa persona, así como a la suya.»

Ese consejo es tan bueno que quiero repetirlo: «Si hay algún secreto del éxito, se lo encuentra en la habilidad de obtener el punto de vista de la otra persona y ver las cosas desde el ángulo de esa persona, así como a la suya.»

Eso es tan simple, tan evidente, que cualquier persona debe reconocer a simple vista la veracidad de esta verdad; sin embargo, el 90 por ciento de las personas en esta tierra lo ignoran el 90 por ciento de las veces.

¿Un ejemplo? Mira la correspondencia que viene a su escritorio mañana por la mañana, y usted encontrará que la mayoría de esa correspondencia viola esta importante regla de sentido común.

Caso específico: Una carta escrita por el jefe del departamento de radio de una agencia de publicidad con oficinas dispersas por todo el continente. Esta carta fue enviada a los gerentes de las estaciones de radio locales en todo el país. (Yo he puesto abajo, entre paréntesis, mis reacciones a cada párrafo.)

Sr. Juan Blanco

Villa Blanco, Indiana

Aquel que hace esto tiene a todo el mundo a su lado. Aquel que no puede, camina solitario.

Estimado Sr. Blanco,

Nuestra compañía _____ desea mantener su posición de liderazgo en la agencia de publicidad en el campo de la radio.

[¿A quién le importa lo que desea su empresa? Yo estoy preocupado por mis propios problemas. El banco está por rescindir la hipoteca de mi casa, los bichos están destruyendo los malvas, la bolsa de valores se desplomó ayer. Me atrasé en alcanzar el ocho y quince de esta mañana, yo no estaba invitado a la danza de los Jones ayer por la noche, el médico me ha dicho que tengo presión alta y además, neuritis y caspa. Y entonces, ¿qué sucede? Yo vengo a la oficina esta mañana preocupado, abro mi correo y encuentro que algún desconocido mequetrefe fuera en Nueva York me escribe acerca de lo que quiere su compañía. ¡Bah! Si sólo se diera cuenta de qué clase de impresión deja su carta, mejor haría dejando el negocio de la publicidad para ponerse a industrializar el abono de ovejas.]

Las cuentas nacionales de publicidad de esta agencia fueron el baluarte de la red. Nuestros espacios libres de tiempo en las estaciones de radio nos han mantenido por encima de las demás agencias año tras año.

[Usted se cree grande y rico y por encima de todos, ¿verdad? ¡Qué importa! Yo no doy dos gritos en el Hades si usted es tan grande como General Motors y General Electric y el Estado Mayor General del Ejército de los Estados Unidos todo combinado. Si usted tenía tanto sentido como un colibrí, imbécil, se daría cuenta de que estoy interesado en lo grande que soy yo, no lo grande que es usted. Toda esa habladuría de su enorme éxito me hace sentirme pequeño y sin importancia.]

Deseamos dar servicio a nuestras cuentas con la última palabra sobre la información de la estación de radio.

[¡Ustedes desean! ¡Ustedes desean! Usted idiota sin paliativos. No estoy interesado en lo que usted desea o lo que el Presidente de los Estados Unidos desea. Déjame decirle una vez por todas que estoy interesado en lo que YO quiero, y usted aún no ha mencionado ni una sola palabra acerca de eso en esta carta absurda suya.]

Por lo tanto, favor de poner usted a la compañía _____ en la cima de su lista de preferidos para enviar la información semanal de la estación — cada uno de los detalles que serán de utilidad para una agencia poder reservar tiempo de manera inteligente.

> [«*Lista de preferidos.*» *¡Qué atrevido es usted! Me hace sentir insignificante por su gran hablar acerca de su empresa, y luego me pide que le pondrá en una lista de «preferidos», y ni siquiera dice «por favor» cuando me lo pide.]*

Un reconocimiento oportuno de esta carta, que nos da sus últimas obras va a ser mutuamente útiles.

> *[¡Necio! Usted me envía por correo una forma barata de copias esparcidos por todas partes como las hojas de otoño — y usted tiene el descaro de preguntarme, cuando estoy preocupado por la hipoteca y los malvas y mi presión arterial, para sentarse y dictar un personal nota reconociendo su carta-formulario y usted me pregunta a hacerlo "sin demora". ¿Qué quiere decir, "sin demora"? ¿No sabe que estoy tan ocupado como usted es, o, al menos, me gusta pensar que soy. Y ya que estamos en el tema, que le dio el derecho señorial para darme órdenes? Usted dice que será "mutuamente útil." Por fin, por fin, que ha comenzado a ver a mi punto de vista. Pero usted es vago acerca de cómo va a salir a mi favor.]*

Atentamente,
Juan Pérez
Gerente Departamento de Radio

P.D. La reimpresión cerrado desde el Blankville Diario será de interés para usted, y es posible que desee transmitir por encima de su estación.

> *[Por fin, aquí abajo, en la posdata, usted menciona algo que puede ayudar a resolver uno de mis problemas. ¿Por qué no comenzó su carta con ... pero ¿de qué sirve ya hablar de eso? Cualquier hombre en el campo de publicidad culpable de perpetrar tales tonterías como usted me ha enviado tiene algo mal con su bulbo raquídeo. Usted no necesita una carta dando nuestras últimas obras. Lo que necesita es un litro de yodo en su glándula tiroides.]*

Aquel que hace esto tiene a todo el mundo a su lado. Aquel que no puede, camina solitario.

Ahora, si las personas que dedican su vida a la publicidad y que se presentan como expertos en el arte de influir en la gente a comprar escriben una carta así, ¿qué podemos esperar del carnicero y el panadero o el mecánico de automóviles?

Aquí hay otra carta, escrita por el superintendente de una terminal grande de carga dirigida a un estudiante de este curso, Edward Vermylen. ¿Qué efecto tuvo esta carta sobre el hombre a quien iba dirigida? Léelo y luego te voy a decir.

A. Zerega's Sons, Inc.
28 Front St.
Brooklyn, N.Y. 11201

Atención: Sr. Eduardo Vermylen

Señores: Las operaciones de recepción del departamento de envíos de nuestra empresa ferrocarril últimamente han sufrido serios retrasos debido a que un porcentaje sustancial del negocio total nos es entregado a hora avanzada de la tarde. Esta condición resulta en congestionamiento, horas extras por parte de nuestros empleados, retrasos a los camiones, y en algunos casos retrasos en el despacho de la carga. El 10 de noviembre recibimos de su empresa una cantidad de 510 piezas que llegaron aquí a las 4:20 P.M.

Solicitamos su cooperación en la superación de los efectos indeseables derivados de la recepción tardía de mercancías. Les pedimos que en los días en los que envían ustedes un volumen similar al que se recibió en la fecha anterior, hagan su mejor esfuerzo de ya sea asegurarse de que el camión llegue más temprano, o nos entregue parte de la carga durante la mañana.

El beneficio que le correspondería a ustedes en virtud de un acuerdo de este tipo sería el despacho más rápida de sus camiones y la seguridad de que su mercancía se enviaría en la fecha de su recepción.

Atentamente,
J___ B___
Superintendente

Después de leer esta carta, el Sr. Vermylen, gerente de ventas de de A. Zerega's Sons, Inc., me lo envió con el siguiente comentario:

«Esta carta tuvo el efecto contrario de lo que se pretendía. La carta comienza con la descripción de las dificultades de la terminal, en la que no nos interesa, en términos generales. Se pide entonces nuestra cooperación sin tomar en cuento si eso podría incomodarnos a nosotros, y finalmente, en el último párrafo, se menciona que si hacemos lo que indica esto significaría la descarga más rápida de nuestros camiones con la seguridad de que nuestra carga se enviaría en la fecha de su recepción.

«En otras palabras, lo que a nosotros más nos interesa es mencionado al final de la misiva y todo el efecto es uno de crear un espíritu de antagonismo en lugar de uno de cooperación.»

Vamos a ver si no podemos volver a escribir y mejorar esta carta. No vamos a perder el tiempo hablando de nuestros problemas.

Como advierte Henry Ford, vamos a «obtener el punto de vista de la otra persona y ver las cosas desde su punto de vista, así como de la nuestra.»

Aquí está una manera de revisar la carta. Puede que no sea la mejor manera, pero ¿no es una mejora?

Sr. Eduardo Vermylen
% A. Zerega's Sons, Inc.
28 Front St.
Brooklyn, N.Y. 11201

Estimado Sr. Vermylen:

Su empresa has sido uno de nuestros mejores clientes durante los últimos 14 años. Por supuesto, estamos sumamente agradecidos por su patrocinio y ansiosos de darle el mejor servicio rápido y eficiente que usted merece.

Sin embargo, lamentamos informarle que nos hace imposible

servirle con ese esmero en caso de que sus camiones nos entregan una cantidad enorme de carga en horas avanzadas de la tarde como sucedió el 10 de noviembre. ¿Y eso por qué? Porque muchos otros clientes también entregan cargas a horas avanzadas de la tarde. Es por eso que se crea un congestionamiento increíble. Significa que sus camiones se perjudican en el muelle y hasta a veces se retrasa el despacho de su carga.

Eso es lamentable, pero sí puede ser evitado. Si usted pudiera hacer las entregas de su carga por las mañanas cuando le sea posible, sus camiones podrán salir pronto y su carga será atendida inmediatamente, y nuestro personal podrá llegar temprano a sus casas para disfrutar una cena deliciosa de los macarrones y fideos que usted produce.

Pero sin importar la hora que lleguen sus camiones, siempre haremos todo lo que nos sea posible para atenderles con esmero y cortesía. Usted es una persona con mucho que hacer así que no se moleste en responder a esta misiva.

Atentamente,

J_____ B_____
Superintendente

Barbara Anderson, que trabajaba en un banco en Nueva York, deseaba mudarse a Phoenix, Arizona, debido a la salud de su hijo. Usando los principios que había aprendido en nuestro curso, escribió la siguiente carta a doce bancos de Phoenix:

Estimado señor:

Mis diez años de experiencia bancaria deben ser de interés para un banco de rápido crecimiento como la suya.

En varias capacidades en las operaciones bancarias con el Bankers Trust Company en Nueva York, hasta llegar a mi puesto actual de Gerente de Sucursal, he adquirido habilidades en todas las fases de la banca, incluyendo las relaciones de los depositantes, créditos, préstamos y administración.

Voy a mudarme a Phoenix en mayo y estoy seguro de que puedo contribuir a su crecimiento y ganancias. Yo estaré en Phoenix la semana del 3 de abril y agradecería la oportunidad de mostrarle cómo puedo ayudar a su banco a cumplir con sus metas.

Atentamente,
Barbara L. Anderson

¿Cree usted que la señora Anderson recibió alguna respuesta a su carta? Once de los doce bancos la invitaron a ser entrevistada, y ella tuvo la opción de elegir la mejor oferta que le convenía. ¿Por qué? La señora Anderson no indicó lo que ella quería, pero explicó en la carta cómo podía ayudarlos, y se centró en sus deseos, no las suyas.

Miles de vendedores están caminando por las aceras hoy, cansados, desanimados y mal pagados. ¿Por qué? Debido a que siempre están pensando sólo en lo que ellos quieren. No se dan cuenta de que ni usted ni yo queremos comprar nada. Si lo quisiéramos, saldríamos a comprarlo. Pero ambos estamos eternamente interesados en la solución de nuestros problemas. Y si los vendedores pueden mostrarnos cómo sus servicios o mercancías ayudarán a resolver nuestros problemas, no tendrán ningún problema en vendernos lo que ofrecen. Lo vamos a comprar. Y a los clientes les gusta sentir de que están comprando, y no que se les está vendiendo algo.

Sin embargo, muchos vendedores pasan toda la vida tratando de hacer ventas sin ver las cosas desde el punto de vista del cliente. Por ejemplo, durante muchos años viví en Forest Hills, una pequeña comunidad de viviendas particulares en el centro de Nueva York. Un día, mientras estaba corriendo a la estación, me encontré por casualidad con un vendedor de bienes raíces que había comprado y vendido propiedades en esa zona durante muchos años. Conocía Forest Hills bien, así que a toda prisa le pregunté si mi casa de estuco fue construida con malla de metal o con azulejo hueco. Él dijo que no sabía y me dijo lo que yo ya sabía, que yo podía averiguar llamando a la Asociación de Forest Hills Garden. La mañana siguiente, recibí una carta de él. ¿Será que me mandaba la información que yo quería? Él podía haberlo conseguido en sesenta segundos haciendo una llamada telefónica, pero no lo hizo. Me dijo otra vez que yo podía conseguirlo llamando por teléfono a la Asociación, y luego me pidió que lo dejara manejar mi aseguranza.

No tenía el menor interés en ayudarme. Sólo tenía interés en ayudarse a sí mismo.

J. Howard Lucas de Birmingham, Alabama, cuenta como dos vendedores de la misma compañía resolvieron el mismo tipo de situación. Nos relató lo siguiente: «Hace algunos años estaba yo en un equipo de gerencia de una pequeña empresa. Cerca de nosotros estaba la oficina nacional de una empresa grande de aseguranza. Ellos asignaban territorios a sus agentes y dos de ellos fueron asignados a nuestra compañía, que les voy a llamar Carlos y Juan.

Una mañana Carlos pasó por nuestra oficina y mencionó de paso de que su empresa recién había introducido una nueva póliza de seguro de vida para ejecutivos y creyó él que nosotros tal vez algún día tuviéramos interés así que cuando obtuviera más información nos visitaría de nuevo.

Ese mismo día Juan nos vio caminando por la acera regresando de un descanso para tomar un café y nos llamó, «Oye Lucas, espera un minuto. Tengo algo tremendo para contarte.» Cruzó la calle corriendo y con mucho entusiasmo nos contó de un plan de seguro de vida para ejecutivos que su empresa apenas ese mismo día había iniciado. (Era el mismo plan que Carlos por casualidad nos había mencionado.) Juan quería que fuéramos los primeros en obtenerlo. Nos adelantó ciertos aspectos especiales de la cobertura y concluyó diciendo, «Esta póliza es tan nuevo que voy a mandar a alguien de la oficina central para visitarles mañana y les explique con más detalle los pormenores. Hasta mientras, llenen y firmen estos formularios para que pueden adelantar el proceso y poder contestar todas sus preguntas mañana.» Su entusiasmo despertó en nosotros un deseo ávido de obtener esta póliza a pesar de que todavía no teníamos todos los detalles. Cuando fueron puestos a nuestra disposición, confirmamos la razón por su entusiasmo, y Juan no sólo vendió pólizas de seguro de vida a cada uno de nosotros en la oficina, pero luego duplicó nuestra cobertura.

«Carlos podía haber tenido esas ventas, pero él no hizo ningún esfuerzo para despertar en nosotros un deseo para obtener las pólizas.»

El mundo está lleno de personas avaras y egoístas. Así que el individuo raro que desinteresadamente trata de servir a los demás tiene una enorme ventaja. Él tiene poca competencia. Owen D. Young, un abogado destacado y uno de los grandes líderes de negocios de Estados Unidos, dijo una vez: «Las personas que pueden ponerse en el lugar de otras personas, que pueden entender el funcionamiento de sus mentes, nunca tienen que preocuparse acerca de lo que el futuro tiene guardado para ellos.»

Si como resultado de haber leído este libro obtienes una sola cosa — un aumento en la tendencia de pensar siempre en términos de puntos de vista de otras personas, y ver las cosas desde su punto de vista — si únicamente sacas esto como resultado de haber leído este libro, puede resultar siendo una de las piedras principales en la edificación de tu carrera.

Mirando las cosas desde el punto de vista de la otra persona y despertando en él un deseo ávido hacia algo no debe ser interpretado como la manipulación de esa persona para que haga algo del cual sólo tú te beneficias y él se perjudica. Cada parte debe beneficiarse de la negociación. En las cartas al Sr. Vermylen, tanto el emisor como el receptor de la correspondencia ganaron mediante la implementación de lo que se propuso. Tanto el banco como la Sra. Anderson salieron ganando, por la carta, en la que el banco obtuvo un empleado valioso y la Sra. Anderson un trabajo adecuado. Y en el ejemplo de la venta de seguros de Juan al Sr. Lucas, ambos salieron ganando gracias a esta transacción.

Otro ejemplo en el que todo el mundo gana a través de este principio de despertar un deseo ansioso viene de Michael E. Whidden de Warwick, Rhode Island, que es un Encargado de Ventas de una zona para la Shell Oil Company. Mike quería convertirse en el vendedor número uno en su distrito, pero una estación de servicio le estaba frenando. Un hombre mayor de edad estaba a cargo de esta estación, y no había manera de motivarlo para limpiar su estación. Lo mantenían en tal mal estado que las ventas estaban disminuyendo significativamente.

El encargado no quería hacer caso a las súplicas de Mike para mejorar la estación. Después de muchas exhortaciones y pláticas de hombre a hombre — los cuales no dieron ningún resultado — Mike decidió invitar al encargado anciano a visitar la más nueva estación de Shell en su territorio.

El encargado quedó tan impresionado por las instalaciones de la nueva estación que cuando Mike lo visitó la próxima vez, su propia estación estaba limpia y había registrado un aumento en las ventas. Esto permitió a Mike alcanzar el puesto número uno en su distrito. Toda su conversación y discusión no habían ayudado a resolver el problema, pero por despertar un deseo ansioso en el administrador al llevarle y mostrarle la estación moderna, pudo lograr su objetivo, y tanto el encargado así como Mike, resultaron beneficiados.

La mayoría de la gente va a la universidad y aprende a entender a *Virgilio* y *Dominar los Misterios de Cálculo* sin tener que descubrir cómo funcionan sus propias mentes. Por ejemplo: Una vez di un curso sobre el tema *Hablando Efectivamente* para los jóvenes graduados universitarios que entraban al servicio de la Corporación Carrier, el gran fabricante de aire acondicionado. Uno de los participantes quería persuadir a los demás a jugar al baloncesto en el tiempo libre, y esto es lo que dijo: «Quiero que salgan a jugar al baloncesto. Me gusta jugar al baloncesto, pero las últimas veces que he estado en el gimnasio no había suficiente gente para jugar. Dos o tres de nosotros estábamos lanzando la pelota la otra noche y me dieron un ojo morado. Quisiera que todos ustedes vinieran mañana por la noche. Quiero jugar al baloncesto.»

¿Habló de lo que tú quieres? Tú no tienes ganas de ir a un gimnasio al que nadie más va, ¿verdad? A ti no te interesa mucho lo que él quiere. Tampoco quieres que te dejen con un ojo morado.

¿Podría haberte mostrado cómo conseguir las cosas que tú quieres yendo al gimnasio? Seguramente. Más energía. Mejorar el apetito. Cerebro más claro. Diversión. Juegos. Baloncesto.

Para repetir el sabio consejo del profesor Overstreet: Primero, despertar en la otra persona un ansioso querer. El que puede hacer esto tiene a todo el mundo a su favor. El que no puede, camina un camino solitario.

Uno de los estudiantes asistiendo al curso de formación del autor estaba preocupado por su niño pequeño. El niño estaba de bajo peso y se negaba a comer correctamente. Sus padres recurrieron el método habitual. Ellos regañaron y fastidiaban. «Mamá quiere que comas esto y lo otro.» «Papá quiere que crezcas a ser un hombre fuerte.»

¿Hizo caso el niño a tanta insistencia de los padres? Lo mismo que prestar atención a un grano de arena en una playa del mar.

Nadie con un poco de sentido común espera que un niño de tres años va a entender el punto de vista de un padre de treinta años. Sin embargo, eso era precisamente lo que el padre había esperado. Era absurdo. Finalmente se dio cuenta. Así que se dijo a sí mismo: «¿Qué quiere ese chico? ¿Cómo puedo hacer coincidir lo que quiero yo con lo que quiere él?»

Una vez que empezó a pensar así, le fue fácil al padre. Su hijo tenía un triciclo que le encantaba montar y andaba por arriba y por abajo en la acera de enfrente de la casa en Brooklyn. Unas puertas más abajo vivían un chico abusivo, un muchacho más grande que solía tirar el niño de su triciclo y montar él mismo.

Por supuesto, el niño corría gritando a su madre, y ella tendría que salir y quitar el agresor del triciclo y poner su pequeño hijo de nuevo. Esto sucedía casi todos los días.

¿Qué quería el niño? No hacía falta ser un Sherlock Holmes para contestar eso. Su orgullo, su ira, su deseo de una sensación de importancia — todas las emociones más fuertes en su interior — le instaban a vengarse, y darle un puñetazo al matón en la nariz. Y cuando su padre le explicó al niño que sería capaz un día de darle una tunda al otro si sólo comiera las cosas que su madre quería que comiera, ya no había ningún problema dietética. Ese chico habría comido espinaca, col fermentada, caballa salada, cualquier cosa con el fin de ser lo suficientemente grande como para humillarlo a aquel abusivo que lo había humillado con tanta frecuencia.

Después de resolver ese problema, los padres abordaron otro: el niño tenía la costumbre impía de orinarse en la cama.

Dormía con su abuela. Por la mañana, su abuela se despertaba y palpaba la sábana diciendo: «Mira, Johnny, lo que hiciste de nuevo anoche.»

Él decía: «No, yo no lo hice. Usted lo hizo.»

Regañándole, disciplinándole, avergonzándole, reiterando que los padres no querían que lo hiciera, ninguna de estas cosas pudo evitar la costumbre nocturna de mojar las sábanas. Así que los padres preguntaron: «¿Cómo podemos hacer que este chico quiera dejar de orinarse en la cama?»

¿Cuáles eran los deseos del muchacho? En primer lugar, quería usar pijamas como su papá en lugar de usar un camisón como la abuela. La abuela estaba harta de sus iniquidades nocturnas, por lo que con mucho gusto se ofreció a comprarle un par de pijamas si con eso se iba a reformar. En segundo lugar, él quería una cama propia. La abuela tampoco se opuso de eso.

Su madre lo llevó a una tienda comercial en Brooklyn, guiñó un ojo a la vendedora, y dijo: «Este es un pequeño caballero que le gustaría hacer algunas compras.»

La vendedora le hizo sentirse importante al decirle: «¡Joven, ¿qué puedo mostrarle?»

Se paró un par de centímetros más alto y dijo: «Quiero comprarme mi propia cama.»

Cuando se le mostró la que su madre quería que comprara, ella nuevamente guiñó su acuerdo a la vendedora y el niño fue persuadido en comprarlo.

La cama fue entregada el día siguiente; y esa noche, cuando el papá llegó a casa del trabajo, el niño corrió hacia la puerta gritando: «¡Papá! ¡Papá! ¡Vamos arriba y ver la cama que me compré!»

El padre, mirando a la cama, obedeció la recomendación de Charles Schwab: él fue «abundante en su aprobación y generoso en sus elogios».

«No te vas a mojar esta cama, ¿verdad?», dijo el padre. «¡Oh, no, no! No voy a mojar esta cama.» El muchacho cumplió su promesa, porque tenía que ver con su orgullo. Ese era su cama. Él y sólo él la había comprado. Y llevaba pijama ahora como un pequeño hombre. Quería actuar como un hombre. Y así hizo.

Otro padre, K.T. Dutschmann, un ingeniero de teléfonos, y un estudiante de este curso, no pudo hacer que su hija de tres años de edad comiera su desayuno. El regaño de costumbre, suplicas y ruegos todos era inútiles. Así que los padres se preguntaron: «¿Cómo podemos hacer que ella quiera hacerlo?»

A la niña le encantaba imitar a su madre, a sentirse grande y adulta; así que una mañana la pusieron en una silla y la dejaron hacer la comida del desayuno. Justo en el momento propicio, el padre se asomó por la cocina mientras ella se preparaba el cereal y ella le dijo: «Oh, mira, papá, yo estoy haciendo el cereal para el desayuno esta mañana.»

Comió dos porciones de cereal sin ninguna presión, porque estaba interesado en él. Ella había logrado una sensación de importancia; había encontrado en la preparación de los cereales una forma de autoexpresión.

Guillermo Winter dijo una vez que «la expresión de sí mismo es la necesidad dominante de la naturaleza humana.» ¿Por qué no podemos adaptar esta misma psicología a las relaciones comerciales? Cuando tenemos una idea brillante, en lugar de hacer que otros piensan que es la nuestra, ¿por qué no dejar que cocinen y revuelvan la idea por sí mismos? Entonces, lo considerarán como propio al punto que les va a gustar y tal vez coman varias porciones de ella.

Recuerda: «En primer lugar, despierta en la otra persona un ansioso querer. El que puede hacer esto tiene todo el mundo con él. El que no puede, camina de manera solitaria.»

- **Principio 3 – *Despierta en la otra persona un ansioso querer.***

En resumen — Técnicas fundamentales en tratar con la gente

- **Principio 1 – *No critiques, condenes or te quejes.***

- **Principio 2 – *Da aprecio con honestidad y sinceridad.***

- **Principio 3 – *Despierta en la otra persona un ansioso querer.***

SEGUNDA parte:

Seis maneras de hacer que la gente te quiera

Haz esto y serás bienvenido en donde sea

¿Por qué leer este libro para saber cómo ganar amigos? ¿Por qué no estudiar la técnica del mayor ganador de los amigos que el mundo jamás ha conocido? ¿Quién es él? Tú puedes conocerlo mañana viniendo por la calle. Al llegar a tres metros de él, comenzará a mover la cola. Si te paras para acariciarle, tratará de saltarse encima de ti para mostrarte lo mucho que te gusta. Y tú sabes que detrás de esta muestra de afecto por su parte, no hay segundas intenciones: no quiere venderte cualquier bien inmueble, y que no es que quiere casarse contigo.

¿Has considerado alguna vez que el perro es el único animal que no tiene que trabajar para ganarse la vida? Una gallina tiene que poner huevos, una vaca tiene que dar leche, y un canario tiene que cantar. Pero un perro se gana la vida al darte nada más que amor.

Cuando tenía cinco años, mi padre compró un pequeño perrito de pelo amarillo por cincuenta centavos. Él era la luz y la alegría de mi infancia. Todas las tardes, como a las cuatro y media, se sentaba en el patio de adelante con sus hermosos ojos mirando fijamente la senda de entrada, y tan pronto como oía mi voz o me veía balanceando mi lunchera a través del alto pasto, salía disparando como bala, corriendo hacia mí hasta llegar y saludarme con saltos de alegría y ladridos de puro éxtasis.

Tippy fue mi compañero constante durante cinco años. Entonces, una noche trágica — nunca voy a poder olvidarme — fue asesinado a tres metros de mi cabeza, muerto por un rayo. La muerte de Tippy fue la tragedia de mi niñez.

Tú nunca leíste un libro sobre psicología, Tippy. No te era necesario. Tú sabías como por algún instinto divino que se puede hacer más amigos en dos meses al convertirse en alguien genuinamente interesado en otras personas de lo que se puede en dos años tratando hacer de que la gente se interese en ti. Permítanme repetir eso. Se puede hacer más amigos en dos meses al convertirse en alguien genuinamente interesado en otras personas de lo que se puede en dos años tratando hacer de que la gente se interese en ti.

Sin embargo, yo sé y tú conoces a gente que andan por la vida tratando de hacer que otras personas tengan interés en ellos.

Por supuesto, no funciona. La gente no está interesada en ti. Ellos no están interesados en mí. Ellos están interesados en sí mismos, por la mañana, al mediodía y después de la cena.

La Compañía Telefónica de Nueva York realizó un estudio detallado de las conversaciones telefónicas para saber qué palabra es la más utilizada. Usted ha adivinado: es el pronombre personal «yo, yo, yo». Fue utilizado 3.900 veces en 500 conversaciones telefónicas. «Yo, yo, yo, yo.» Cuando ves una fotografía de grupo en el cual estás tú, ¿cuya imagen es lo que buscas primero?

Si nos limitamos a tratar de impresionar a la gente y hacer que la gente se interese en nosotros, nunca vamos a tener muchos amigos sinceros, y verdaderos. Amigos, amigos de verdad, no se hacen de esa manera.

Napoleón lo intentó, y en su último encuentro con Josefina dijo: «Josefina, he sido tan afortunado como cualquier hombre alguna vez lo fue en esta tierra; y, sin embargo, hasta esta hora, tú eres la única persona en el mundo en quien puedo confiar.» Y los historiadores dudan en si podía confiar siquiera en ella.

Alfred Adler, el famoso psicólogo vienés, escribió un libro titulado *Lo que la vida debe significar para usted*. En ese libro dice: «Es la persona que no está interesado en sus semejantes que tiene las mayores dificultades en la vida y proporciona el mayor daño a los demás. Es entre estas personas que todos los fracasos humanos brotan.»

Tú puedes leer decenas de tomos eruditos sobre la psicología sin encontrar una declaración más significativa para ti y para mí. Esta declaración de Adler es tan rica de significado que voy a repetirla en cursiva:

Es el individuo que no está interesado en sus semejantes que tiene las mayores dificultades en la vida y proporciona el mayor daño a los demás. Es entre estas personas que todos los fracasos humanos brotan.

Una vez tomé un curso de escritura de cuentos cortos en la Universidad de Nueva York, y durante ese curso el editor de una revista destacada habló con nuestra clase. Él dijo que podía coger cualquiera de las decenas de historias que flotaban sobre su escritorio todos los días y después de leer algunos párrafos podía darse cuenta si el autor gustaba a la gente. «Si al autor no le gusta a la gente», dijo, «la gente no le va a gustar sus historias.»

Este editor duro se detuvo dos veces en el transcurso de su intervención en la escritura de ficción y pidió disculpas por predicar un sermón. «Les estoy diciendo», dijo, «las mismas cosas que su predicador les diría, pero recuerde, ustedes tienen que estar interesados en la gente si quieren ser escritores de éxito de cuentos.»

Si eso es verdad de la escritura de ficción, tú puedes estar seguro de que es cierto de tratar con la gente cara a cara.

Pasé una noche en el vestuario de Howard Thurston la última vez que apareció en Broadway — Thurston era el decano reconocido de magos. Durante cuarenta años había viajado por todo el mundo, una y otra vez, creando ilusiones, mistificando al público, y haciendo que la gente quede asombrada. Más de 60 millones de personas habían pagado la entrada a su programa, y este había hecho casi $2 millones de dólares en ganancias.

Le pedí al Sr. Thurston decirme el secreto de su éxito. Su educación escolar ciertamente no tuvo nada que ver con eso, porque él se escapó de casa cuando era un niño pequeño, se convirtió en un vagabundo, vivía en vagones de carga, durmió en pajares, mendigaba su comida yendo de puerta en puerta, y aprendió a leer por mirar al viajar en los furgones a las señales a lo largo de la vía férrea.

¿Tenía un conocimiento superior de la magia? No, él me dijo que cientos de libros habían sido escritos sobre prestidigitación y decenas de personas sabían tanto acerca del tema al igual que él. Pero tenía

91

dos cosas que los otros no tienen. En primer lugar, tenía la capacidad de exponer su personalidad a través de las candilejas. Él era un showman maestro. Conocía la naturaleza humana. Todo lo que hacía, cada gesto, cada entonación de su voz, cada elevación de una ceja había sido cuidadosamente ensayado de antemano, y sus acciones fueron cronometrados hasta en milisegundos. Pero, además de eso, Thurston tenía un interés genuino en la gente. Me dijo que muchos magos observaban a la audiencia y se decían a sí mismos: «Bueno, ahí hay un montón de bobos por ahí, un montón de pueblerinos; será fácil engañarlos.» Pero el método de Thurston era totalmente diferente. Él me dijo que cada vez que subía al escenario, se decía: «Estoy agradecido que estas personas vienen a verme. Ellos hacen posible que me gano la vida de una manera muy agradable. Voy a darles lo mejor que me sea posible.»

Él declaró que nunca se ponía delante de las candilejas sin antes decirse a sí mismo una y otra vez: «Yo amo a mi audiencia. Yo amo a mi audiencia.» ¿Ridículo? ¿Absurdo? Tú puedes pensar lo que quieras. Me limito a transmitírtela sin comentario como una receta utilizada por uno de los magos más famosos de todos los tiempos.

George Dyke de North Warren, se vio obligado a retirarse de su negocio de estación de servicio después de treinta años, cuando una nueva carretera fue construida sobre el sitio de su estación. No pasó mucho tiempo antes de que los días de inactividad de la jubilación empezaron a producir en él un sentido de aburrimiento, así que empezó a llenar su tiempo tratando de tocar música en su viejo violín. Pronto empezó a salir a visitar la zona para escuchar a otros músicos y hablar con muchos de los violinistas consumados. En su forma humilde y amable se convirtió realmente interesado en aprender el trasfondo y los intereses de todos los músicos que conoció. A pesar de que no llegó a ser un gran violinista, hizo muchos amigos en esa búsqueda. Asistió a las competencias y pronto se hizo conocido para los fans de la música «country» en la parte oriental de los Estados Unidos como «Tío George, el violínista raspador del condado Kinzua.» Cuando nosotros escuchamos al tío George, tenía setenta y dos y disfrutando de cada minuto de su vida. Al mantener un interés constante en otras personas, creó una nueva vida para sí mismo en la etapa de la vida cuando la mayoría de la gente considera que sus años productivos ya pasaron.

Eso también era uno de los secretos de la asombrosa popularidad de Theodore Roosevelt. Incluso sus siervos lo amaban. Su camarero, James E. Amos, escribió un libro sobre él titulado: *Theodore Roosevelt, un héroe para su camarero*. En ese libro Amós se refiere este incidente esclarecedor:

Mi esposa una vez le preguntó al Presidente sobre la codorniz. Ella nunca había visto una y él se la describió con detalle. Algún tiempo después, el teléfono sonó en nuestra casa de campo. [Amos y su esposa vivían en una pequeña casa de campo en la finca Roosevelt en Oyster Bay.] Mi esposa contestó y fue el propio Sr. Roosevelt. Él la había llamado, dijo, para decirle que había una codorniz fuera de su ventana y que si ella mirara por la ventana, quizás podría verla. Las pequeñas cosas como esas eran tan características de él. Cada vez que tenía motivo de pasar por nuestra casa de campo, aunque sea que estuviéramos fuera de vista, siempre le escuchábamos decir: «¿Oo-oo-oo, Annie?» o «¡Oo-oo-oo, James!» Era sólo un saludo amistoso como al pasar.

¿Cómo podrían los empleados no gustar a un hombre así? ¿Cómo podría alguien evitar de gustarle? Roosevelt llamó a la Casa Blanca un día en que el Presidente y la señora Taft estaban de viaje. Su gusto sincero por la gente humilde se demostró por el hecho de que él saludó a todos los antiguos funcionarios de la Casa Blanca por sus nombres, incluso las encargadas de la dispensa.

«Cuando vio a Alice, la ayudante de cocina», escribe Archie Butt, «él le preguntó si todavía hacía pan de maíz. Alice le dijo que ella a veces lo hacía para los funcionarios, pero nadie del segundo piso se lo comía.

»"Ellos muestran mal gusto," Roosevelt tronó, "y yo se lo voy a decir al Presidente cuando le veo."

»Alice le trajo un pedazo en un plato y él pasó a la oficina comiéndolo y de paso saludando a los jardineros y demás obreros del plantel.

»Él se dirigió a cada persona tal como él los había abordado en el pasado. Ike Hoover, que había sido jefe de los ujieres en la Casa

93

Blanca durante cuarenta años, dijo con lágrimas en los ojos: "Es el único día feliz que hemos tenido en casi dos años, y ninguno de nosotros lo cambiaría ni por un billete de cien dólares."»

La misma preocupación por las personas aparentemente sin importancia ayudó al agente de ventas Edward M. Sykes, Jr., de Chatham, Nueva Jersey, a retener una cuenta.

«Hace muchos años», informó, «llamé a los clientes de Johnson y Johnson en el área de Massachusetts. Una cuenta era una farmacia en Hingham. Siempre que entraba en esta tienda platicaba con el empleado que atendía la fuente de sodas y el que atendía ventas durante unos minutos antes de hablar con el propietario para obtener su pedido acostumbrado. Un día, fui directo al dueño de la tienda y él me dijo que me fuera porque él no estaba interesado en la compra de J & J productos más porque sentía que estábamos concentrando más en las tiendas de alimentos y de descuento en perjuicio de su pequeña farmacia. Me fui con el rabo entre las piernas y recorrí la ciudad durante varias horas. Finalmente, me decidí volver y tratar al menos explicar nuestra posición al dueño de la tienda.

»Cuando regresé, entré y como siempre dije hola al que atendía la fuente de sodas y el de ventas. Cuando me acerqué al dueño, me sonrió y me dio la bienvenida. Luego pidió el doble de la orden acostumbrado. Le miré con sorpresa y le pregunté qué había sucedido desde mi visita sólo unas pocas horas antes. Señaló el hombre joven en la fuente de sodas y dijo que después de que me había ido, el muchacho se había acercado a decir que yo era uno de los pocos vendedores que llegando a la tienda tomó la molestia de saludar a él y a los demás en la tienda. Él le dijo al propietario que si cualquier vendedor merecía su negocio, era yo. El propietario aceptó y siguió siendo un cliente leal. Nunca olvidé que ser genuinamente interesado en otras personas es la cualidad más importante para una persona de ventas — en realidad, para cualquier persona.»

He descubierto por experiencia personal que uno puede ganar la atención y el tiempo y la cooperación de incluso los más buscados al convertirse en alguien genuinamente interesado en ellos. Permítame ilustrar.

Hace años realicé un curso de escritura de ficción en el Instituto Brooklyn de las Artes y las Ciencias, y queríamos tales autores distinguidos y ocupados como Kathleen Norris, Fannie Hurst, Ida Tarbell, Albert Payson Terhune y Rupert Hughes a que vinieran a Brooklyn y nos compartan el beneficio de sus experiencias. Así que les escribimos, diciendo que admirábamos su trabajo y estábamos profundamente interesados en recibir sus consejos y aprender los secretos de su éxito.

Cada una de estas cartas fue firmado por cerca de ciento cincuenta estudiantes. Dijimos que nos dábamos cuenta de que estos autores estaban demasiado ocupados para preparar una conferencia, así que adjuntamos una lista de preguntas para que contesten sobre sí mismos y sus métodos de trabajo. Les gustó eso. ¿A quién no le gustaría? Así que dejaron sus hogares y viajaron a Brooklyn para darnos una mano.

Al utilizar el mismo método, persuadí a Leslie M. Shaw, Secretario del Tesoro en el gabinete de Theodore Roosevelt; George W. Wickersham, Fiscal General en el gabinete de Taft; William Jennings Bryan; Franklin D. Roosevelt y muchos otros hombres prominentes que vengan a hablar a los estudiantes de mis cursos sobre el arte de hablar en público.

Todos nosotros, ya seamos trabajadores en una fábrica, empleados en una oficina o incluso un rey en su trono — a todos nos gusta a la gente que no admira. Tome el Kaiser alemán, por ejemplo. Al final de la Primera Guerra Mundial fue probablemente el hombre más odiado y universalmente despreciado en esta tierra. Incluso su propia nación se volvió contra él cuando huyó a Holanda para salvar su pellejo. El odio contra él era tan intenso que millones de personas habrían querido descuartizarlo o quemarlo en la hoguera. En medio de todo este incendio forestal de furia, un niño escribió al Káiser una carta sencilla, y sincera, brillando con amabilidad y admiración. Este niño dijo que no importaba lo que pensaban los demás, él siempre amaría a Wilhelm como su emperador. El Kaiser se sintió profundamente conmovido por la carta e invitó al niño a venir a verlo. El niño llegó, al igual que su madre, y el Kaiser se casó con ella. Ese niño no necesitaba leer un libro sobre cómo ganar amigos e influir en las personas. Sabía como, instintivamente.

Si queremos hacernos de amigos, esforcémonos en hacer cosas por los demás, cosas que requieren tiempo, energía, generosidad y consideración. Cuando el duque de Windsor era Príncipe de Gales, estaba programado recorrer América del Sur, y antes de que iniciara esa gira pasó meses estudiando español para que pudiera hacer charlas públicas en el idioma del país; y los sudamericanos lo amaron por ello.

Durante años me di la tarea de conocer el día de cumpleaños de mis amigos. ¿Cómo? A pesar de que no tengo la más remota confianza en la astrología, empecé preguntando a la otra parte si creía que la fecha de nacimiento de uno tiene algo que ver con el carácter y la disposición. Entonces le pregunté el mes y día de nacimiento. Si él o ella dijo el 24 de noviembre, por ejemplo, me lo repetía a mí mismo, «24 de noviembre, de 24 de noviembre». El momento que mi amigo se dio la vuelta, yo apuntaba su nombre y fecha de nacimiento y más tarde lo transfería a un libro de cumpleaños. Al comienzo de cada año, tenía estas fechas de cumpleaños programadas en mi libreta de calendario para que resaltaran a mi atención de forma automática. Cuando llegó el día natal, allí estaba mi carta o telegrama. ¡Qué tremenda impresión hizo eso! Frecuentemente yo fui la única persona en la tierra que recordó su cumpleaños.

Si queremos hacernos de amigos, saludemos a la gente con la ánimo y entusiasmo. Cuando alguien te llama por teléfono utiliza la misma psicología. Diga «Hola» en tonos que denotan lo contento que estás con la persona que te está llamando. Muchas empresas entrenan a sus operadores de telefonía para saludar a todas las personas que llaman con un tono de voz que irradia interés y entusiasmo. La persona que llama siente que la empresa se interesa por ellos. Recordemos eso cuando respondemos el teléfono mañana.

Mostrar un interés genuino en los demás no sólo te gana amigos, pero puede desarrollar en tus clientes una lealtad a tu empresa. En un número de la publicación del Banco Nacional de América del Norte de Nueva York, se publicó la siguiente carta de Madeline Rosedale, un depositante: (Rosedale, 1978)

«Me gustaría que sepan lo mucho que aprecio su personal. Todo el mundo es tan amable, educado y servicial. ¡Qué placer es, después de esperar en una larga fila, para que el cajero te saludan amablemente.

»El año pasado mi madre fue hospitalizada durante cinco meses. Con frecuencia me fui a Marie Petrucello, un cajero. Estaba preocupada por mi madre y le preguntó acerca de su progreso.«

¿Hay alguna duda de que la señora Rosedale seguirá utilizando este banco?

Charles R. Walters, empleado en uno de los grandes bancos de Nueva York, fue encargado de preparar un informe confidencial sobre cierta empresa. Sólo sabía de un hombre dueño de los hechos que necesitaba con tanta urgencia. El Sr. Walters fue a ver a ese hombre, presidente de una gran empresa industrial. Cuando el Sr. Walters era acompañado al despacho del presidente, una secretaria asomó la cabeza por una puerta y dijo al presidente que no podía darle ese día ningún sello de correos.

—Colecciono estampillas para mi hijo, que tiene doce años — explicó el presidente al Sr. Walters.

El Sr. Walters expuso su misión y comenzó a hacer preguntas. El presidente se mostró vago, general, nebuloso. No quería hablar, y aparentemente nada podía persuadirle de que hablara. La entrevista fue muy breve e inútil.

«Francamente, no sabía qué hacer» dijo el Sr. Walters al relatar este episodio ante nuestra clase. «Pero entonces recordé a la secretaria, las estampillas, y el hijo... Y también recordé que el departamento extranjero de nuestro banco coleccionaba estampillas llegadas con las cartas que se reciben de todos los países del mundo.

»A la tarde siguiente visité a este hombre y le hice decir que llevaba algunas estampillas para su hijo.

»¿Me recibió con entusiasmo? Pues, señor, no me habría estrechado la mano con más fruición si hubiese sido candidato a legislador. Era todo sonrisas y buena voluntad.

—A mi George le encantará ésta —decía mientras examinaba las estampillas—. ¡Y mire ésta! Esta es un tesoro.

»Pasamos media hora hablando de estampillas y mirando retratos de su hijo, y después dedicó más de una hora de su valioso tiempo a darme todos los informes que yo quería, y sin que tuviese yo que pedírselo siquiera. Me confió todo lo que sabía, y después llamó a sus empleados y los interrogó en mi presencia. Telefoneó a algunos de sus socios. Me abrumó con hechos, cifras, informes y correspondencia. Como dirían los periodistas, tenía yo una primicia.»

Veamos otro ejemplo:

C. M. Knaphle, Jr., de Filadelfia, había tratado durante años de vender combustible a una gran cadena de tiendas. Pero la compañía seguía comprando el combustible a un comerciante lejano, y lo hacía pasar, en tránsito, frente a la oficina del Sr. Knaphle. Este pronunció una noche ante una de mis clases un discurso en el que volcó toda su ira contra las cadenas de tiendas, a las que calificó de maldición del país.

Y todavía se preguntaba por qué no podía vender su carbón.

Le sugerí que intentara otra táctica. En resumen, lo que sucedió fue esto. Organizamos entre los miembros del curso un debate sobre: «Está decidido que la propagación de las cadenas de tiendas hace al país más mal que bien.»

Por indicación mía, Knaphle asumió el bando negativo: convino en defender a las cadenas de tiendas, y fue a ver derechamente a un director de la misma organización que él despreciara.

—No he venido —le dijo— a tratar de venderle combustible. He venido a pedirle un favor.— Le informó luego sobre el debate y agregó: —He venido a pedirle ayuda porque no conozco otra persona que sea tan capaz de hacerme conocer los hechos que quiero. Deseo ganar este debate, y le agradeceré sobremanera que me ayude.

Oigamos el resto del episodio en las propias palabras del Sr. Knaphle:

«Había pedido a este hombre exactamente un minuto de tiempo. Con esa condición consintió en verme. Después de exponer yo mi situación, me invitó a sentarme y me habló durante una hora y cuarenta y siete minutos. Llamó a otro director que había escrito un libro sobre el tema. Escribió a la Asociación Nacional de Cadenas de Tiendas y me consiguió un ejemplar de un folleto. Este hombre entiende que las cadenas de tiendas prestan un verdadero servicio a la humanidad. Está orgulloso de lo que hace en centenares de comunidades. Le brillaban los ojos al hablar; y he de confesar que me abrió los ojos sobre cosas que yo jamas había soñado. Cambió toda mi actitud mental.

»Cuando me marchaba, fue conmigo hasta la puerta, me puso un brazo alrededor de los hombros, me deseó felicidad en el debate, y me pidió que fuera a verlo otra vez para hacerle saber cómo me había ido. Las últimas palabras que me dirigió fueron:

—Haga el favor de verme dentro de unos días. Me gustaría hacerle un pedido de combustible.

»Para mí, aquello era casi un milagro. Ofrecía comprarme el combustible sin haberlo mencionado yo siquiera. Conseguí más en dos horas, interesándome honradamente en él y en sus problemas, que en muchos años de bregar por que se interesara en mí y en mi producto.»

No ha descubierto usted, Sr. Knaphle, una verdad nueva, porque hace mucho tiempo, cien años antes de que naciera Jesucristo, un famoso poeta romano, Publilio Syro, señaló: «Nos interesan los demás cuando se interesan por nosotros.»

El interés, lo mismo que todo lo demás en las relaciones humanas, debe ser sincero. Debe dar dividendos no sólo a la persona que muestra el interés, sino también a la que recibe la atención. Es una vía de dos manos: las dos partes se benefician.

Martin Ginsberg, que siguió nuestro curso en Long Island, Nueva York, nos contó cómo el interés especial que había tomado una enfermera en él había afectado profundamente su vida.

«Era el Día de Acción de Gracias, y yo tenía diez años. Estaba en una sala de beneficencia de un hospital, y al día siguiente se me haría una importante operación de ortopedia. Sabía que lo único que me esperaba eran meses de confinamiento, convalecencia y dolor. Mi padre había muerto; mi madre y yo vivíamos solos en un pequeño departamento y dependíamos de la asistencia social. Mi madre no podía visitarme ese día porque no era día de visitas en el hospital.

»A medida que transcurría el día, me abrumaba cada vez más el sentimiento de soledad, desesperación y miedo. Sabía que mi madre estaba sola en casa preocupándose por mí, sin compañía alguna, sin nadie con quien cenar y sin el dinero siquiera para permitirse una cena de Día de Acción de Gracias.

»Me subían las lágrimas, y terminé metiendo la cabeza bajo la almohada y tapándome todo con las frazadas. Lloré en silencio, pero con tanta amargura que me dolía el cuerpo entero.

»Una joven estudiante de enfermería oyó mis sollozos y vino hacia mi cama. Me hizo asomar la cabeza y comenzó a secarme las lágrimas. Me contó lo sola que estaba, pues debía trabajar todo el día y no podía pasarlo con su familia. Me preguntó si quería cenar con ella. Trajo dos bandejas de comida: pavo, puré de papas, salsa de fresas y helado de crema de postre. Me habló y trató de calmar mis temores. Aun cuando su hora de salida eran las cuatro de la tarde, se quedó conmigo hasta casi las once de la noche. Jugó a varios juegos conmigo, y no se marchó hasta que me quedé dormido.

»Desde entonces, han pasado muchos Días de Acción de Gracias, pero nunca pasó uno sin recordar aquél, y mis sentimientos de frustración, miedo, soledad y la calidez y ternura de la desconocida que me lo hizo soportable.»

Si usted quiere gustar a los otros, si quiere tener amigos de verdad, si quiere ayudar a los otros, al mismo tiempo que se ayuda a usted mismo, no olvide esto:

- **Principio 1 – *Interésese sinceramente por los demás.***

Una manera sencilla de causar una buena primera impresión

En una comida en Nueva York, uno de los invitados, una mujer que acababa de heredar dinero, ansiaba causar una impresión agradable en todos. Había despilfarrado una fortuna en pieles, diamantes y perlas. Pero no había hecho nada con la cara. Irradiaba acidez y egoísmo. No había comprendido esta mujer lo que sabe todo el mundo: que la expresión de un rostro es mas importante, mucho más, que la ropa que nos ponemos.

Charles Schwab me dijo que su sonrisa le ha valido un millón de dólares. Y es probable que haya pecado por defecto más que por exceso en ese cálculo. Porque la personalidad de Schwab, su encanto, su capacidad para gustar a los demás fueron casi la única causa de su extraordinario éxito; y uno de los factores más deliciosos de su personalidad fue su cautivadora sonrisa.

Las acciones dicen más que las palabras, y una sonrisa expresa: «Me gusta usted. Me causa felicidad. Me alegro tanto de verlo.»

Por eso es que los perros tienen tantos amigos. Se alegran tanto cuando nos ven, que brincan como locos. Y nosotros, naturalmente, nos alegramos de verlos.

La sonrisa de un bebé tiene el mismo efecto. ¿Ha estado usted alguna vez en la sala de espera de un médico, y ha visto a su alrededor las caras sombrías de la gente impaciente por entrar al consultorio? El Dr. Stephen K. Sproul, veterinario de Raytown, Missouri, nos contó de un típico día de primavera, con su sala de espera llena de clientes que esperaban para hacer vacunar a sus animalitos mascota. Nadie hablaba con nadie, y probablemente estaban pensando en una docena de cosas que preferirían estar haciendo antes que «perder tiempo» en ese consultorio.

Nos contó lo siguiente en una de nuestras clases: «Había seis o siete clientes esperando cuando entró una joven con una criatura de nueve meses y su gatito. La suerte quiso que se sentara justo al lado del caballero que más malhumorado parecía por lo prolongado de la espera. El niñito lo miró con esa gran sonrisa tan característica de las criaturas. ¿Qué hizo el caballero? Lo que habríamos hecho ustedes o yo, por supuesto: le sonrió a su vez al niñito. No tardó en iniciar una conversación con la mujer, sobre el niño, y sobre los nietos de él, y todos los demás pacientes se unieron a la conversación, y el aburrimiento y la tensión se convirtieron en una experiencia agradable.»

¿Una sonrisa poco sincera? No. A nadie engañaremos. Sabemos que es una cosa mecánica y nos causa enojo. Hablo de una verdadera sonrisa, que alegre el corazón, que venga de adentro, que valga buen precio en el mercado.

El profesor James V. McConnel, psicólogo de la Universidad de Michigan, expresó sus sentimientos sobre una sonrisa:

—La gente que sonríe —dijo— tiende a trabajar, enseñar y vender con más eficacia, y a criar hijos más felices. En una sonrisa hay mucha más información que en un gesto adusto. Es por eso que en la enseñanza es mucho más eficaz el estímulo que el castigo.

El jefe de personal de una gran tienda de Nueva York me confiaba que prefería emplear a una vendedora sin instrucción, siempre que poseyera una hermosa sonrisa, que a un doctor en filosofía con cara de pocos amigos.

El efecto de una sonrisa es poderoso... aún cuando no se la ve. Las compañías de teléfono de los EE.UU. tienen un programa llamado «poder telefónico» que se le ofrece a compañías que usan el teléfono para vender sus servicios o productos. En este programa sugieren que uno sonría cuando habla por teléfono. Su «sonrisa» es transmitida, por la voz, al interlocutor.

Robert Cryer, gerente del departamento de computación de una compañía de Cincinnati, Ohio, contó cómo había logrado conseguir la persona justa para un puesto difícil:

«Trataba desesperadamente de encontrar un licenciado en Computación para mi departamento. Al fin localicé a un joven con los antecedentes ideales, que estaba a punto de graduarse en la Universidad de Purdue. Después de varias conversaciones telefónicas me enteré de que tenía diversas ofertas de otras compañías, muchas de ellas más grandes y más conocidas que la mía. Me encantó oír que había aceptado mi oferta. Cuando ya estaba trabajando, le pregunté por qué nos había preferido a los otros. Quedó un momento en silencio, y después me dijo: "Creo que fue porque los ejecutivos de las otras compañías hablaban por teléfono de un modo frío, que me hacía sentir como si yo fuera una transacción comercial más para ellos. Su voz en cambio sonaba como si usted se alegrara de oírme... como si realmente quisiera que yo fuera parte de su organización". Puedo asegurarles que hasta el día de hoy sigo respondiendo al teléfono con una sonrisa.»

El presidente del directorio de una de las mayores industrias del caucho de los Estados Unidos me dijo que, según sus observaciones, rara vez triunfa una persona en cualquier cosa a menos que le divierta hacerla. Este jefe industrial no tiene mucha fe en el viejo adagio de que solamente el trabajo nos da la llave para la puerta de nuestros deseos.

—He conocido personas —agregó— que triunfaron porque disfrutaron efectuando sus trabajos. Después vi a las mismas personas cuando se dedicaban a lo mismo como a una tarea. Se aburrían. Perdieron así todo interés en la tarea y fracasaron.

Tiene usted que disfrutar cuando se encuentra con la gente, si espera que los demás lo pasen bien cuando se encuentran con usted.

He pedido a miles de gente de negocios que sonrían a toda hora del día, durante una semana, y que vuelvan después a informar a la clase sobre los resultados obtenidos. Veamos cómo ha resultado esto. Aquí tenemos una carta de William B. Steinhardt, miembro de la bolsa de valores de Nueva York. No es un caso aislado. Por cierto que es típico de centenares de otros casos.

«Hace dieciocho años que me casé» escribe el Sr; Steinhardt «y en todo ese lapso pocas veces he sonreído a mi mujer, o le he dicho dos docenas de palabras desde el momento de levantarme hasta la hora de ir a trabajar. Yo era uno de los hombres más antipáticos que jamás ha habido en la ciudad.

»Desde que me pidió usted que diera un informe oral a la clase sobre mi experiencia con la sonrisa, pensé que debía hacer la prueba durante una semana. A la mañana siguiente, cuando me peinaba, me miré el seco semblante en el espejo y me dije: hoy vas a quitarte el ceño de esa cara de vinagre. Vas a sonreír. Y ahora mismo vas a empezar. Así me dije, y cuando me senté a tomar el desayuno saludé a mi esposa con un "Buen día, querida", y una sonrisa.

»Ya me advirtió usted que seguramente mi mujer se sorprendería. Bien. Eso fue poco. Quedó atónita. Le dije que en el futuro mi sonrisa iba a ser de todos los días, y ya hace dos meses que la mantengo todas las mañanas.

»Este cambio de actitud en mí ha producido en nuestro hogar más felicidad en estos dos meses que durante todo el año anterior.

»Ahora, al ir a mi oficina, saludo al ascensorista de la casa de departamentos en que vivo con un "Buen día" y una sonrisa. Saludo al portero con una sonrisa. Saludo al cajero del subterráneo cuando le pido cambio. Y en el recinto de la Bolsa sonrío a muchos hombres que jamás me habían visto sonreír.

»Bien pronto advertí que todos me respondían con ·sonrisas. A quienes llegan a mí con quejas o protestas atiendo con buen talante. Sonrío mientras los escucho, y compruebo que es mucho más fácil arreglar las cosas. He llegado a la conclusión de que las sonrisas me producen dinero, mucho dinero por día.

»Comparto una oficina con otro corredor de bolsa. Uno de sus empleados es un joven muy simpático, y tan encantado estaba yo de los resultados que iba obteniendo, que hace poco le referí mi nueva filosofía para las relaciones humanas. Entonces me confesó que cuando empecé a ir a la oficina me creyó un antipático, y sólo últimamente cambió de idea. Agregó que yo era humano solamente cuando sonreía.

»También he eliminado las críticas de mi sistema. Expreso apreciación y elogio ahora, en lugar de censurar.

He dejado de hablar de lo que yo quiero. Trato de ver el punto de vista de los demás. Y estas cosas han revolucionado del todo mi vida. Soy un hombre diferente, más feliz, más rico, más rico en amistades y en felicidad, las únicas cosas que importan, al fin y al cabo.»

¿No tiene usted ganas de sonreír? Bien, ¿qué hacer? Dos cosas. Primero, esforzarse en sonreír. Si está solo, silbe o tararee o cante. Proceda como si fuera feliz y eso contribuirá a hacerlo feliz. Veamos la forma en que lo dijo el extinto profesor William James:

«La acción parece seguir al sentimiento, pero en realidad la acción y el sentimiento van juntos; y si se regula la acción, que está bajo el control más directo de la voluntad, podemos regular el sentimiento, que no lo está.

»De tal manera, el camino voluntario y soberano hacia la alegría, si perdemos la alegría, consiste en proceder con alegría, actuar y hablar con alegría, como si esa alegría estuviera ya con nosotros.»

Todo el mundo busca la felicidad, Y hay un medio seguro para encontrarla. Consiste en controlar nuestros pensamientos. La felicidad no depende de condiciones externas, depende de condiciones internas.

No es lo que tenemos o lo que somos o donde estamos o lo que realizamos, nada de eso, lo que nos hace felices o desgraciados. Es lo que pensamos acerca de todo ello. Por ejemplo, dos personas pueden estar en el mismo sitio, haciendo lo mismo; ambas pueden tener sumas iguales de dinero y de prestigio, y sin embargo una es feliz y la otra no. ¿Por qué? Por una diferente actitud mental. He visto tantos semblantes felices entre los campesinos que trabajan y sudan con sus herramientas primitivas bajo el calor agobiante de los trópicos como los he visto en las oficinas con aire acondicionado en Nueva York, Chicago, Los Ángeles y otras ciudades. «Nada es bueno o malo» dijo Shakespeare, «sino que el pensamiento es lo que hace que las cosas sean buenas o malas.»

Abraham Lincoln señaló una vez que «casi todas las personas son tan felices como se deciden a serlo». Tenía razón. Hace poco conocí un notable ejemplo de esa verdad. Subía las escaleras de la estación de Long Island, en Nueva York. Frente a mí, treinta o cuarenta niños inválidos, con bastones y muletas, salvaban trabajosamente los escalones. Uno de ellos tenía que ser llevado en brazos. Me asombró la alegría y las risas de todos ellos, y hablé al respecto con uno de los hombres a cargo de los niños. «Ah, sí» me dijo. «Cuando un niño comprende que va a ser inválido toda la vida, queda asombrado al principio; pero, después de transcurrido ese asombro, se resigna generalmente a su destino y llega a ser más feliz que los niños normales.»

Sentí deseos de quitarme el sombrero ante aquellos niños. Me enseñaron una lección que espero no olvidar. Trabajar solo en un cuarto cerrado no sólo lo hace sentir a uno solitario, sino que no da oportunidad de hacer amistades entre los demás empleados de la compañía. La señora María González, de Guadalajara, México, tenía un trabajo así. Envidiaba la camaradería de las demás empleadas cada vez que oía sus charlas y risas. Durante sus primeras semanas en el trabajo, cuando las cruzaba en los pasillos, miraba tímidamente en otra dirección.

Al cabo de unas semanas, se dijo a sí misma: «María, no debes esperar que esas mujeres vengan a ti. Tienes que ir tú hacia ellas». Cuando volvió a salir al pasillo para tomar un vaso de agua, puso su mejor sonrisa y saludó con un «hola, qué tal» a todas las empleadas que encontró. El efecto fue inmediato. Las sonrisas y saludos fueron correspondidos, el pasillo pareció más luminoso, el trabajo mas cálido. Se hizo de conocidas, y algunas de ellas llegaron a ser amigas.

Estudia estos consejos de Elbert Hubbard, pero recuerda que ningún provecho te dará tu estudio si no los aplicas en la vida:

Cada vez que salgas al aire libre, retrae el mentón, lleva erguida la cabeza y llena los pulmones hasta que no puedas más; bebe el sol; saluda a tus amigos con una sonrisa, y pon el alma en cada apretón de manos. No teme ser mal comprendido y no pierde un minuto en pensar en tus enemigos. Trata de determinar firmemente la idea de lo que desearías hacer; y entonces, sin cambiar de dirección, irás directamente a la meta. Ten fija la atención en las cosas grandes y espléndidas que te gustaría hacer, pues, a medida que pasen los días, verás que, inconscientemente, aprovechas todas las oportunidades requeridas para el cumplimiento de tu deseo, tal como el zoófito del coral obtiene de la marea los elementos que necesita. Fórjate la idea de la persona capaz, empeñosa, útil, que desea ser, y esa idea te irá transformando hora tras hora en tal individuo. El pensamiento es supremo. Observa una actitud mental adecuada: la actitud del valor, la franqueza y el buen talante. Pensar bien es crear. Todas las cosas se producen a través del deseo y todas las plegarias sinceras tienen respuesta. Llegamos a identificarnos con aquello en que se fijan nuestros corazones. Lleva, pues, retraído el mentón y erguida la cabeza: Todos somos dioses en estado de crisálida.

Los chinos eran hombres sabios; sabios en las cosas de este mundo, y tenían un proverbio que tú y yo deberíamos recortar y pegar en el tafilete del sombrero. Dice más o menos así: «El hombre cuya cara no sonríe no debe abrir una tienda».

Tu sonrisa es una mensajera de bondad. Tu sonrisa ilumina la vida de aquellos que la ven. A pesar de haber visto docenas de personas fruncir el entrecejo, de mal humor o apáticas, tu sonrisa sigue siendo como el sol que rompe a través de las nubes. Especialmente cuando alguien se encuentra bajo la presión del patrón, los clientes o maestros, de sus padres o de sus hijos, una sonrisa puede ayudar a comprender que no todo es en vano, que aún hay alegría en el mundo.

Unos años atrás, un gran almacén de la ciudad de Nueva York, reconociendo la presión de trabajo durante la temporada de Navidad por la que pasaban sus empleados, decidió exponer esta filosofía casera en su publicidad a los clientes.

EL VALOR DE LA SONRISA

No cuesta nada, pero crea mucho.
Enriquece a quienes reciben, sin empobrecer a quienes dan.
Ocurre en un abrir y cerrar de ojos,
Y su recuerdo dura a veces para siempre.

Nadie es tan rico que pueda pasarse sin ella, y nadie tan pobre que no pueda enriquecer por sus beneficios. Crea la felicidad en el hogar, alienta la buena voluntad en los negocios y es la contraseña de los amigos.

Es descanso para los fatigados, luz para los decepcionados, sol para los tristes, y el mejor antídoto contra las preocupaciones.

Pero no puede ser comprada, pedida, prestada o robada, porque es algo que no rinde beneficio a nadie a menos que sea brindada espontánea y gratuitamente.

Y si en la extraordinaria afluencia de último momento de las compras de Navidad alguno de nuestros vendedores está demasiado cansado para darte una sonrisa, ¿podemos pedirte que nos dejes tú una sonrisa tuya?

Porque nadie necesita tanto una sonrisa como aquel a quien no le queda ninguna que dar.

- **Principio 2 – *Sonríe.***

6

Si no haces esto, te va a ir mal

Allá por 1898, en Rockland County, Nueva York, ocurrió un hecho trágico. Había muerto un niño, y ese día los vecinos se preparaban para ir a los funerales. Jim Farley fue al establo para enganchar su caballo en el coche. El suelo estaba cubierto de nieve, el aire era frío; no se ejercitaba al caballo desde hacía días, y cuando se lo llevaba al abrevadero se encabritó juguetonamente, tiró un par de coces al aire, y mató a Jim Farley. La aldehuela de Stony Point tuvo, pues, aquella semana, dos funerales en lugar de uno.

Jim Farley dejó en el mundo a su viuda y tres hijos, y unos centenares de dólares de seguro.

Su hijo mayor, Jim, tenía entonces diez años, y fue a trabajar en un horno de ladrillos, a acarrear arena y volcarla en los moldes, y dar vuelta los ladrillos para secarlos al sol. Este niño Jim no tuvo jamás oportunidad de educarse. Pero con su humor de irlandés poseía especial talante para gustar a la gente, de modo que entró en la política y al pasar los años logró una pasmosa capacidad para recordar nombres ajenos.

Jamás asistió a una escuela secundaria; pero antes de cumplir los 46 años de edad cuatro universidades le habían acordado grados honorarios, había asumido la presidencia del comité nacional del Partido Demócrata, y el cargo de Director General de Correos de los Estados Unidos.

Yo entrevisté una vez a Jim Farley, y le pedí el secreto de sus triunfos.
—Trabajar mucho —me dijo, y le contesté—: No haga bromas.

Entonces me preguntó cuál era, a mi juicio, la razón de sus triunfos.

—Entiendo —respondí— que recuerda usted el nombre de pila de diez mil personas.

—No. Se equivoca usted —repuso Farley. —Recuerdo el nombre de pila de cincuenta mil personas.

Es preciso tener presente esto. Tal habilidad ayudó al Sr. Farley a llevar a Franklin D. Roosevelt a la Casa Blanca.

Durante los años en que Jim Farley trabajaba como vendedor viajero y durante los años en que ocupó un cargo municipal en Stony Point, perfeccionó un sistema para recordar nombres.

Al principio era muy sencillo. Cada vez que conocía a una persona averiguaba su nombre completo, su familia, sus ocupaciones, y el matiz de sus opiniones políticas. Tenía todos estos hechos en la memoria, y cuando volvía a encontrarse con el mismo hombre, aunque fuera al cabo de un año, podía darle una palmada en la espalda, preguntarle por su esposa e hijos, y por las plantas de su jardín. No extraña, pues, que consiguiera muchos partidarios.

Durante varios meses, antes de empezar la campaña presidencial del Sr. Roosevelt, Jim Farley escribió centenares de cartas por día a personas residentes en toda la extensión de los estados del oeste y del noroeste. Luego subió a un tren y durante diecinueve días recorrió doce mil millas en veinte estados, viajando en tren, coche, automóvil y canoa. Solía llegar a una aldea, reunirse con un grupo de personas para el desayuno, el almuerzo, el té o la comida, y conversar con ellas, francamente, llanamente. Luego emprendía otra etapa de su viaje.

Tan pronto como estuvo de regreso en el este escribió a un hombre de cada población que había visitado, para pedirle una lista de todas las personas con quienes había hablado en cada ocasión. La lista final tenía miles y miles de nombres; y a cada persona de esta lista Farley rindió el sutil agasajo de enviarle una carta personal. Una carta personal del gran personaje, que la dirigía a «Querido Bill» o «Querida Jane», y firmaba simplemente «Jim».

Jim Farley descubrió al principio de su vida que el común de los hombres se interesa más por su propio nombre que por todos los demás de la tierra. Si se recuerda ese nombre y se lo pronuncia con frecuencia, se ha rendido a su dueño un halago sutil y muy efectivo.

Pero si se olvida o se escribe mal ese nombre, queda uno en gran desventaja. Por ejemplo, yo organicé cierta vez en París un concurso de oratoria, y envié circulares a todos los norteamericanos que residían en la ciudad. Las dactilógrafas francesas, con poco conocimiento de inglés, escribieron los nombres, y, naturalmente, cometieron muchos errores. Un hombre, gerente de un gran banco norteamericano en París, me escribió una carta furiosa porque su nombre estaba mal escrito.

A veces es difícil recordar un nombre, en especial si es extranjero y difícil. Hay personas que en lugar de tomarse el trabajo de intentar aprenderlo, deciden ignorarlo, o llaman a esa persona por un apodo más fácil. Sid Levy visitaba a un cliente cuyo nombre era Nicodemus Papadoulos. Todos lo llamaban «Nick». Levy nos contó:

«—Hice el esfuerzo especial de aprender el nombre, y pronunciarlo varias veces a solas, antes de ir a verlo. Cuando lo saludé llamándolo por su nombre completo: "Buenas tardes, señor Nicodemus Papadoulos", el hombre quedó asombrado. Durante lo que parecieron varios minutos no me respondió nada. Por último, con lágrimas corriéndole por las mejillas, me dijo: "Señor Levy, en los quince años que llevo viviendo en este país, nadie había hecho nunca el esfuerzo de llamarme por mi nombre completo".»

¿Cuál fue la razón del triunfo de Andrew Carnegie? Se le llamaba el Rey del Acero; pero poco era lo que sabía de la fabricación del acero. A sus órdenes trabajaban centenares de personas que conocían de ese tema mucho más que él.

Pero sabía cómo manejar a las personas, y esto fue lo que lo enriqueció. Al comenzar su vida demostró sus dones para la organización, su genio como dirigente. Cuando tenía diez años ya había descubierto la asombrosa importancia que atribuye la gente a sus propios nombres. Y utilizó ese descubrimiento para obtener cooperación. Por ejemplo: De niño, allá en Escocia, cazó una coneja. Bien pronto tuvo toda una cría de conejitos... y nada con que alimentarlos. Pero se le ocurrió una idea brillante. Dijo a los niños de la vecindad que si le llevaban trébol y hierbas para alimentar a los conejos bautizaría a los animalitos en honor de quienes cooperaban. El plan rindió mágicos resultados; y Carnegie jamás lo olvidó.

Años después ganó millones aplicando la misma psicología a los negocios. Por ejemplo, quería vender rieles de acero al Ferrocarril de Pennsylvania. J. Edgar Thomson era entonces presidente de ese ferrocarril. Y Andrew Carnegie construyó en Pittsburgh una enorme planta de altos hornos a la que puso el nombre de «Edgar Thomson Trabajos de Acero».

No es difícil adivinar a quién se hizo el pedido cuando el Ferrocarril de Pennsylvania necesitó rieles de acero. Cuando Carnegie y George Pullman trabajaban por lograr la supremacía en la venta de vagones dormitorios, el Rey del Acero volvió a recordar la lección de los conejos.

La empresa Central de Transportación en la cual dominaba Andrew Carnegie, luchaba contra la compañía en que dominaba Pullman. Las dos empresas pugnaban por proveer de vagones dormitorios al Ferrocarril Unión Pacífico: rebajaban los precios, y destruían toda probabilidad de beneficio para la firma que obtuviera el negocio. Carnegie y Pullman habían ido a Nueva York para ver, cada uno por su cuenta, al directorio del ferrocarril. Una noche se encontraron en el Hotel St. Nicholas y Carnegie dijo:

—Buenas noches, Sr. Pullman. ¿No le parece que es tamos procediendo como un par de tontos?

—¿Por qué?

Entonces Carnegie expresó las ideas que tenía: una fusión de las dos empresas. Habló con enorme optimismo de las ventajas mutuas que se desprenderían de la cooperación, en lugar de la pugna, entre los dos intereses. Pullman escuchó atentamente, pero no quedó del todo convencido. Por fin preguntó:

—¿Qué nombre tendría la nueva firma?

—Pues, la Pullman Palace Car Company, por supuesto. Se le iluminó el rostro a Pullman.

—Venga a mi habitación —dijo—. Vamos a conversar del asunto.

Esa conversación hizo historia en la industria de los Estados Unidos.

Esta política de Andrew Carnegie, de recordar y honrar los nombres de sus amigos y allegados, fue uno de sus secretos mejores. Señalaba con orgullo el hecho de que recordaba y llamaba por su nombre de pila a muchos de sus obreros; y se vanagloriaba de que, cuando tuvo personalmente a su cargo los altos hornos, jamás se declaró en ellos una huelga.

Benton Love, presidente del Banco Texas Commerce Bankshares, cree que cuanto mayor es una corporación, más fría se vuelve.

«Un modo de darle calidez» dice, «es recordar los nombres de la gente. El ejecutivo que me dice que no puede recordar nombres, me está diciendo que no puede recordar una parte importante de su trabajo, y está operando sobre arenas movedizas.»

Karen Kirsch, de Ranchos Palos Verdes, California, asistente de vuelo de la TWA, se hizo la costumbre de aprender la mayor cantidad posible de nombres de los pasajeros a los que debía atender, y usar esos nombres al servirles. Esto dio por resultado muchas felicitaciones a su servicio, tanto a ella como a su aerolínea. Un pasajero escribió: «Desde hace un tiempo no usaba la TWA para mis viajes, pero en adelante no pienso viajar por otra compañía. Me han hecho sentir que son una compañía muy personalizada, y eso es importante para mí.»

Las personas sienten tanto orgullo por sus apellidos, que tratan de perpetuarlos a cualquier costa. Hasta el viejo P.T. Barnum, tan mundano, tan rudo, decepcionado porque no tenía hijos que conservaran su apellido, ofreció a su nieto, C. H. Seeley, veinticinco mil dólares si se agregaba el nombre de Barnum.

Durante siglos los nobles y magnates mantuvieron a artistas, músicos y escritores, con tal que éstos les dedicaran sus creaciones.

Bibliotecas y museos deben sus más ricas colecciones a personas que no pueden allanarse a pensar que sus nombres desaparezcan del recuerdo de la humanidad. La Biblioteca Pública de Nueva York tiene colecciones Astor y Lenox. El Museo Metropolitano perpetúa los nombres de Benjamin Altman y J.P. Morgan. Y casi todas las iglesias se ven embellecidas por ventanales que conmemoran los nombres de los donantes. Muchos de los edificios en la mayoría de las universidades llevan los nombres de quienes contribuyeron con donaciones para su construcción.

La mayoría de la gente no recuerda nombres por la sencilla razón de que no dedican el tiempo y la energía -necesarios para concentrar y repetir y fijar nombres indeleblemente en la memoria. Se disculpan diciendo que están demasiado ocupados.

Pero seguramente no lo están más que Franklin D. Roosevelt, quien dedicaba mucho tiempo a recordar hasta los nombres de los mecánicos con quienes entraba en contacto.

Un ejemplo. La organización Chrysler construyó un automóvil especial para el Sr. Roosevelt, que no podía usar un auto corriente por tener paralizadas las piernas. W. F. Chamberlain y un mecánico lo entregaron en la Casa Blanca. Tengo a la vista una carta del Sr. Chamberlain que relata su experiencia.

«Enseñé al Sr. Roosevelt» dice la carta «cómo se maneja un automóvil, con muchos detalles inusitados; pero él me enseñó mucho acerca del arte de tratar con la gente.

»Cuando lo visité en la Casa Blanca, el presidente se mostró muy simpático y animoso. Me llamó por mi nombre, me hizo sentir cómodo, y me impresionó particularmente por el hecho de que estaba vitalmente interesado en las cosas que yo le mostraba y de las que le hablaba. El automóvil estaba construido de manera que se lo pudiera manejar exclusivamente con las manos. Una multitud se reunió para mirar el coche, y el presidente dijo: "Creo que es maravilloso. Todo lo que hay que hacer es tocar un botón y empieza a andar, y se lo puede dirigir sin esfuerzo. Es notable. No sé cómo lo han podido hacer. Me encantaría tener tiempo para desarmarlo y ver cómo funciona".

»Cuando los amigos y allegados del presidente admiraron la máquina, el Sr. Roosevelt dijo en mi presencia: "Sr. Chamberlain, le aseguro que aprecio sobremanera todo el tiempo y los esfuerzos que ha dedicado usted a producir este coche. Es espléndido". Admiró el radiador, el espejo retrospectivo especial, el reloj, el faro especial, el tapizado, la posición del asiento del conductor, las valijas especiales en el compartimiento de equipajes, con sus iniciales en cada una.

En otras palabras, notó todos los detalles que, según sabía él, me habían preocupado mas. Se esforzó por hacer notar todos esos detalles a la Sra. de Roosevelt, a la secretaria de Trabajo, Srta. Perkins, y a su secretario. Hasta hizo participar del episodio al viejo portero de la Casa Blanca, a quien comunicó: "George, tendrás que cuidar especialmente esas valijas".

»Terminada la lección que le di para manejar el coche, el presidente se volvió hacia mí y dijo: "Bueno, Sr. Chamberlain, hace treinta minutos que hago esperar a la junta de Reserva Federal. Creo que haría bien en volver a mi trabajo".

»Yo había llevado un mecánico a la Casa Blanca, y al llegar lo presenté al Sr. Roosevelt. No habló con el presidente, quien sólo una vez oyó pronunciar su nombre. Era un mozo tímido, y se mantuvo alejado de los demás. Pero antes de retirarse el presidente buscó al mecánico, le dio la mano, lo llamó por su nombre, y le agradeció haber ido a Washington. Su agradecimiento no tenía nada de una falsa cortesía. Decía lo que sentía.

»Pocos días después de regresar a Nueva York recibí una fotografía del presidente Roosevelt, con su autógrafo y una cartita de agradecimiento. No sé cómo tiene tiempo para estas cosas.»

Franklin D. Roosevelt sabía que uno de los medios más sencillos, mas evidentes y más importantes para conquistar buena voluntad es el de recordar nombres y hacer que los demás se sientan importantes. Pero, ¿cuántos de nosotros hacemos lo mismo?

Cuando nos presentan a un extraño, conversamos con él unos minutos y generalmente no recordamos ya su nombre cuando nos despedimos.

Una de las primeras lecciones que aprende un político es ésta: «Recordar el nombre de un elector es cualidad de estadista. Olvidarlo equivale a ir al olvido político».

Y la capacidad para recordar nombres es casi tan importante en los negocios y los contactos sociales como en la política.

Napoleón III, emperador de Francia y sobrino del gran Napoleón, se envanecía de que, a pesar de todos sus deberes reales, recordaba el nombre de todas las personas a quienes conocía.

¿Su técnica? Muy sencilla. Si no oía claramente el nombre, decía: «Lo siento. No oí bien». Después, si el nombre era poco común, preguntaba cómo se escribía.

Durante la conversación se tomaba el trabajo de repetir varias veces el nombre, y trataba de asociarlo en la mente con las facciones, la expresión y el aspecto general del interlocutor.

Si la persona era alguien de importancia, Napoleón se tornaba más trabajo aun. Tan pronto como quedaba a solas escribía ese nombre en un papel, lo miraba, se concentraba en él, lo fijaba con seguridad en la mente, y rompía después el papel. De esta manera se formaba la impresión visual, además de la impresión auditiva, del nombre.

Todo esto requiere tiempo, pero «los buenos modales» dijo Emerson «se hacen de pequeños sacrificios».

La importancia de recordar y usar nombres no es sólo prerrogativa de reyes y ejecutivos de corporaciones. Nos puede servir a todos.

Ken Nottingham, un empleado de la General Motors en Indiana, solía almorzar en la cafetería de la compañía. Notó que la mujer que trabajaba en el mostrador siempre tenía mal ceño.

«Hacía dos horas que estaba haciendo emparedados, y yo no era sino un emparedado más para ella. Pesó el jamón en una pequeña balanza, agregó una hoja de lechuga y un plato con un puñado de papas fritas.

»Al día siguiente, hice la misma cola. La misma mujer, el mismo mal ceño. La única diferencia fue que me fijé en la etiqueta con su nombre en el delantal. Le sonreí y le dije: "Hola, Eunice", y después le pedí el emparedado que quería. Pues bien, la mujer se olvidó de la balanza, puso una pila de fetas de jamón, tres hojas de lechuga, y una montaña de papas fritas que se me caían del plato.»

Deberíamos tener presente la magia que hay en un nombre, y comprender que es algo propio exclusivamente de esa persona, y de nadie más. El nombre pone aparte al individuo; lo hace sentir único entre todos los demás. La información que damos, o la pregunta que hacemos, toma una importancia especial cuando le agregamos el nombre de nuestro interlocutor. Desde la camarera hasta el principal ejecutivo de una empresa, el nombre obrará milagros cuando tratarnos con la gente.

- **Regla 3 – *Recuerda que para toda persona, su nombre es el sonido más dulce e importante en cualquier idioma.***

Manera fácil de convertirse en un buen conversador

H ace poco fui invitado a jugar al bridge en casa de unos amigos. Yo no juego, y había allí una señora rubia que tampoco jugaba. Descubrió que trabajé con Lowell Thomas, antes de que éste se dedicara a la radiotelefonía, que he viajado por Europa en muchas ocasiones mientras le ayudaba a preparar las conferencias sobre viajes que por entonces pronunciaba.

—¡Oh, Sr. Carnegie! —me dijo esta dama—. Quiero que me hable de todos esos lugares que ha visitado usted.

Al sentarnos en un sofá me hizo saber que acababa de regresar de un largo viaje por África, efectuado en compañía de su esposo.

—¡África! —exclamé—. ¡Qué interesante! Siempre he querido ver África, pero, salvo una vez que estuve veinticuatro horas en Argel, no lo he conseguido jamás. Dígame, ¿visitaron la región de la caza mayor?

—¡Sí!

—¡Qué hermosura! ¡Cómo la envidio! Hábleme de África.

Cuarenta y cinco minutos habló la dama. Ya no volvió a preguntarme por dónde había estado yo ni qué había visto. No quería oírme hablar de viajes. Todo lo que quería era un oyente interesado, para poder revelar su yo y narrar todas sus experiencias.

¿Era una mujer extraordinaria? No. Hay muchas personas como ella.

Por ejemplo, hace poco encontré a un conocido botánico durante una comida dada en casa de un editor de Nueva York. Jamás había hablado con un botánico, y me pareció sumamente interesante. Me senté, literalmente, al borde de la silla, y escuché absorto mientras hablaba de plantas exóticas, experimentos en el desarrollo de formas nuevas de vida vegetal y jardines de interior y de cosas asombrosas acerca de la humilde papa. Yo tengo en casa un huerto interior, y tuvo este hombre la bondad de indicarme cómo debía resolver alguno de mis problemas.

He dicho que estábamos en una comida. Debe de haber habido otros doce invitados; pero violé todos los cánones de la cortesía e ignoré a todos los demás, y hablé horas y horas con el botánico.

Llegó la medianoche. Me despedí de todos y me marché. El botánico se volvió entonces a nuestro huésped y tuvo referencias muy elogiosas para mí. Yo era «muy estimulante». Yo era esto y aquello; y terminó diciendo que yo era un «conversador muy inteligente».

¿Un conversador inteligente? ¿Yo? ¿Por qué, si apenas había insinuado una palabra? No podría haberla pronunciado sin cambiar de tema, porque no sé de botánica más de lo que sé sobre anatomía del pingüino. Pero había escuchado con atención. Había escuchado porque tenía profundo interés en lo que decía mi interlocutor. Y él lo sabía. Naturalmente, estaba complacido. Esa manera de escuchar es uno de los más altos cumplimientos que se pueden rendir. «Pocos seres humanos,» escribió Jack Woodford en *Extraños en el Amor* «se libran de la implícita adulación que hay en el oyente absorto.» Yo hice más que presentarme como oyente absorto. Fui «caluroso en mi aprobación y generoso en mis elogios». Le dije que me había entretenido e instruido inmensamente, y así era. Le dije que deseaba tener sus conocimientos, y así era. Le dije que me gustaría recorrer los campos con él, y así era. Le dije que debía verlo de nuevo, y así era.

Y, de tal modo, le hice pensar que yo era un buen conversador cuando, en realidad, no había sido más que un buen oyente y lo había alentado a hablar.

¿Cuál es el misterio, el secreto de una feliz entrevista de negocios? Según Charles W. Eliot, que fue presidente de Harvard, «no hay misterios en una feliz conversación de negocios. Es muy importante prestar atención exclusiva a la persona que habla. Nada encierra tanta lisonja como eso.»

El mismo Eliot era un maestro en el arte de escuchar. Henry James, uno de los primeros grandes novelistas norteamericanos y miembro de la facultad de Harvard, recordaba: «La escucha del Dr. Eliot no era mero silencio, sino una forma de actividad. Sentado muy erguido, con las manos unidas en el regazo, sin hacer otro movimiento que el de los pulgares girando uno alrededor del otro más rápido o más lento, enfrentaba a su interlocutor y parecía escuchar con los ojos tanto como con los oídos. Escuchaba con la mente y consideraba atentamente lo que uno tenía que decir, mientras lo decía... Al final de una entrevista con él, la persona que había hablado sentía que sus palabras habían llegado a su destino.»

¿Evidente, verdad? No hay necesidad de estudiar cuatro años en Harvard para descubrirlo. Sin embargo, usted y yo conocemos comerciantes que alquilan costosos locales, que compran sus mercaderías económicamente, que adornan sus vidrieras con sapiencia, que gastan mucho dinero en publicidad, y emplean después personal sin el sentido común necesario para ser buenos oyentes, personal que interrumpe a los clientes, los contradice, los irrita, y los echa casi de la tienda.

Una tienda de Chicago estuvo a punto de perder un viejo cliente que hacía compras por varios miles de dólares anuales en esa tienda, por culpa de un empleado que no escuchaba.

La señora Henrietta Douglas, que siguió nuestro curso en Chicago, había comprado un abrigo en una liquidación. Cuando llegó con el abrigo a su casa, notó que el forro tenía un desgarrón. Volvió al día siguiente y le pidió a la empleada de ventas que le cambiaran la prenda. La empleada se negó incluso a escuchar su queja.

—Usted lo compró en una liquidación, —dijo. Señaló un cartel en la pared—. Lea eso —exclamó—: «No hay devoluciones». Si lo compró, tendrá que llevárselo como está. Cosa usted misma el forro.

—Pero es una mercadería fallada, —se quejó la señora Douglas.

—No importa —la interrumpió la empleada—. Si no hay devoluciones, no hay devoluciones.

La señora Douglas estaba a punto de marcharse, indignada, jurando no volver nunca más a esa tienda, cuando se le acercó la gerente de la sección, que la conocía por sus muchos años de comprar allí. La señora Douglas le contó lo que había sucedido.

La mujer escuchó con atención toda la historia, examinó el abrigo, y después dijo:

—Las compras hechas en liquidaciones son «sin devolución», porque es el modo en que nos sacamos de encima toda la mercadería al terminar la temporada. Pero esta política no puede aplicarse a mercadería fallada. Le repararemos o reemplazaremos el forro, o si usted prefiere le devolveremos el dinero.

¡Qué diferencia de tratamiento! Si esa gerente no hubiera aparecido a tiempo para escuchar a la clienta, la tienda habría perdido para siempre a una compradora fiel.

Escuchar es tan importante en la vida cotidiana de uno como en el mundo de los negocios. Millie Esposito, de Croton-on-Hudson, Nueva York, se había propuesto escuchar cuidadosamente cuando alguno de sus hijos quisiera hablarle. Una noche estaba sentada en la cocina con su hijo Robert, y después de una breve exposición de algo que tenía in mente, Robert dijo:

—Mamá, yo sé que tú me quieres mucho.

La señora Esposito, conmovida, dijo:

—Por supuesto que te quiero mucho. ¿Acaso lo dudabas?

—No, —respondió Robert—, pero sé que realmente me quieres porque cada vez que quiero hablarte sobre cualquier cosa, tú dejas de hacer cualquier cosa que estés haciendo, y me escuchas.

El protestador crónico, aun el crítico más violento, se suavizará y apaciguará frecuentemente en presencia de un oyente que muestre paciencia y simpatía: un oyente que guarde silencio en tanto el iracundo protestador se dilate como una-cobra y suelte el veneno de su sistema. Un ejemplo: La compañía telefónica de Nueva York descubrió hace pocos años que tenía que vérselas con un cliente furioso y amigo de maldecir a las telefonistas. Y cómo las maldecía. Insultaba. Amenazaba hacer pedazos el teléfono. Se negaba a pagar ciertas cuentas que decía eran falsas. Escribía cartas a los diarios. Formuló quejas numerosas a la Comisión de Servicios Públicos e inició varios juicios contra la compañía.

Por fin, uno de los más hábiles «francotiradores» de la empresa fue enviado a entrevistar al cliente. El «francotirador» escuchó y dejó que el iracundo gozara en la expresión de sus quejas. El empleado escuchó y dijo «sí» y demostró su simpatía.

—Siguió gritando y yo escuchando durante casi tres horas —relataba el «francotirador» ante nuestra clase—. Volví a verlo y seguí escuchando. Lo entrevisté cuatro veces y antes de terminar la cuarta visita me había convertido en socio de una organización que iba a iniciar. Era la Asociación Protectora de Abonados Telefónicos. Todavía soy miembro de la organización y, por cuanto he podido saber, soy el único, fuera del Sr. X.

—Yo lo escuché y le di la razón en cada uno de los puntos que suscitó en esas conversaciones. Hasta entonces ningún empleado telefónico lo había entrevistado en esa forma, y por fin se hizo muy amigo mío. Durante la primera visita no se mencionó el asunto por el cual lo iba a ver, lo mismo ocurrió en la segunda y en la tercera, pero en la cuarta entrevista dejé completamente resuelto el caso, cobré todas las cuentas y, por primera vez en la historia de sus dificultades con la compañía telefónica, lo convencí de que retirara sus quejas ante la Comisión.

Es indudable que el Sr. X se consideraba el iniciador de una santa cruzada en defensa de los derechos del público contra la explotación inicua. Pero, en realidad, lo que quería era sentirse importante. Lo conseguía protestando y quejándose. Pero tan pronto como su deseo de importancia fue satisfecho por un representante de la empresa, sus presuntos inconvenientes se desvanecieron del todo.

Una mañana, hace años, un furioso cliente penetró en la oficina de Julian F. Detmer, fundador de la Detmer Woolen Company, que después llegó a ser la empresa más grande dedicada a la distribución de tejidos de lana a sastrerías.

«Este hombre» me explicaba el Sr. Detmer «nos debía quince dólares. El cliente lo negaba, pero nosotros sabíamos que estaba errado. Nuestro departamento de crédito insistía, pues, en que pagara. Después de recibir una cantidad de cartas de ese departamento, hizo su equipaje, viajó hasta Chicago y corrió a mi oficina para informarnos, no solamente de que no iba a pagar esa cuenta, sino que jamás lo veríamos comprar una sola cosa más en la Detmer Woolen Company.

»Escuché pacientemente todo lo que dijo. Sentí tentaciones de interrumpirlo, pero comprendí que eso sería una mala política. Lo dejé hablar y hablar, pues, hasta que se agotó. Cuando por fin se calmó y pareció de mejor talante, le dije:

—Quiero agradecerle que haya venido a Chicago para decirme esto. Me ha hecho un gran favor, porque si nuestro departamento de crédito lo molesta es posible que también moleste a otros buenos clientes, y tal cosa nos perjudicaría. Créame: estoy más contento de oír esto que usted de decirlo.

»Aquello era lo último que esperaba que le dijera. Creo que quedó un poco decepcionado, porque había ido a Chicago para decirme unas cuantas verdades, y se encontraba con que yo le estaba agradecido, en lugar de enojado. Le aseguré que dejaríamos sin efecto la presunta deuda, porque el cliente era un hombre muy cuidadoso, con una sola cuenta que vigilar, en tanto que nuestros empleados tenían que vigilar miles de cuentas. Por lo tanto, era muy probable que él tuviera razón y nosotros nos equivocáramos.

»Le dije que comprendía exactamente su punto de vista y que, en su lugar, yo habría procedido indudablemente igual que él. Y como no quería comprarnos más mercancías, le recomendé otras fábricas de tejidos.

»En ocasiones anteriores habíamos almorzado juntos cuando iba a Chicago, y esta vez lo invité a almorzar. Aceptó de mala gana, pero cuando volvimos a la oficina nos hizo un pedido mayor que en cualquier ocasión anterior. Volvió a su ciudad mucho más tranquilo y, por el deseo de ser tan justo como habíamos sido nos otros, revisó sus libros, encontró una boleta extraviada, y nos envió un cheque, con una nota en que pedía disculpas.

»Posteriormente, cuando su mujer le dio un hijito, lo bautizó con el nombre de Detmer, y siguió siendo amigo y cliente de nuestra casa hasta que murió, veintidós años más tarde.»

Hace años, un pobre niño, un inmigrante holandés, lavaba las ventanas de una panadería, después de ir a la escuela, por cincuenta centavos a la semana, y su familia era tan pobre, que solía salir todos los días a la calle con una cesta a recoger trozos de carbón caídos en las calles. Aquel niño, Edward Bok, no se educó en escuelas más que durante seis años de su vida; pero con el tiempo llegó a ser uno de los más prósperos directores de revistas que ha registrado la historia del periodismo norteamericano.

¿Cómo lo consiguió? La historia es larga, pero se puede referir brevemente la forma en que se inició. Se inició por medio de los principios que se recomiendan en este capítulo.

Salió de la escuela cuando tenía trece años, para emplearse como cadete de oficina de la Western Union, con un sueldo de seis dólares y veinticinco centavos por semana; pero no abandonó por un instante la idea de educarse. Empezó a educarse solo. Ahorró el dinero que debía emplear en transportes, y se pasó muchos días sin almorzar hasta que tuvo suficiente dinero para comprar una enciclopedia de biografías norteamericanas... y entonces hizo una cosa inusitada. Leyó las vidas de hombres famosos, y les escribió pidiéndoles información adicional. Era un buen oyente. Alentaba a personas famosas a hablar de sí mismas. Escribió al general James A. Garfield, que era entonces candidato a presidente, y le preguntó si era cierto que había sido peón de remolque en un canal; y Garfield le respondió. Escribió al general Grant para inquirir sobre determinada batalla; y Grant le envió un mapa dibujado por él, y lo invitó a comer con él y a pasar la noche charlando. Bok tenía entonces catorce años.

Escribió a Emerson y lo alentó a hablar de su persona. Este mensajero de la Western Union mantenía bien pronto correspondencia con muchas de las personas más famosas del país: Emerson, Phillips Brooks, Oliver Wendell Holmes, Longfellow, la Sra. de Abraham Lincoln, Louisa May Alcott, el general Sherman y Jefferson Davis.

No solamente cruzaba cartas con ellas, sino que tan pronto como obtuvo vacaciones visitó a muchas de estas personas, y fue recibido como un huésped predilecto. Tal experiencia le dio una confianza que fue de valor incalculable para su vida ulterior. Estos hombres y estas mujeres de fama le inculcaron una visión y una ambición que revolucionaron su vida. Y permítaseme repetir que todo esto sólo fue posible por la aplicación de los principios de que hablamos aquí Isaac F. Marcosson, que es probablemente el campeón mundial de las entrevistas de celebridades, declaraba que muchas personas no logran causar una impresión favorable porque no escuchan con atención. «Están tan preocupados por lo que van a decir, que no escuchan nada. Hombres famosos me han dicho que prefieren buenos oyentes a buenos conversadores, pero que la habilidad para escuchar parece más rara que cualquier otra cualidad humana.»

Y no solamente los grandes hombres desean tener buenos oyentes, sino que también ocurre lo mismo con la gente común. Ya lo dijo la revista Selecciones del Reader's Digest cierta vez: «Muchas personas llaman a un médico, cuando lo que necesitan es alguien que los escuche».

Durante las horas más sombrías de la Guerra Civil, Lincoln escribió a un viejo amigo de Springfield, Illinois, pidiéndole que fuera a Washington. Lincoln decía que tenía algunos problemas que tratar con él. El viejo vecino fue a la Casa Blanca y Lincoln le habló durante horas acerca de la conveniencia de dar una proclama de liberación de los esclavos. Lincoln recorrió todos los argumentos en favor y en contra de tal decisión, y luego leyó artículos periodísticos y cartas, algunos de los cuales lo censuraban por no liberar a los esclavos, en tanto que otros lo censuraban por el temor de que los liberara. Después de hablar y hablar durante horas, Lincoln estrechó la mano de su viejo amigo, se despidió de él y lo envió de regreso a Illinois, sin pedirle siquiera una opinión. Lincoln era el único que había hablado. Esto pareció despejarle la mente: «Pareció sentirse mucho más a sus anchas después de la conversación», relataba después el amigo. Lincoln no quería consejo. Sólo quería un oyente amigo, comprensivo, ante quien volcar sus ideas. Eso es todo lo que nos hace falta cuando nos vemos en dificultades. Eso es, frecuentemente, lo que quiere el cliente irritado, o el empleado insatisfecho, o el amigo disgustado.

Uno de los más grandes en el arte de escuchar, en los tiempos modernos, fue el famoso psicólogo Sigmund Freud. Un hombre que conoció a Freud describió su modo de escuchar: «Me impresionó tanto que no lo olvidaré jamás. Tenía cualidades que nunca he visto en ningún otro hombre. Yo nunca había visto una atención tan concentrada. Y no se trataba en absoluto de una mirada penetrante y agresiva. Sus ojos eran cálidos y simpáticos. Su voz era grave y bondadosa. Gesticulaba poco. Pero la atención que me prestó, su captación de lo que yo decía, aun cuando me expresara mal, eran extraordinarias. Es indescriptible lo que se siente cuando uno es escuchado así.»

Si quiere usted que la gente lo eluda y se ría de usted apenas le vuelve la espalda, y hasta lo desprecie, aquí tiene la receta: Jamás escuche mientras hablen los demás. Hable incesantemente de sí mismo. Si se le ocurre una idea cuando su interlocutor está hablando, no lo deje terminar. No es tan vivo como usted.

¿Por qué ha de perder el tiempo escuchando su estúpida charla? Interrúmpalo en medio de una frase.

¿Conoce usted a alguien que proceda así? Yo sí, desgraciadamente; y lo asombroso es que algunos de ellos figuran destacadamente en la sociedad.

Majaderos, esto es lo que son. Majaderos embriagados por su propio yo, ebrios por la idea de su propia importancia.

La persona que sólo habla de sí, sólo piensa en sí. «Y la persona que sólo piensa en sí mismo» dice el Dr. Nicholas Murray Butler, presidente de la Universidad de Columbia «carece de toda educación». «No es educado» dice el Dr. Butler, «por mucha instrucción que tenga.»

De manera que si aspiras tú a ser un buen conversador, sé un oyente atento. Para ser interesante, hay que interesarse. Pregunta cosas que tu interlocutor se complacerá en responder. Aliéntalo a hablar de sí mismo y de sus experiencias.

Recuerda que la persona con quien hablas está cien veces más interesada en sí misma y en sus necesidades y sus problemas que en ti y tus problemas. Su dolor de muelas le importa más que una epidemia que mate a un millón de personas en China. Un forúnculo en el cuello significa para él una catástrofe mayor que cuarenta terremotos en África. Piensa en eso la próxima vez que inicies una conversación con alguien.

- **Regla 4 – *Sé un buen oyente. Anima a los demás a que hablen de sí mismos.***

8

Cómo interesar a la gente

Todos los que visitaron a Theodore Roosevelt en Oyster Bay quedaron asombrados por la profundidad y la diversidad de sus conocimientos. Fuese un vaquero o un soldado de caballería, un político de Nueva York o un diplomático quien lo visitaba, Roosevelt sabía de qué hablar. ¿Cómo lo lograba? Muy sencilla es la respuesta. Siempre que Roosevelt esperaba a un visitante se quedaba hasta muy tarde, la noche anterior a su llegada, instruyéndose en el tema sobre el cual sabía que se interesaba particularmente el huésped esperado.

Porque Roosevelt no ignoraba, como los grandes líderes, que el camino real hasta el corazón es hablarle de las cosas que más preciadas le son.

El cordial William Lyon Phelps, ensayista y profesor de Literatura en Yale, aprendió esta lección al comenzar la vida.

«Cuando tenía ocho anos y me encontraba un fin de semana de visita en casa de mi tía Libby Linsley, en Stratford, sobre el Housatonic» escribe Phelps en su ensayo sobre *Human Nature*, «llegó una noche un hombre maduro, y después de una cortés escaramuza verbal con mi tía volcó su atención en mí. Por aquel entonces me entusiasmaban los botes y los barcos, y el visitante trató este tema de una manera que me pareció sumamente interesante. Cuando se retiró, hablé de él con entusiasmo. ¡Qué hombre! ¡Y cómo se interesaba por la navegación! Mi tía me informó que era un abogado de Nueva York; que no tenía interés alguno en botes ni en barcos. Pero, ¿por qué no hizo más que hablar de botes?»

—Porque es un caballero, —respondió mi tía—. Advirtió que te interesaban los botes, y habló de las cosas que sabía te interesarían y agradarían. Quiso hacerse agradable.

«Nunca olvidé las palabras de mi tía.»

Al escribir este capítulo tengo a la vista una carta de Edward L. Chalif, quien se dedicó activamente a la obra de los Boy-Scouts.

«Un día» escribía el Sr. Chalif «comprobé que necesitaba un favor. Se estaba por realizar una gran convención de Boy-Scouts en Europa, y quería que el presidente de una de las más grandes empresas del país pagara los gastos de viaje de uno de nuestros niños.

»Afortunadamente, poco antes de ir a ver a este hombre, supe que había extendido un cheque por un millón de dólares y que, después de pagado, y cancelado, le había sido devuelto para que lo pusiera en un marco.

»Lo primero que hice cuando entré a su despacho fue pedirle que me mostrara ese cheque. ¡Un cheque por un millón de dólares! Le dije que no sabía de otra persona que hubiera extendido un cheque por esa suma, y que quería contar a mis niños que había visto un cheque por un millón. Me lo mostró de buena gana; yo lo admiré y le pedí que me dijera cómo había llegado a extenderlo.»

Ya habrá notado usted, ¿verdad?, que el Sr. Chalif no empezó a hablar de los Boy-Scouts ni de la convención en Europa, ni de lo que él quería. Habló sobre lo que interesaba al interlocutor. Veamos el resultado:

«Por fin, el hombre a quien entrevistaba me dijo:

—Ah, ahora que recuerdo. ¿Para qué vino a verme?

»Se lo dije. Y con gran sorpresa mía, no solamente accedió inmediatamente a lo que le solicitaba, sino que concedió mucho más. Yo le pedía que enviara un solo niño a Europa, y en cambio él decidió enviar a cinco niños, y a mí mismo; me entregó una carta de crédito por mil dólares y me pidió que nos quedáramos siete semanas en Europa. Además, me dio cartas de presentación para los jefes de sus sucursales, a fin de que se pusieran a nuestro servicio; y él mismo nos recibió en París y nos mostró la ciudad. Desde entonces ha dado empleo a algunos de nuestros niños cuyos padres estaban necesitados; y no ha dejado de favorecer jamás a nuestro grupo.

»Pero bien sé que si yo no hubiese descubierto primero el interés principal de este hombre, y no le hubiera hablado de ello, no lo habría encontrado tan fácil de convencer.»

¿Es valiosa esa técnica para emplearla en los negocios? Veamos. Tomemos el ejemplo de Henry G. Duvernoy, de la empresa Duvernoy & Sons, una de las mejores panaderías de Nueva York.

El Sr. Duvernoy quería vender pan a cierto hotel de la ciudad. Durante cuatro años había visitado al cliente todas las semanas. Asistía a las mismas fiestas que el gerente. Le hablaba en todas partes. Hasta tomó habitaciones en el hotel y vivió allí para tratar de hacer el negocio. Pero todo sin resultado.

«Entonces» nos dijo el Sr. Duvemoy «estudié relaciones humanas y resolví cambiar de táctica. Decidí investigar qué interesaba a este hombre, qué despertaba su entusiasmo.

»Descubrí que pertenecía a una sociedad de hoteleros llamada Hotel Greeters. No solamente pertenecía a ella sino que, merced a su gran entusiasmo, se le había llevado a la presidencia de la organización, y también a la de la entidad internacional. En cualquier parte donde se efectuaran las convenciones, este hombre asistía siempre, aunque tuviese que volar sobre montañas o cruzar desiertos y mares.

»Así pues, apenas lo vi, al día siguiente, empecé a hablarle de la entidad. ¡Qué respuesta obtuve! Me habló durante media hora acerca de aquel tema, vibrante de entusiasmo. Advertí fácilmente que esta sociedad era su pasatiempo, la pasión de su vida. Antes de salir de su oficina ya me había "convencido" de que fuera socio de su organización.

»Pero yo no había hablado una palabra del pan. Y unos días más tarde un empleado del hotel me habló por teléfono para que enviara muestras y precios de nuestro producto.

—No sé —me dijo el empleado— qué ha hecho con el gerente. Pero lo cierto es que está encantado con usted.

»¡Imagínense! Durante cuatro años había perseguido a aquel gerente procurando que me comprara nuestros productos, y todavía lo seguiría buscando si por fin no me hubiese tomado el leve trabajo de saber qué le interesaba y de qué le gustaba hablar.»

Edward E. Harriman, de Ilagerstown, Maryland, decidió vivir en el hermoso Valle Cumberland de Maryland después de completar su servicio militar. Lamentablemente, en aquel momento había pocos empleos disponibles en la zona. Una pequeña investigación sacó a luz el hecho de que muchas empresas de la región eran propiedad de un hombre que había triunfado espectacularmente en el mundo de los negocios, R. J. Funkhouser, cuyo ascenso de la pobreza a la opulencia intrigó al señor Harriman. No obstante, este empresario tenía fama de inaccesible para la gente que buscaba empleo. El señor Harriman nos escribió:

«Entrevisté a bastante gente, y descubrí que todos los intereses de Funkhouser estaban concentrados en su actividad tras el poder y el dinero. Como se protegía de la gente como yo por medio de una secretaria leal y severa, estudié los intereses y objetivos de ella, y recién entonces hice una visita sin anuncio previo a su oficina. Desde hacía unos quince años esta mujer había sido el satélite que giraba en la órbita del señor Funkhouser. Cuando le dije que tenía una proposición para él que podía resultar en un crédito financiero y político, se interesó. También conversé con ella sobre su participación constructiva en el éxito de su patrón. Después de esta conversación, me concedió una cita con Funkhouser.

»Entré en su enorme e impresionante oficina decidido a no pedir directamente un empleo. El hombre estaba sentado detrás de un gigantesco escritorio, y no bien me vio, tronó:

—¿Qué pasa con usted, jovencito?

—Señor Funkhouser —le dije—, creo que puedo hacerle ganar dinero.

»Inmediatamente se levantó y me invitó a sentarme en uno de los sillones. Le hice una lista de mis ideas y también de los antecedentes personales que me ponían en condiciones de hacer realidad esas ideas, subrayando los aspectos en que podrían contribuir a su éxito personal y al de sus empresas.

»'R.J.', como llegué a conocerlo después, me contrató al instante, y durante veinte años he trabajado para él, y he prosperado junto. con sus empresas.»

Hablar en términos de los intereses de la otra persona es beneficioso para las dos partes. Howard Z. Herzig, líder en el campo de las comunicaciones empresariales, siempre ha seguido este principio. Cuando se le preguntó qué obtenía de ello, el señor Herzig respondió que recibía una recompensa diferente de cada persona, y que esas recompensas siempre habían dado por resultado una ampliación en su vida.

• **Regla 5 –** *Habla siempre de lo que interesa a los demás.*

9

Cómo hacerse agradable ante las personas instantáneamente

Estaba yo en una cola esperando registrar una carta en la oficina de correos de la calle 33 y la octava avenida, en Nueva York. Noté que el empleado de la ventanilla se hallaba aburrido de su tarea: pesar sobres, entregar los sellos, dar el cambio, escribir los recibos, la misma faena, monótonamente, año tras año. Me dije, pues: «Voy a tratar de agradar a este hombre. Evidentemente, para conseguirlo, debo decir algo agradable, no de mí, sino de él. ¿Qué hay en él que se pueda admirar honradamente?»

A veces es difícil responder a esto, especialmente cuando se trata de extraños; pero en este caso me resultó fácil. Instantáneamente vi algo que no pude menos que admirar sobremanera.

Mientras el empleado pesaba mi sobre, exclamé con entusiasmo —¡Cuánto me gustaría tener el cabello como usted! —Alzó la mirada, sorprendido, pero con una gran sonrisa.

—Sí. Pero ahora no lo tengo tan bien como antes — contestó modestamente.

Le aseguré que si bien podía haber perdido algo de su gloria prístina, era de todos modos un cabello magnífico. Quedó inmensamente complacido. Conversamos agradablemente un rato, y su última frase fue:

—Mucha gente ha admirado mi cabello.

Apuesto a que aquel hombre fue a almorzar encantado de la vida. Apuesto a que fue a su casa y contó el episodio a su esposa. Apuesto a que se miró en un espejo y se dijo: «Es un cabello muy hermoso».

Una vez relaté este episodio en público, y un hombre me preguntó:

—¿Qué quería usted de aquel empleado?

¡Qué quería yo de él!

Si somos tan despreciables, por egoístas, que no podemos irradiar algo de felicidad y rendir un elogio honrado, sin tratar de obtener algo en cambio; si nuestras almas son de tal pequeñez, iremos al fracaso, a un fracaso merecido.

Pero es cierto. Yo quería algo de aquel empleado. Quería algo inapreciable. Y lo obtuve. Obtuve la sensación de haber hecho algo por él, sin que él pudiera hacer nada en pago. Esa es una sensación que resplandece en el recuerdo mucho tiempo después de transcurrido el incidente.

Hay una ley de suma importancia en la conducta humana. Si obedecemos esa ley, casi nunca nos veremos en aprietos. Si la obedecemos, obtendremos incontables amigos y constante felicidad. Pero en cuanto quebrantemos esa ley nos veremos en interminables dificultades. La ley es esta: Trate siempre de que la otra persona se sienta importante. El profesor John Dewey, como ya lo hemos señalado, dice que el deseo de ser importante es el impulso más profundo que anima al carácter humano; y el profesor William James: «El principio más profundo en el carácter humano es el anhelo de ser apreciado». Como ya lo he señalado, ese impulso es lo que nos diferencia de los animales. Es el impulso que ha dado origen a la civilización misma.

Los filósofos vienen haciendo conjeturas acerca de las reglas de las relaciones humanas desde hace miles de años, y de todas esas conjeturas ha surgido solamente un precepto importante. No es nuevo. Es tan viejo como la historia. Zoroastro lo enseñó a sus discípulos en el culto del fuego, en Persia, hace tres mil años. Confucio lo predicó en China hace veinticuatro siglos. Lao Tsé, el fundador del taoísmo, lo inculcó a sus discípulos en el valle del Han. Buda lo predicó en las orillas del Ganges quinientos años antes. Jesús lo enseñó entre las pétreas montañas de Judea hace diecinueve siglos. Jesús lo resumió en un pensamiento que es probablemente la regla más importante del mundo: «Haz al prójimo lo que quieras que el prójimo te haga a ti».

Tú quieres la aprobación de todos aquellos con quienes entras en contacto. Quieres que se reconozcan tus méritos. Quieres tener la sensación de tu importancia en tu pequeño mundo. No quieres escuchar adulaciones baratas, sin sinceridad, pero anhelas una sincera apreciación. Quieres que tus amigos y allegados sean, como dijo Charles Schwab, «calurosos en su aprobación y generosos en su elogio». Todos nosotros lo deseamos.

Obedezcamos, pues, la Regla de Oro, y demos a los otros lo que queremos que ellos nos den.

¿Cuándo? ¿Dónde? ¿Cómo? La respuesta es: siempre, en todas partes.

David G. Smith, de Eau Claire, Wisconsin; contó en una de nuestras clases cómo manejó una situación delicada cuando le pidieron que se hiciera cargo del puesto de refrescos en un concierto de caridad.

«La noche del concierto llegué al parque y descubrí que me esperaban dos damas mayores, bastante malhumoradas, junto al puesto de refrescos. Al parecer, ambas creían estar a cargo del proyecto. Mientras yo estaba indeciso, preguntándome qué hacer, se me acercó uno de los miembros del comité organizador y me entregó una caja con cambio, al tiempo que me agradecía haber aceptado dirigir el puesto. A continuación me presentó a Rose y a Jane, que serían mis ayudantes, y se marchó.

»Siguió un largo silencio. Al comprender que esa caja con el cambio para las ventas era un símbolo de autoridad, se la di a Rose diciéndole que yo no podría ocuparme de la parte monetaria, pues no sabía hacerlo, y me sentiría mejor si ella se hacía cargo. De inmediato le sugerí a Jane que se ocupara de dar órdenes a las dos jovencitas que nos habían asignado para atender al público; le pedí que les enseñara a servir y la dejé a cargo de esa parte del asunto.

»Pasamos una velada perfecta, con Rose muy feliz contando el dinero, Jane supervisando a las muchachas, y yo disfrutando del concierto.»

No es preciso esperar a que nos elijan embajador en Francia o presidente de la sociedad a que pertenecemos, para emplear esta filosofía del aprecio de los demás. Casi todos los días se pueden obtener resultados mágicos con ella.

Si, por ejemplo, la camarera nos trae puré de papas cuando hemos pedido papas fritas a la francesa, digámosle: «Siento tener que molestarla, pero prefiero las papas a la francesa». Ella responderá: «No es molestia», y se complacerá en satisfacernos, porque hemos demos trado respeto por ella.

Frases insignificantes, como «Lamento molestarlo», «Tendría usted la bondad de...», «Quiere hacer el favor de...», «Tendría usted la gentileza», o «Gracias»; pequeñas cortesías como éstas sirven para aceitar las ruedas del monótono mecanismo de la vida diaria y, de paso, son la seña de la buena educación.

Busquemos otro ejemplo. Las novelas de Hall Caine fueron grandes best-sellers en las primeras décadas del siglo. Millones de personas las han leído. Era hijo de un herrero. No fue a la escuela más que ocho años, y sin embargo cuando murió era el literato más rico de su época.

Su historia es así: Hall Caine tenía predilección por los sonetos y baladas, y devoraba toda la poesía de Dante Gabriel Rossetti. Hasta escribió un artículo en que formulaba el elogio de las realizaciones artísticas del poeta, y envió una copia al mismo Rossetti. Rossetti quedó encantado, y lo probable es que se dijera: «Un joven que tiene tan elevada opinión de mis condiciones debe de ser un joven brillante». Rossetti invitó, pues, al hijo del herrero a que fuese a Londres y trabajara como secretario suyo. Fue aquel el vuelco mayor en la vida de Hall Caine; porque, en su nuevo cargo, conoció a los artistas literarios del momento. Siguiendo sus consejos e inspirado por sus recomendaciones, se lanzó a una carrera que hizo lucir su nombre en el cielo de la literatura.

Su hogar, Greeba Castle, en la Isla del Hombre, llegó a ser la Meca de los turistas de todo el mundo; y cuando murió dejó una herencia de muchos millones de dólares. Pero quizás habría muerto pobre y desconocido si no hubiese expresado su admiración por un hombre famoso.

Tal es el poder, el poder estupendo, de la apreciación sincera.

Rossetti se consideraba importante. Y esto no es extraño, pues casi todos nos consideramos importantes, muy importantes.

Para que la vida de una persona cambie totalmente, puede bastar que alguien la haga sentir importante. Ronald J. Rowland, que es uno de los instructores de nuestro curso en California, es también maestro de artes y oficios. Nos escribió sobre un estudiante de su clase introductora de artesanías, llamado Chris.

«Chris era un chico muy callado y muy tímido, des provisto de toda confianza en sí mismo; la clase de estudiante que suele no recibir la atención que merece. Yo doy también una clase avanzada que se ha transformado en una especie de símbolo de status, pues es un privilegio muy especial que un estudiante se gane el derecho de asistir a ella.

»Un miércoles, Chris estaba trabajando con mucho empeño en su mesa. Yo sentía, auténticamente, que dentro de él ardía un fuego oculto. Le pregunté si no le gustaría asistir a la clase avanzada. Cómo me gustaría que hubieran visto la cara de Chris en ese momento, las emociones que embargaban a ese tímido muchachito de catorce años, cómo trataba de contener las lágrimas.

—¿En serio, señor Rowland? ¿Haré buen papel?

—Sí, Chris, eres muy bueno.

»En ese momento tuve que alejarme, porque sentía lágrimas en mis propios ojos. Cuando Chris salió de la clase ese día, parecía diez centímetros más alto; me miró con ojos brillantes y me dijo, con voz firme: —Gracias, señor Rowland.

»Chris me enseñó una lección que no olvidaré nunca: que en todos nosotros existe un deseo profundo de sentimos importantes. Para ayudarme a no olvidarlo nunca, hice un cartel que dice: ERES IMPORTANTE. Tengo este cartel colgado en el aula, donde todos lo vean, para recordarme a mí mismo que cada uno de los estudiantes que tengo enfrente es igualmente importante.

La verdad sin ambages es que casi todos los hombres con quienes tropieza usted se sienten superiores a usted en algún sentido; y un camino seguro para llegarles al corazón es hacerles comprender, de algún modo muy sutil, que usted reconoce su importancia, y la reconoce sinceramente.

Recordemos que Emerson dijo: «Todos los hombres que encuentro son superiores a mí en algún sentido; y en tal sentido puedo aprender de todos».

Y lo patético es que frecuentemente las personas con menos razones para sentirse importantes tratan de apagar el sentimiento de insignificancia mediante una clamorosa y tumultuosa muestra exterior de envanecimiento, que es ofensiva y vergonzosa.

En palabras de Shakespeare: «¡Hombre, prodigio de soberbia! investido de su fugaz autoridad, realiza proezas tan fantásticas a la vista de los altos cielos, que los ángeles lloran de pena».

Voy a narrar ahora cómo varios hombres de negocios que seguían mis cursos han aplicado estos

principios con notables resultados. Tomemos primero el caso de un abogado de Connecticut, que prefiere que no mencionemos su nombre, a causa de sus parientes. Lo llamaremos señor R.

Poco después de iniciar nuestro curso fue en automóvil con su esposa a visitar a algunos parientes de ésta en Long Island. La esposa lo dejó en casa de una anciana tía, y se fue sola a visitar a otros parientes más jóvenes. Como nuestro hombre tenía que pronunciar en nuestro curso una conferencia sobre la forma en que aplicaba el principio de apreciar la importancia de las otras personas, consideró que podría empezar con la anciana. Miró, pues, a su alrededor, para ver qué podía admirar honradamente.

—Esta casa fue construida alrededor de 1890, ¿verdad? —preguntó.

—Sí —respondió la anciana—. Precisamente en ese año la construyeron.

—Me recuerda mucho la casa en que nací. Es hermosa. Bien construida. Amplia. Bien sabemos que ya no construyen casas así.

—Tiene razón. La gente de hoy no tiene interés por las casas hermosas. Todo lo que quieren es un departamentito y una heladera eléctrica; nunca están en casa. Siempre paseando en sus automóviles.

—Esta es una casa de ensueño —prosiguió la anciana, con voz vibrante por los recuerdos—. Fue construida con amor. Mi marido y yo soñábamos con ella mucho antes de construirla. No llamamos a un arquitecto. La planeamos por nuestra cuenta.

Le mostró después toda la casa, y nuestro amigo expresó su calurosa admiración por todos los tesoros que la anciana había recogido en sus viajes durante toda su vida: mantillas de encaje, un viejo juego de té inglés, porcelana de Wedwood, camas y sillas francesas, pinturas italianas, y cortinados de seda que habían pertenecido a un castillo francés.

Después de mostrarle toda la casa, la anciana llevó al Sr. R. al garaje. Allí, colocado sobre tacos de madera, había un automóvil Packard, casi nuevo.

—Mi marido compró ese coche poco antes de morir —dijo dulcemente la anciana—. No se lo ha usado después de su muerte. Usted aprecia las cosas bellas, y le voy a regalar este automóvil.

—Pero tía —protestó el Sr. R.—, me abruma usted. Es claro que agradezco su generosidad, pero no podría aceptarlo. No soy siquiera pariente suyo. Tengo un automóvil nuevo, y usted tiene muchos parientes a quienes les gustaría ese Packard.

—¡Parientes! —exclamó la anciana—. Sí, tengo parientes que sólo esperan mi muerte para conseguir ese automóvil. Pero no se lo voy a dejar.

—Si no quiere dejarlo a nadie, le será fácil venderlo.

—¡Venderlo! ¿Cree usted que podría vender este coche? ¿Cree que podría admitir que algún extraño recorriera las calles en ese automóvil que mi marido compró para mí? No puedo ni pensar en venderlo. Se lo voy a regalar. Usted aprecia las cosas bellas.

El Sr. R. trató de disuadirla, pero no pudo sin herir sus sentimientos.

Aquella anciana, sola en su casona, con sus tesoros y sus recuerdos, anhelaba un poco de admiración. Había sido joven y hermosa. Había construido una casa entibiada por el amor y había comprado cosas en toda Europa para embellecerla más. Ahora, en la aislada soledad de los años, anhelaba un poco de tibieza humana, un poco de auténtica apreciación, y nadie se la daba. Cuando la encontró, como un manantial en el desierto, su gratitud no podía tener otra expresión adecuada que el obsequio de un automóvil Packard.

Tomemos otro caso. Donald M. McMahon, superintendente de Lewis & Valentine, empresa de jardinería y de arquitectura panorámica de Rye, Nueva York, nos relató este incidente:

«Poco después de escuchar la conferencia sobre "Cómo ganar amigos e influir sobre las personas", estaba yo dedicado a trazar los jardines en la finca de un famoso abogado. El propietario salió a darme algunas indicaciones sobre los sitios donde quería que se plantaran los rododendros y las azaleas.

—Juez —le dije—, tiene usted un hermoso pasatiempo. He podido admirar los espléndidos perros que cría usted. Sé que todos los años ganan muchos premios en la exposición canina de Madison Square Garden.

»Fue sorprendente el efecto de esta pequeña muestra de apreciación.

—Sí —respondió el juez—. Me entretengo mucho con los perros. ¿Le gustaría ver la perrera?

»Pasó casi una hora mostrándome los perros y los premios conquistados. Hasta buscó sus "pedigrees" y explicó las líneas de sangre que daban por resultado tanta belleza e inteligencia canina. Por fin se volvió a mí y preguntó:

—¿No tiene usted un hijito?

—Sí.

—Bien, ¿no le gustaría tener un perrito?

—Oh, es claro. Estaría encantado.

—Bien. Le voy a regalar uno.

»Empezó a decirme cómo debía alimentarlo, pero luego se interrumpió.

—Se va a olvidar usted —dijo—, si se lo digo. Le voy a escribir todo lo necesario.

»Entró en su casa, escribió a máquina el "pedigree" y las instrucciones para el cuidado del perrito y me regaló un cachorro que valía cientos de dólares, además de una hora y quince minutos de su valioso tiempo, exclusiva mente porque yo había admirado honradamente su pasatiempo.»

George Eastman, famoso en relación con las cámaras Kodak, inventó la película transparente, que hizo posible la cinematografía actual, reunió una fortuna de cien millones de dólares, y llegó a ser uno de los más famosos hombres de negocios de la Tierra. A pesar de todo esto, anhelaba que se reconocieran sus méritos, tanto como usted o yo.

Un ejemplo. Hace muchos años, Eastman decidió construir la Escuela de Música Eastman, en Rochester, además del Kilbourn Hall, un teatro en homenaje a su madre. James Adamson, presidente de la empresa Superior Seating Company, de Nueva York, quería obtener el pedido de las butacas para los dos edificios. Después de comunicarse telefónicamente con el arquitecto encargado de los planos, el Sr. Adamson fijó una entrevista con el Sr. Eastman en Rochester.

Cuando llegó allí, el arquitecto le dijo:

—Sé que usted quiere obtener este pedido; pero desde ahora le advierto que no tendrá ni un asomo de probabilidad si hace perder más de cinco minutos de tiempo al Sr. Eastman. Está muy ocupado. Diga rápidamente, pues, lo que quiere y márchese.

Adamson estaba dispuesto a seguir el consejo. Cuando se le hizo entrar en el despacho, notó al Sr. Eastman doblado sobre una pila de papeles que tenía encima del escritorio. En seguida el Sr. Eastman alzó la vista, se quitó los anteojos y caminó hacia el arquitecto y el Sr. Adarnson, diciendo:

—Buen día, caballeros, ¿que puedo hacer por ustedes?

El arquitecto hizo la presentación, y entonces el Sr. Adamson inició la conversación:

—Mientras esperábamos que usted se desocupara, Sr. Eastman, he podido admirar esta oficina. Le aseguro que no me importaría trabajar si tuviera para ello una oficina así. Ya sabe usted que me dedico a los trabajos de decoración interior en madera, y jamás he visto una oficina mas hermosa.

—Me hace recordar usted algo que casi tenía olvidado. ¿Es hermosa, verdad? Me gustaba cuando recién construida. Pero ahora llego con muchas cosas en la cabeza y no me fijo siquiera en la oficina durante muchas semanas —respondió Eastman.

Adamson se acercó a una pared y pasó la mano por un panel.

—Esto es roble inglés, ¿verdad? La textura es algo diferente del roble italiano.

—Sí. Es roble inglés importado. Fue elegido especialmente por un amigo que se especializa en maderas finas. Luego Eastman le mostró toda la habitación, señalando las proporciones, los colores, las tallas a mano y otros efectos que había contribuido a proyectar y ejecutar personalmente.

Mientras andaban por la habitación, admirando el ambiente, se detuvieron junto a una ventana y George Eastman, con su voz suave, modesta, señaló algunas de las instituciones por cuyo intermedio trataba de ayudar a la humanidad: la Universidad de Rochester, el Hospital General, el Hospital Homeopático, el Hogar Amigo, el Hospital de Niños. El Sr. Adamson lo felicitó calurosamente por la forma idealista en que empleaba su riqueza con el fin de aliviar los sufrimientos humanos. Poco después George Eastman abrió una caja de cristal y sacó la primera cámara de que había sido dueño: un invento adquirido a un inglés.

Adamson lo interrogó largamente acerca de sus primeras luchas para iniciarse en los negocios, y el señor Eastman habló con franqueza de la pobreza de su niñez, relató cómo su madre viuda había atendido una casa de pensión mientras él trabajaba en una compañía de seguros. El temor a la pobreza lo perseguía día y noche, hasta que resolvió ganar dinero suficiente para que su madre no tuviera que trabajar tan duramente en la casa de pensión. Adamson le hizo nuevas preguntas y escuchó, absorto, mientras el famoso inventor relataba la historia de sus experimentos con placas fotográficas secas. Contó Eastman cómo trabajaba en una oficina todo el día y a veces experimentaba toda la noche, durmiendo solamente a ratos, mientras operaban los productos químicos, hasta el punto de que a veces no se quitó la ropa durante setenta y dos horas seguidas.

James Adamson había entrado en la oficina de Eastman a las 10.15, con la advertencia de que no debía estar más de cinco minutos; pero pasó una hora, pasaron dos horas, y seguían hablando.

Por fin, George Eastman se volvió a Adamson y le dijo:

—La última vez que estuve en el Japón compré unas sillas, las traje y las puse en la galería del sol. Pero el sol ha despellejado la pintura, y el otro día fui a la ciudad, compré pintura y pinté yo mismo las sillas. ¿Le gustaría ver qué tal soy como pintor? Bueno. Venga a casa a almorzar y se las mostraré.

Después del almuerzo el Sr. Eastman mostró a Adamson las sillas que había comprado en el Japón. No valían más de unos pocos dólares, pero George Eastman, que había ganado cien millones en los negocios, estaba orgulloso de sus sillas, porque él mismo las había pintado.

El pedido de butacas representaba una suma de noventa mil dólares. ¿Quién les parece que lo consiguió, James Adamson o un competidor?

Desde aquel día hasta la muerte del Sr. Eastman, James Adamson fue un íntimo amigo suyo.

Claude Marais, dueño de un restaurante en Rouen, Francia, usó esta regla y salvó a su restaurante de la pérdida de un empleado importante. Se trataba de una mujer, que hacía cinco años que trabajaba para él y era un enlace esencial entre Marais y sus veintidós empleados. Quedó muy perturbado al recibir el telegrama de ella anunciándole su renuncia.

El señor Claude Marais nos contó:

«Me sentía no sólo sorprendido sino, más aun, decepcionado, porque sabía que había sido justo con ella, y la había tratado bien. Pero, al ser una amiga además de una empleada, era posible que yo la hubiera descuidado un poco y le hubiera exigido más que a mis otros empleados.

»Por supuesto, no podía aceptar su renuncia así corno así. La llevé aparte y le dije:

—Paulette, debe entender que no puedo aceptar su renuncia. Usted significa mucho para mí y para la compañía, y es tan responsable como lo soy yo mismo del éxito de nuestro restaurante.

»Después repetí lo mismo delante de todo el personal, y la invité a mi casa y le reiteré mi confianza, con toda mi familia presente.

»Paulette retiró su renuncia, y hoy puedo confiar en ella más que nunca antes. Y me tomo el trabajo de expresarle periódicamente mi aprecio por lo que hace, y reiterarle lo importante que es para mí y para el restaurante.»

—Hábleles a las personas de ellos mismos —dijo Disraeli, uno de los hombres más astutos que han gobernado el Imperio Británico— y lo escucharán por horas.

- **Regla 6** – *Haz que la otra persona se sienta importante, y hazlo sinceramente.*

En pocas palabras—Seis maneras de agradar a los demás

- **Regla 1** – *Interésate sinceramente por los demás.*

- **Regla 2** – *Sonríe.*

- **Regla 3** – *Recuerda que para toda persona, su nombre es el sonido más dulce e importante en cualquier idioma.*

- **Regla 4** – *Sé un buen oyente. Anima a los demás a que hablen de sí mismos.*

- **Regla 5** – *Habla siempre de los que interese a los demás.*

- **Regla 6** – *Haz que la otra persona se sienta importante y hazlo sinceramente.*

TERCERA Parte:

Logra que los demás piensen como tú

10

No es posible ganar una discusión

Poco después de terminada la guerra aprendí una lección inolvidable. Estaba entonces en Londres, como apoderado de Sir Ross Smith. Durante la guerra, Sir Ross había sido el as australiano en Palestina; y, poco después de lograda la paz, dejó atónito al mundo con un vuelo de treinta días sobre la mitad de su circunferencia terrestre. Jamás se había intentado una hazaña así. El gobierno australiano lo premió con cincuenta mil dólares; el Rey de Inglaterra lo nombró caballero del Imperio; y por un tiempo fue el hombre de quien más se hablaba en todo ese Imperio. Una noche concurrí a un banquete que se servía en honor de Sir Ross; durante la comida, el comensal sentado a mi lado narró un relato humorístico basado en la cita: «Hay una divinidad que forja nuestros fines, por mucho que queramos alterarlos».

El comensal dijo que esta cita era de la Biblia. Se equivocaba. Yo lo sabía. Lo sabía positivamente. No me cabía ni asomo de duda. Y así, pues, para satisfacer mis deseos de importancia y exhibir mi superioridad, me designé corrector honorario, sin que nadie me lo pidiera y con evidente desgano por parte del interesado. Este insistió en su versión. ¿Qué? ¿De Shakespeare? ¡Imposible! ¡Absurdo! Esa cita era de la Biblia. ¡Bien lo sabía él! El narrador estaba sentado a mi derecha; y el Sr. Frank Gammond, viejo amigo mío, a mi izquierda. Gammond había dedicado muchos años al estudio de Shakespeare. El narrador y yo convinimos en someter la cuestión al señor Gammond. Este escuchó, me dio un puntapié por debajo de la mesa, y dijo:

—Dale, este señor tiene razón. La cita es de la Biblia.

En camino a casa aquella noche dije al Sr. Gammond:

—Frank, bien sabes que esa cita era de Shakespeare.

—Sí, es claro. Hamlet, acto V, escena 2. Pero estábamos allí como invitados a una fiesta, querido Dale. ¿Por qué demostrar a un hombre que se equivoca? ¿Has de agradarle con eso? ¿Por qué no dejarle que salve su dignidad? No te pidió una opinión. No le hacía falta. ¿Por qué discutir con él? Hay que evitar siempre el ángulo agudo.

«Hay que evitar siempre el ángulo agudo.» Ha muerto ya el hombre que dijo esto, pero la lección que me dio sigue su curso.

Era una lección muy necesaria para mí, un discutidor inveterado. En mi juventud había discutido de todo con mi hermano. En el colegio estudié lógica y argumentación, y participé en torneos de debate. Posteriormente, en Nueva York, dicté cursos sobre debate y argumentación; y una vez, me avergüenza confesarlo, pensé escribir un libro sobre el tema. Desde entonces he escuchado, criticado, participado y estudiado los efectos de miles de discusiones. Como resultado de todo ello he llegado a la conclusión de que sólo hay un modo de sacar la mejor parte de una discusión: evitarla. Evitarla como se evitaría una víbora de cascabel o un terremoto.

Nueve veces de cada diez, cuando termina la discusión cada uno de los contendores está más convencido que nunca de que la razón está de su parte.

No se puede ganar una discusión. Es imposible porque, si se pierde, ya está perdida; y si se gana, se pierde. ¿Por qué? Pues, suponga usted que triunfa sobre el rival, que destruye sus argumentos y demuestra que es *non compos mentis*. ¿Y qué? Se sentirá usted satisfecho. Pero, ¿y él? Le ha hecho sentirse inferior. Ha lastimado su orgullo. Ha hecho que se duela de ver que usted triunfa. Y «un hombre convencido contra su voluntad sigue siendo de la misma opinión».

Hace años, un belicoso irlandés llamado Patrick J. O'Haire ingresó en una de mis clases. Tenía poca instrucción pero ¡cómo le gustaba discutir! Había sido chofer y se inscribió en mis cursos porque trataba por entonces, sin mucho resultado, de vender camiones. Unas pocas preguntas permitieron destacar el hecho de que no hacía más que discutir y pelear con las personas a quienes quería vender sus camiones. Si un presunto comprador decía algo en contra de los camiones que vendía, Pat se enceguecía y se lanzaba al ataque. Él mismo nos lo contaba:

—A menudo he salido de la oficina de un futuro cliente diciéndome: «Se las he cantado claras a ese pajarraco.»

—Sí, es cierto que se las había cantado claras, pero no le había vendido nada.

Mi primer problema no fue el de enseñar a Patrick J. O'Haire a hablar. Mi misión inmediata era enseñarle a abstenerse de hablar y evitar las luchas verbales.

El Sr. O'Haire es ahora uno de los mejores vendedores que tiene en Nueva York la White Motor Company. ¿Cómo lo ha conseguido? Escuchemos su relato:

«Si entro ahora en la oficina de un presunto comprador y me dice:

—¿Qué? ¿Un camión White? ¡No sirven para nada! Yo no usaría uno aunque me lo regalaran. Voy a comprar un camión Tal.

»Yo le respondo: —Amigo mío, escúcheme. El camión Tal es muy bueno. Si lo compra no se arrepentirá. Los camiones Tales son fabricados por una buena compañía.

»El presunto comprador queda sin habla entonces. Ya no hay terreno para discutir. Si me dice que el Tal es el mejor camión, y yo asiento, tiene que callarse. No se puede pasar el día diciendo: "Es el mejor", cuando yo estoy de acuerdo. Abandonamos entonces el tema del camión Tal y yo empiezo a hablar de las condiciones del camión White.

»Hubo una época en que si una persona me hubiera hablado así yo habría perdido el tino. Habría empezado a discutir contra el Tal; y cuanto más hablara tanto mas discutiría el comprador, en favor del rival; y cuanto más discutiera el comprador, tanto más fácil sería a los rivales vender su camión.

»Al recordar ahora aquellas cosas, me pregunto cómo pude vender jamás un camión. Perdí muchos años de vida por discutir y pelear. Ahora cierro la boca. Da mejor resultado.»

Ya lo dijo Benjamín Franklin:

«Si discute usted, y pelea y contradice, puede lograr a veces un triunfo; pero será un triunfo vacío, porque jamás obtendrá la buena voluntad del contrincante.»

Piense, pues, en esto. ¿Qué prefiere tener: una victoria académica, teatral, o la buena voluntad de un hombre? Muy pocas veces obtendrá las dos cosas.

El diario *The Boston Transcript* publicó una vez este significativo epitafio en solfa:

> *Yacen aquí los despojos de un pobre viajero.*
> *Murió defendiendo su derecho de paso:*
> *Razón le sobraba, estaba en lo justo, lo cierto.*
> *Mas tan muerto está como si hubiera errado.*

Puede tener usted razón, puede estar en lo cierto cuando discute; pero en cuanto a modificar el criterio del contendor lo mismo sería que se equivocara usted en los argumentos.

Frederick J. Parsons, consultor especializado en impuesto a la renta, relataba que durante una hora estuvo discutiendo con un inspector del gobierno sobre cuestión de impuestos: una partida de nueve mil dólares. El Sr. Parsons sostenía que esos nueve mil dólares eran en realidad una deuda incobrable, que jamás serían percibidos y que no debían ser afectados por el impuesto.

—¡Nada de deudas incobrables! —respondió el inspector—. Hay que pagar el impuesto.

«Este inspector —narraba el Sr. Parsons ante nuestra clase— era arrogante y empecinado. Razonar con él estaba de más; señalar los hechos también. Cuanto más discutíamos, tanto más empecinado se ponía. Decidí entonces evitar la discusión, cambiar de tema, y hacerle ver mi apreciación por su importancia.

—Supongo —le dije— que este asunto es pequeño en comparación con las decisiones realmente importantes y difíciles que tendrá que adoptar usted tantas veces. Yo he estudiado la cuestión impositiva, pero sólo en los libros. Usted obtiene su conocimiento gracias a la experiencia. A veces desearía tener un empleo como el suyo. Así podría aprender muchas cosas.

»Dije francamente lo que sentía al respecto. Pues bien, el inspector se irguió en su silla, se echó hacia atrás y conversó largamente acerca de su trabajo, de los hábiles fraudes que había descubierto. Su tono se hizo gradualmente más amistoso; y por fin empezó a hablarme de sus hijos. Al despedirse, me prometió espontáneamente que estudiaría mejor mi problema y en pocos días me haría conocer su decisión.

»Tres días más tarde llamó a mi oficina y me informó que había decidido dejar la declaración de impuestos tal como había sido formulada por mí.»

Este inspector demostraba una de las debilidades humanas más comunes. Quería sentirse importante; y mientras el Sr. Parsons argumentaba con él, satisfacía ese deseo afirmando bruscamente su autoridad. Pero tan pronto como se admitió su importancia y se detuvo la discusión, cuando pudo revelar ampliamente su yo, se convirtió en un ser humano lleno de simpatía y bondad.

Buda dijo: «El odio nunca es vencido por el odio sino por el amor», y un malentendido no termina nunca gracias una discusión sino gracias al tacto, la diplomacia, la conciliación, y un sincero deseo de apreciar el punto de vista de los demás.

Lincoln reprendió cierta vez a un joven oficial del ejército porque se había dejado llevar a una violenta controversia con un compañero. Y Lincoln dijo así: «No debe perder tiempo en discusiones personales la persona que está resuelta a ser lo más que pueda, y menos todavía debe exponerse a las consecuencias, incluso la ruina de su carácter y la pérdida de su serenidad. Ceded en las cosas grandes sobre las cuales no podéis exhibir más que derechos iguales; y ceded en las más pequeñas aunque os sean claramente propias. Mejor es dar paso a un perro, que ser mordido por él al disputarle ese derecho. Ni aun matando al perro se curaría de la mordedura.»

En un artículo aparecido en «*Bits and Pieces*»*, se publicaron algunas sugerencias para impedir que un desacuerdo se transforme en una discusión:

Acepte el desacuerdo. Recuerde el slogan: «Cuando dos socios siempre están de acuerdo, uno de ellos no es necesario». Si hay algo que se le ha pasado por alto, agradezca a quien se lo recuerde. Quizá este desacuerdo es su oportunidad de corregirse antes de cometer un grave error.

Desconfíe de su primera impresión instintiva. Nuestra primera reacción natural en una situación desagradable es ponernos a la defensiva. Puede ser para peor, no para mejor.

Controle su carácter. Recuerde que se puede medir la dimensión de una persona por lo que la irrita. Primero, escuche. Dele a su oponente la oportunidad de hablar. Déjelo terminar. No se resista, defienda ni discuta. Eso sólo levanta barreras. Trate de construir puentes de comprensión. No construya altos muros de incomprensión.

Busque las áreas de acuerdo. Una vez que haya oído hasta el fin a su oponente, exponga antes que nada los puntos y áreas en que están de acuerdo.

Sea honesto. Busque los puntos donde puede admitir su error, y hágalo. Discúlpese por sus errores. Eso desarmará a sus oponentes y reducirá la actitud defensiva.

* Trozos y pedazos", publicado por The Economic Press, Fairfield N .J.

Prometa pensar y analizar con cuidado las ideas de sus oponentes. Y hágalo en serio. Sus oponentes pueden tener razón. Es mucho más fácil, en este estadio, acceder a pensar en sus posiciones, antes que avanzar a ciegas y verse después en una posición en que sus oponentes puedan decir: «Quisimos decírselo, pero usted no escuchó».

Agradezca sinceramente a sus oponentes por su interés. Cualquiera que se tome el trabajo de presentar y sostener objeciones está interesado en lo mismo que usted. Piénselos como gente que realmente quiere ayudarlo, y haga amigos de sus oponentes.

Posponga la acción de modo que ambos bandos tengan tiempo de repensar el problema. Sugiera realizar otra reunión más tarde ese mismo día, o al día siguiente, para presentar nuevos datos. Al prepararse para esta reunión, hágase algunas preguntas difíciles: ¿Tendrán razón mis oponentes?

¿Tendrán parcialmente razón? ¿Su posición tiene bases o méritos ciertos? ¿Mi reacción solucionará el problema, o sólo impedirá mi frustración? ¿Mi reacción acercará o alejará de mí a mis oponentes? ¿Mi reacción elevará la es tima que me tiene la mejor gente? ¿Ganaré o perderé? ¿Qué precio tendré que pagar por ganar? ¿Si no digo nada el desacuerdo se desvanecerá? ¿Esta ocasión tan difícil es una oportunidad para mí?

Jan Peerce, el tenor de ópera, después de casi cincuenta años de matrimonio, observó: «Hace mucho tiempo mi esposa y yo hicimos un pacto que hemos mantenido a pesar de toda la furia que hemos podido llegar a sentir uno hacia el otro. Cuando uno grita, el otro escucha. Cuando dos personas gritan, no hay comunicación, sólo ruido y malas vibraciones.»

- **Regla 1 – *La única forma de salir ganando de una discusión es evitándola.***

11

Una manera segura de crear enemigos y cómo evitarla

Cuando Theodore Roosevelt estaba en la Casa Blanca, confesó que si podía tener razón en el 75 por ciento de los casos, llegaría a la mayor satisfacción de sus esperanzas.

Si esa era la más alta proporción que podía esperar uno de los hombres más distinguidos del siglo XX, ¿qué diremos tú o yo?

Si tienes tú la seguridad de estar en lo cierto solamente el 55 por ciento de las veces, ya puedes ir a Wall Street, ganar un millón de dólares por día, comprarte un yate, casarte con una corista. Y si no puedes estar seguro de hallarte en lo cierto ni siquiera el 55 por ciento de las veces, ¿por qué has de decir a los demás que están equivocados?

Puedes decirle a la otra persona que se equivoca, con una mirada o una entonación o un gesto, tan elocuentemente como con palabras, y si le dices tú que se equivoca, ¿quiere hacerle convenir por ti? ¡Jamás! Porque has asestado un golpe directo a su inteligencia, su juicio, su orgullo, su respeto por sí mismo. Esto hará que quiera devolverte el golpe, pero nunca que quiera cambiar de idea. Podrás tú volcar sobre él toda la lógica de un Platón o de un Kant, pero no alterará sus opiniones, porque has lastimado sus sentimientos.

No empieces nunca anunciando: «Le voy a demostrar tal y tal cosa». Está mal. Eso equivale a decir: «Soy más vivo que usted. Voy decirle una o dos cosas y le haré cambiar de idea».

Esto es un desafío. Despierta oposición y hace que quien lo escucha quiera librar batalla con ti, antes que empieces a hablar. Es difícil, aun bajo las condiciones más benignas, hacer que los demás cambien de idea. ¿Por qué hacerlo aún más difícil, pues? ¿Por qué ponerte en desventaja?

Si vas a demostrar algo, que no lo sepa nadie. Hazlo sutilmente, con tal destreza que nadie piense que lo estás haciendo.

Así lo expresó Alexander Pope: «Se ha de enseñar a los hombres como si no se les enseñara, Y proponerles cosas ignoradas como si fueran olvidadas.»

Hace más de trescientos años, Galileo dijo: «No se le puede enseñar nada a nadie; sólo se lo puede ayudar a que lo encuentre dentro de sí.»

Lord Chesterfield dijo así a su hijo: «Has de ser más sabio que los demás, si puedes; pero no lo digas.»

Sócrates decía repetidamente a sus discípulos en Atenas: «Sólo sé que no sé nada.»

Bien, no puedo tener ya la esperanza de ser más inteligente que Sócrates; por lo tanto, he dejado de decir a los demás que se equivocan. Y compruebo que rinde beneficios.

Si alguien hace una afirmación que a juicio tuyo está errada —sí, aun cuando tú sabes que está errada, es mucho mejor empezar diciendo: «Bien, escuche. Yo pienso de otro modo, pero quizá me equivoque. Me equivoco con tanta frecuencia... Y si me equivoco, quiero corregir mi error. Examinemos los hechos.»

Hay algo de mágico, positivamente mágico, en frases como esas: «Quizá me equivoque.» «Me equivoco con tanta frecuencia...»

Nadie en el mundo o fuera de él objetará nada si tú dices: «Quizá me equivoque. Examinemos los hechos.»

Uno de los miembros de nuestras clases usaba este método para tratar con sus clientes; era Harold Reinke, concesionario de la empresa Dodge en Billing, Montana. Nos contó que las presiones del negocio de venta de automóviles lo habían llevado a desplegar una dureza inusual al enfrentarse con las quejas de sus clientes. Esto provocaba discusiones, pérdida de negocios y un malestar generalizado.

Le contó a la clase en la que se hallaba:

—Cuando llegué a reconocer que esta actitud me estaba llevando a la quiebra, probé una táctica distinta. Empecé a decir: «En nuestra agencia hemos cometido tantos errores, que con frecuencia me siento avergonzado. Es posible que nos hayamos equivocado en su caso. Dígame cómo fue.»

—Este enfoque desarma a los quejosos, y cuando el cliente termina de liberar sus sentimientos suele mostrarse mucho más razonable que antes. De hecho, muchos clientes me han agradecido por mi comprensión. Y dos de ellos incluso han traído amigos a comprar autos a mi agencia. En este mercado tan competitivo, necesitamos siempre más de este tipo de clientes, y creo que mostrando respeto por las opiniones de todos los clientes y tratándolos con diplomacia y cortesía podré ponerme a la cabeza de la competencia.

Jamás se verá en aprietos por admitir que quizá se equivoque. Eso detendrá todas las discusiones y dará a la otra persona el deseo de ser tan justo y ecuánime como usted. Le hará admitir que también él puede equivocarse.

Si tú sabes positivamente que la otra persona se equivoca, y se lo dices redondamente, ¿qué ocurre? Tomemos un ejemplo específico. El Sr. S., joven abogado de Nueva York, debatía un caso muy importante, hace poco, ante la Suprema Corte de los Estados Unidos (Lustgarten v Fleet Corporation 280 U.S. 320). Del proceso dependía la posesión de una vasta suma de dinero, y también la dilucidación de una importante deuda legal.

Durante el debate, uno de los ministros de la Corte dijo al Sr. S.:

—El estatuto de limitaciones en derecho marítimo es de seis años, ¿verdad?

El Sr. S. se detuvo, miró al ministro por un momento y contestó después, rotundamente:

—Usía: no hay estatuto de limitaciones en derecho marítimo.

«Se hizo el silencio en la sala del tribunal» decía el Sr. S. al narrar este episodio ante una de nuestras clases «y pareció que la temperatura ambiente había bajado a cero. Yo tenía razón. El ministro de la Corte estaba equivocado. Y yo se lo señalé. Pero, ¿lo bienquisté conmigo? No. Sigo creyendo que en aquel caso el derecho estaba de mi parte. Y sé que defendí mi caso como jamás lo he hecho. Pero no conseguí persuadir al tribunal. Cometí el enorme error de decir a un hombre famoso y muy culto que se equivocaba.»

Pocas personas son lógicas. Casi todos tenemos prejuicios e ideas preconcebidas. Casi todos nos hallamos cegados por esas ideas, por los celos, sospechas, temores, envidia y orgullo. Y en su mayoría las personas no quieren cambiar de idea acerca de su religión, o su corte de cabello, o el comunismo, o su astro de cine favorito. De manera que si tú sueles decir a los demás que se equivocan, sírvate leer el siguiente párrafo todas las mañanas antes del desayuno. Es del ilustrativo libro *«La mente en proceso»*, del profesor James Harvey Robinson:

A veces notamos que vamos cambiando de idea sin resistencia alguna, sin emociones fuertes, pero si se nos dice que nos equivocamos nos enoja la imputación, y endurecemos el corazón. Somos increíblemente incautos en la formación de nuestras creencias, pero nos vemos llenos de una ilícita pasión por ellas cuando alguien se propone privarnos de su compañía. Es evidente que lo que nos resulta caro no son las ideas mismas, sino nuestra estima personal, que se ve amenazada... Esa palabrita «mi» es la más importante en los asuntos humanos, y el comienzo de la sabiduría consiste en advertir todo su valor. Tiene la misma fuerza siempre, sea que se aplique a «mi» comida, «mi» perro, y «mi» casa, o a «mi» padre, «mi» patria, y «mi» Dios. No solamente nos irrita la imputación de que nuestro reloj funciona mal o nuestro coche ya es viejo, sino también la de que puede someterse a revisión nuestro concepto de los canales de Marte, de la pronunciación de «Epicteto», del valor medicinal del salicilato, o de la fecha en que vivió Sargón I... Nos gusta seguir creyendo en lo que hemos llegado a aceptar como exacto, y el resentimiento que se despierta cuando alguien expresa duda acerca de cualquiera de nuestras presunciones nos lleva a buscar toda suerte de excusas para aferrarnos a ellas. El resultado es que la mayor parte de lo que llamamos razonamiento consiste en encontrar argumentos para seguir creyendo lo que ya creemos.

Carl Rogers, el eminente psicólogo, escribió en su libro Realización de una persona*:

Me ha resultado de enorme valor permitirme comprender a la otra persona. Puede resultarles extraño el modo en que he formulado la frase. ¿Acaso es necesario permitirse comprender a otro? Creo que lo es. Nuestra primera reacción a la mayoría de las proposiciones (que oímos en boca del prójimo) es una evaluación o un juicio, antes que una comprensión. Cuando alguien expresa un sentimiento, opinión o creencia, nuestra tendencia es casi inmediatamente sentir «tiene razón», o «qué estúpido», «es anormal», «es irracional», «se equivoca», «es injusto». Es muy raro que nos permitamos comprender precisamente qué sentido le ha dado a sus palabras la otra persona.

Yo encargué una vez a un decorador de interiores que hiciera ciertos cortinados para mi casa. Cuando llegó la cuenta, quedé sin aliento.

Pocos días más tarde nos visitó una amiga, que vio los cortinados. Se mencionó el precio, y la amiga exclamó con una nota de triunfo en la voz:

—¿Qué? ¡Es una enormidad! Parece que se ha dejado engañar esta vez.

¿Era cierto? Sí, era la verdad, pero a pocas personas les gusta escuchar una verdad que es denigrante para su juicio. Por ser humano traté de defenderme. Señalé que lo mejor es con el tiempo lo más barato, que no se encuentra buena calidad y gusto artístico a precios de liquidación, y así por el estilo.

Al día siguiente nos visitó otra amiga, que admiró los cortinados, se mostró entusiasmada, y expresó el deseo de poder estar en condiciones de adquirir cosas parecidas para su hogar. Mi reacción fue del todo diferente.

—Para decirle la verdad —reconocí—, yo no puedo darme estos lujos. Pagué demasiado. Ahora lamento haber encargado esos cortinados.

Cuando nos equivocamos, a veces lo admitimos para nuestros adentros. Y si se nos sabe llevar, con suavidad y con tacto, quizá lo admitamos ante los demás y acaso lleguemos a enorgullecernos de nuestra franqueza y ecuanimidad en tal caso.

Pero no ocurre así cuando otra persona trata de meternos a golpes en la garganta el hecho poco sabroso de que no tenemos razón.

* Adaptado de Carl Rogers, «*On Becoming a Person*», Boston, Houghton Mifflin Co., 1961, págs. 18 y sigs.

Horace Greeley, el más famoso periodista de los Estados Unidos durante la Guerra Civil, estaba en violento desacuerdo con la política de Lincoln. Creía que podía obligar a Lincoln a convenir con él mediante una campaña de argumentación, burlas e insultos. Libró esta acerba campaña mes tras mes, año tras año. Hasta la noche en que Booth hirió a Lincoln, escribió un ataque personal de tono brutal, amargo, sarcástico, contra el presidente.

Pero, ¿consiguió Greeley, con esta acerbidad, que Lincoln estuviera de acuerdo con él? Jamás. La burla y el insulto no sirven para esto.

Si quieres tú conocer algunas indicaciones excelentes acerca de la manera de tratar con las personas, de dominarte y mejorar tu personalidad, lea la autobiografía de Benjamin Franklin, una de las obras más fascinadoras que se han escrito, clásica en la literatura norteamericana.

En esta historia de su vida, Franklin narra cómo triunfó sobre el hábito inicuo de discutir, y se transformó en uno de los hombres más capaces, suaves y diplomáticos que figuran en la historia nacional.

Un día, cuando Franklin era un jovenzuelo arrebatado, un viejo cuáquero, amigo suyo, lo llevó a un lado y le descargó unas cuantas verdades, algo así como esto:

—Ben, eres imposible. Tus opiniones son como una cachetada para quien difiera contigo. Tan es así, que ya a nadie interesan tus opiniones. Tus amigos van descubriendo que lo pasan mejor cuando no estás con ellos. Sabes tanto, que nadie te puede decir nada. Por cierto que nadie va a intentarlo siquiera, porque ese esfuerzo sólo le produciría incomodidades y trabajos. Por tal razón, es probable que jamás llegues a saber más de lo que sabes ahora, que es muy poco.

Uno de los rasgos mas hermosos que ha tenido Franklin, a mi juicio, es la forma en que aceptó esta dolorosa lección. Tenía ya edad suficiente, y suficiente cordura, para comprender que era exacta, que si seguía como hasta entonces sólo podría llegar al fracaso y a la catástrofe social. Dio, pues, una media vuelta. Comenzó inmediatamente a modificar su actitud insolente, llena de prejuicios.

«Adopté la regla» refiere Franklin en su biografía «de eludir toda contradicción directa de los sentimientos de los demás, y toda afirmación positiva de los míos. Hasta me prohibí el empleo de aquellas palabras o expresiones que significan una opinión fija, como "por cierto", "indudablemente", etc., y adopté, en lugar de ellas, "creo", "entiendo", o "imagino" que una cosa es así; o "así me parece por el momento". Cuando otra persona aseguraba algo que a mi juicio era un error, yo me negaba el placer de contradecirla abiertamente y de demostrar en seguida algún absurdo en sus palabras: y al responder comenzaba observando que en ciertos casos o circunstancias su opinión sería acertada, pero que, en el caso presente me parecía que habría cierta diferencia , etc. Pronto advertí las ventajas de este cambio de actitud. Las conversaciones que entablaba procedían más agradablemente; la forma modesta en que exponía mis opiniones les procuraba una recepción más pronta y menos contradicción; me veía menos mortificado cuando notaba que estaba en error, y conseguía más fácilmente que los otros admitieran sus errores y se sumaran a mi opinión cuando era la justa.

»Y esta manera de actuar, que al principio empleé con cierta violencia en cuanto a las inclinaciones naturales, se hizo con el tiempo tan fácil, y fue tan habitual, que acaso en los últimos cincuenta años nadie ha escuchado de mis labios una expresión dogmática. Y a esta costumbre (después de mi carácter de integridad) considero deber principalmente el hecho de que tuve tanto peso ante mis conciudadanos cuando propuse nuevas instituciones, o alteraciones en las antiguas, y tanta influencia en los consejos públicos cuando fui miembro de ellos; porque yo era un mal orador, jamás elocuente, sujeto a mucha vacilación en mi elección de las palabras, incorrecto en el idioma, y sin embargo generalmente hice valer mis opiniones.»

¿Qué resultado dan en los negocios los métodos de Benjamín Franklin? Veamos dos ejemplos.

Katherine A. Allred, de Kings Mountain, Carolina del Norte, es supervisora de ingeniería industrial en una fábrica textil. Le contó a una de nuestras clases cómo manejó un problema delicado antes y después de seguir nuestro curso:

«Parte de mi responsabilidad» dijo, «es crear y mantener sistemas y normas de incentivación para nuestros operarios, de modo que puedan hacer más dinero produciendo más hilados. El sistema que habíamos estado usando funcionaba muy bien cuando sólo teníamos dos o tres tipos diferentes de hilado, pero recientemente ampliamos nuestro inventario e instalaciones de modo de permitirnos producir más de doce variedades diferentes. El sistema actual ya no es adecuado para pagar con justicia a los operarios por el trabajo que realizan dándoles un incentivo para aumentar la producción. Yo había ideado un sistema nuevo que nos permitiría pagarle al operario por la clase de hilado que estuviera produciendo en cada momento. Con mi nuevo sistema en la mano, entré a una reunión de directorio decidida a probar que mi idea era la más adecuada. Les expliqué en detalle en qué se habían equivocado y les mostré lo injustos que habían sido, y les dije que yo tenía todas las respuestas que necesitaban. Para decirlo suavemente, fracasé miserablemente. Me había afanado tanto en defender mi nuevo sistema, que no les había dado oportunidad de admitir decorosamente que el viejo sistema ya no les servía. La cuestión quedó congelada.

»Después de varias clases en este curso, comprendí muy bien dónde había estado mi error. Pedí otra reunión, y esta vez les pregunté dónde creían que tenían problemas. Discutimos cada punto, y les pedí sus opiniones sobre los mejores modos de proceder. Con unas pocas sugerencias lanzadas aquí y allá, dejé que ellos mismos presentaran mi sistema. Al final de la reunión, cuando lo expuse lo aceptaron con entusiasmo.

»Ahora estoy convencida de que no puede lograrse nada bueno, y sí puede hacerse mucho daño, si uno le dice directamente a una persona que está equivocada. Sólo se consigue despojar a esa persona de su autodignidad, y uno queda como un entrometido.»

Tomemos otro ejemplo, y recordemos que estos casos son típicos de las experiencias de miles de personas.

R. V. Crowley es vendedor en una gran empresa maderera de Nueva York. Crowley admite que durante años estuvo diciendo que se equivocaban a muchos experimentados inspectores de maderas. Y había ganado las discusiones. Pero sin ningún beneficio. «Porque estos inspectores» dijo el Sr. Crowley «son como árbitros de fútbol. Una vez que llegan a una decisión no la cambian más.»

El Sr. Crowley comprobó que su empresa perdía mucho dinero gracias a las discusiones que él ganaba. De modo que, mientras seguía uno de mis cursos, resolvió cambiar de táctica y renunciar a las discusiones. ¿Con qué resultados? Veamos el relato que hizo ante sus compañeros de clase.

«Una mañana sonó el teléfono de mi oficina. Un hombre acalorado e iracundo procedió a informarme de que un camión de madera que habíamos enviado a su fábrica era completamente insatisfactorio. Su firma había dejado de descargarlo y solicitaba que dispusiéramos inmediatamente lo necesario para retirar la mercadería de su corralón.

»Después de descargada aproximadamente la cuarta parte del envío, el inspector de la empresa informaba que la madera estaba un 55 por ciento por debajo de la calidad normal. En esas circunstancias, la casa se negaba a acepar el cargamento.

»Salí inmediatamente para la fábrica, y en el camino pensé en la mejor manera de resolver la situación. En esas circunstancias, yo habría recordado, ordinariamente, las reglas sobre calidad de la madera, y procurado, como resultado de mi experiencia y mis conocimientos como inspector de maderas, convencer al otro inspector de que la madera era de la calidad requerida, y que él interpretaba erróneamente las reglas de inspección. Pero, en cambio, me decidí a aplicar los principios aprendidos en estos cursos.

»Cuando llegué a la fábrica encontré al comprador y al inspector de muy mal talante, dispuestos a discutir y pelear. Llegamos hasta el camión y les pedí que continuaran descargando para poder ver cómo se presentaban las cosas. Pedí al inspector que siguiera en su tarea y dejara a un lado los rechazos, como había venido haciendo, y pusiera las maderas buenas en otra pila.

»Después de contemplarlo por un rato comencé a advertir que su inspección era estricta en exceso y que no interpretaba bien las reglas. La madera en cuestión era pino blanco, y yo sabía que el inspector era muy entendido en maderas duras, pero no tenía competencia ni experiencia en cuanto al pino blanco. En cambio, el pino blanco es mi fuerte.

Sin embargo, no formulé objeción alguna por la forma en que aquel hombre clasificaba la madera. Seguí mirando, y por fin empecé a preguntar por qué ciertas piezas eran rechazadas. Ni por un instante insinué que el inspector se equivocaba. Destaqué que la única razón de mis preguntas era el deseo de poder dar a la empresa exactamente lo que necesitaba, en los envíos futuros.

»Con estas preguntas, hechas siempre en forma amistosa y de cooperación, y con mi insistencia en que tenían razón al rechazar tablones que no les satisfacían, conseguí que las relaciones entre nosotros dejaran de ser tensas. Alguna frase cuidadosamente formulada por mi parte dio origen, en el ánimo del inspector, a la idea de que tal vez algunas de las piezas rechazadas estaban en realidad dentro de la calidad que habría querido comprar, y que las necesidades de la casa requerían una calidad más costosa. Tuve buen cuidado, no obstante, de no hacerle pensar que yo defendía un punto de vista opuesto al suyo.

»Gradualmente cambió toda su actitud. Por fin admitió que no tenía experiencia en la clasificación de pino blanco y comenzó a hacerme preguntas acerca de cada una de las piezas que se descargaban. Yo explicaba entonces por qué tal o cual pieza entraba dentro de la calidad especificada en el pedido, pero insistiendo siempre en que no quería que la casa la aceptara si no respondía a sus necesidades. Por fin el inspector llegó al punto de sentirse culpable cada vez que colocaba un tablón en la pila de los rechazos. Y por último comprendió que el error había sido de su empresa, por no especificar en el pedido una calidad tan buena como la que necesitaban.

»El resultado final fue que volvió a revisar todo el cargamento después de marcharme yo, que aceptó toda la madera y que recibimos un cheque por el pago total.

»En este caso solo un poco de tacto y la decisión de abstenerse de decir a la otra persona que se equivoca, resultó para mi compañía una economía de una buena cantidad de dinero contante y sonante, y sería difícil fijar el valor monetario de la buena voluntad que se salvó por ese medio.

Una vez le preguntaron a Martin Luther King cómo podía admirar, siendo un pacifista, al General de la Fuerza Aérea Daniel «Chappie» James, que en aquel entonces era el militar negro de más rango en el país. El Dr. King respondió:

«Juzgo a la gente por sus principios, no por los míos.»

De modo similar, el General Robert E. Lee le habló una vez al presidente de la Confederación, Jefferson Davis, en los términos más elogiosos, sobre cierto oficial bajo su mando. Otro oficial que estaba presente quedó atónito.

—General —le dijo—, ¿no sabe que el hombre del que habla con tanta admiración es uno de sus peores enemigos, que no pierde ocasión de denigrarlo?

—Sí —respondió el General Lee—. Pero el presidente me pidió mi opinión de él, no la opinión que él tiene de mí.

Pero yo no revelo nada nuevo en este capítulo. Hace diecinueve siglos, Jesucristo dijo: «Ponte rápidamente de acuerdo con tu adversario».

Y 2.200 años antes del nacimiento de Jesucristo, el Rey Akhtoi de Egipto dio a un hijo ciertos consejos muy sagaces, consejos que nos son muy necesarios hoy. «Sé diplomático» le dijo el rey, «te ayudará a obtener tus deseos.»

En otras palabras: no hay que discutir con el cliente o con el cónyuge o con el adversario. No le diga que se equivoca, no lo haga enojar; utilice un poco de tacto, de diplomacia.

* **Regla 2 – *Demuestra respeto por las opiniones ajenas. Jamás di a una persona que está equivocada.***

12

Si te equivocas, admítelo

Aun minuto de marcha de mi casa había un amplio terreno con bosques vírgenes, donde las plantas salvajes florecían en la primavera, donde las ardillas hacían sus hogares y criaban a sus hijos, y donde los matorrales crecían hasta tapar a un hombre. Este bosque se llamaba Forest Park, y era un bosque que probablemente no difiriera mucho en aspecto de lo que era cuando Colón descubrió América. Con frecuencia iba a pasear por este bosque con Rex, mi pequeño bullterrier de Boston. Era un perrito amigable, nada dañino, y como rara vez encontrábamos a alguien en el parque, lo llevaba sin collar y sin bozal.

Un día encontramos a un policía montado, un hombre deseoso de mostrar su autoridad.

—¿Qué es eso de dejar al perro suelto en el parque, sin bozal? —me reprendió—. ¿No sabe que es ilegal?

—Sí, lo sé —respondí suavemente—, pero no creí que podría hacer daño aquí.

—¡No creyó! ¡No creyó! La ley no se interesa un pepino por lo que usted cree. Ese perro puede matar a una ardilla o morder a un niño. Por esta vez no le diré nada; pero si vuelvo a encontrar a ese perro sin bozal y sin su collar y correa, lo llevaré ante el juez.

Prometí obedecer.

Y obedecí, unas pocas veces. Pero Rex estaba incómodo con el bozal; y a mí me dolía ponérselo, de modo que decidí no colocárselo más. Todo marchó bien por un tiempo, pero de pronto tuvimos un tropiezo. Rex y yo corríamos por un sendero, cierta tarde, cuando repentinamente vi la majestad de la ley, montada en un caballo alazán. Rex corría adelante, directamente hacia el policía.

Yo sabía ya que estaba perdido. No esperé que el policía empezara a hablar. Le gané. Le dije:

—Agente, me ha sorprendido con las manos en la masa. Soy culpable. No tengo excusas ni disculpas. La semana pasada me advirtió usted que si volvía a traer al perro sin bozal me iba a aplicar una multa.

—Sí, es cierto —respondió el agente con tono muy suave—. Pero yo sé que es una tentación dejar que el pobre perrito corra un poco por aquí, cuando no hay nadie cerca.

—Claro que es una tentación, pero es contrario a la ley.

—Bueno, un perrito tan chico no va a hacer daño a nadie —recordó el agente.

—No, pero puede matar a alguna ardilla —insistí.

—Vamos, creo que usted está extremando las cosas. Escúcheme. Déjelo correr más allá de esa colina, donde yo no pueda verlo... y aquí no pasó nada.

Aquel agente de policía, por ser humano, quería sentirse importante; cuando yo empecé a condenar mi proceder, la única forma en que él podía satisfacer su deseo de importancia era la de asumir una actitud magnánima.

Pero supongamos que yo hubiera tratado de defenderme.

¿Ha discutido usted alguna vez con la policía? En lugar de lanzarme a la batalla contra él, admití desde el principio que la razón estaba de su parte, que yo no la tenía; lo admití rápidamente, abiertamente, y con entusiasmo. Y la cuestión terminó agradablemente: él pasó a ocupar mi parte y yo pasé a ocupar la suya. Si sabemos que de todas maneras se va a demostrar nuestro error, ¿no es mucho mejor ganar la delantera y reconocerlo por nuestra cuenta?

¿No es mucho más fácil escuchar la crítica de nuestros labios que la censura de labios ajenos?

Di tú de ti mismo todas las cosas derogatorias que sabes está pensando la otra persona, o quiere decir, o se propone decir, y dilas antes de que él haya tenido una oportunidad de formularlas, y le quitará la razón de hablar. Lo probable — una probabilidad de ciento a uno — es que su contendor asuma entonces una actitud generosa, de perdón, y trate de restar importancia al error por usted cometido, exactamente como ocurrió en el episodio del policía montado.

Ferdinand E. Warren, artista comercial, utilizó esta técnica para obtener la buena voluntad de un comprador petulante, irritable.

El Sr. Warren nos narró su experiencia en estos términos:

«Es de suma importancia, al hacer dibujos para fines de publicidad y para los periódicos, ser muy preciso y muy exacto.

»Algunos compradores exigen que sus pedidos sean ejecutados inmediatamente, y en esos casos suelen ocurrir algunos ligeros errores.

»Yo conocí particularmente a uno que se complacía en encontrar hasta los menores defectos. A menudo he salido de su despacho irritado, no por sus críticas sino por sus métodos de ataque. Hace poco entregué un trabajo apresurado a este comprador y poco después me dijo por teléfono que fuera inmediatamente a su oficina. Cuando llegué encontré lo que esperaba y temía. Estaba lleno de hostilidad, encantado de tener una oportunidad de criticarme. Preguntó, acaloradamente, por qué yo había hecho esto y aquello. Vi una oportunidad para aplicar la autocrítica, según lo recomendado en este curso. Así, pues, le contesté:

—Señor Fulano, si lo que dice usted es cierto, la culpa es mía y no hay excusas por este error. Después de hacer dibujos para usted durante tanto tiempo, ya debía saber estas cosas. Estoy avergonzado por lo que ocurre.

»El comprador empezó a defenderme inmediatamente.

—Sí, es cierto —afirmó—, pero al fin y al cabo no es un error muy grave. Es solamente...

—Cualquier error —le interrumpí— puede resultar costoso, y todos son irritantes.

»Quiso hablar, pero no lo dejé. Yo estaba a mis anchas. Por primera vez en la vida me criticaba a mí mismo, y estaba encantado.

—Debí tener más cuidado —proseguí—. Usted me encarga mucho trabajo y merece que se le entregue lo mejor. Así, pues, voy a hacer este dibujo de nuevo.

—¡No, no! —protestó—. Ni piense en tomarse toda esa molestia.

»Elogió después mi trabajo, me aseguró que sólo hacía falta una leve modificación, y que mi ligero error no había costado dinero a su firma; que, al fin y al cabo, era una cuestión de detalle, que no valía la pena preocuparse.

»Mi prontitud en criticarme le había quitado el ansia de pelear. Terminó por invitarme a almorzar, y antes de separarnos me pagó mi trabajo y me encargó otro.»

Hay un cierto grado de satisfacción en tener el valor de admitir los errores propios. No sólo limpia el aire de culpa y actitud defensiva, sino que a menudo ayuda a resolver el problema creado por el error.

Bruce Harvey, de Albuquerque, Nueva México, había autorizado incorrectamente el pago del salario completo a un empleado que tenía licencia por enfermedad. Cuando descubrió su error, llamó al empleado, le explicó la situación y le dijo que para corregir el error tendría que descontar de su siguiente pago el monto completo del exceso pagado antes. El empleado dijo que eso le causaría un grave problema financiero, y pidió que los descuentos se hicieran a lo largo de determinado espacio de tiempo. Harvey le explicó que para hacer esto último necesitaba la aprobación de su supervisor.

«Y yo sabía que esto» nos dijo Harvey, «provocaría una explosión por parte de mi jefe. Mientras trataba de decidir cómo manejar esta situación, comprendí que todo el problema había salido de un error mío, y tendría que admitirlo así.

»Entré en la oficina de mi jefe, le dije que había cometido un error, y después le hice un informe completo de los hechos. Replicó de modo explosivo que era culpa del departamento de personal. Repetí que la culpa era mía. Volvió a explotar contra el descuido del departamento contable. Una vez más le expliqué que la culpa era toda mía. Culpó a otras dos personas de la oficina. Pero cada vez yo repetía que era culpa mía. Al fin me miró y me dijo: "De acuerdo, es culpa suya. Arréglelo como mejor le parezca". El error fue corregido y no hubo problemas para nadie. Me sentí muy satisfecho porque pude manejar una situación tensa y tuve el valor de no buscar excusas. Desde entonces mi jefe me respetó más.»

Cualquier tonto puede tratar de defender sus errores — y casi todos los tontos lo hacen — pero está por encima de los demás, y asume un sentimiento de nobleza y exaltación quien admite los propios errores. Por ejemplo, una de las cosas más bellas que registra la historia de Robert E. Lee es la forma en que se echó toda la culpa por el fracaso de la carga de Pickett en Gettysburg.

La carga de Pickett fue sin duda el ataque más brillante y pintoresco que jamás ha ocurrido en el mundo occidental. El mismo general George E. Pickett era pintoresco. Usaba tan largos los cabellos que sus rizos castaños le tocaban casi los hombros; y, como Napoleón en sus campañas de Italia, escribía ardientes cartas de amor día por día en el campo de batalla. Sus soldados, adictos a él, lo saludaron con vítores aquella trágica tarde de julio en que emprendió la marcha hacia las líneas de la Unión, la gorra requintada sobre la oreja derecha. Le dieron vítores y lo siguieron, hombro contra hombro, fila tras fila, estandartes al viento y bayonetas resplandecientes al sol. Era un gallardo espectáculo. Osado. Magnífico. Un murmullo de admiración corrió por las líneas de la Unión al avistarlo.

Las tropas de Pickett avanzaron con paso fácil, a través de huertos y maizales, a través de un prado, y sobre una quebrada. Pero entretanto los cañones del enemigo destrozaban sus filas. Y ellos seguían, decididos, irresistibles. De pronto la infantería de la Unión se alzó detrás del muro de piedra en el Cerro del Cementerio, donde se había ocultado, y disparó andanada tras andanada contra las fuerzas indefensas que iban avanzando. La cima del cerro era una llamarada, un matadero, un volcán. En pocos minutos, todos los comandantes de brigada, salvo uno, habían caído, y con ellos estaban en el suelo las cuatro quintas partes de los cinco mil hombres que mandaba Pickett.

El general Lewis A. Armistead, que conducía las tropas en el embate final, corrió adelante, saltó sobre el muro de piedra y, agitando la gorra en la punta de la espada, gritó:

—A ellos, muchachos.

Así lo hicieron. Saltaron sobre el muro, hincaron bayonetas en los cuerpos enemigos, aplastaron cráneos con sus mosquetes, y clavaron las banderas del Sur en el Cerro del Cementerio.

Las banderas flamearon allí por un momento apenas. Pero ese momento, breve como fue, resultó el momento supremo para la Confederación.

La carga de Pickett, brillante, heroica, fue no obstante el comienzo del fin. Lee había fracasado. No podía penetrar en el Norte. Y lo sabía. El Sur estaba perdido.

Tan triste, tan atónito quedó Lee, que envió su renuncia y pidió a Jefferson Davis, presidente de la Confederación, que designara a «un hombre más joven y más capaz». Si hubiera querido culpar a cualquier otro jefe por el desastroso fracaso de la carga de Pickett, habría encontrado muchas excusas. Algunos de sus comandantes divisionarios fallaron. La caballería no llegó a tiempo para apoyar el ataque de la infantería. Esto resultó mal y aquello también.

Pero Lee era demasiado noble para culpar a los demás. Cuando los soldados de Pickett, vencidos, ensangrentados, volvieron trabajosamente a las líneas confederadas, Robert E. Lee salió a su encuentro, a solas, y los recibió con una autocrítica que era poco menos que sublime.

—Todo esto —confesó— ha sido por culpa mía. Yo, y solamente yo, he perdido esta batalla.

Pocos generales de la historia han tenido el valor y la fuerza de carácter necesarios para admitir tal cosa.

Michael Cheung, instructor de uno de nuestros cursos en Hong Kong, nos contó que la cultura china presenta algunos problemas especiales, y dijo que a veces es necesario reconocer que los beneficios de aplicar un principio pueden superar las ventajas de mantener una antigua tradición. Tenía un alumno, un hombre maduro, que hacía muchos años estaba distanciado de su hijo. El padre había sido adicto al opio, pero ahora estaba curado. En la tradición china, una persona mayor no puede tomar la iniciativa en un caso como aquél. El padre sentía que le correspondía al hijo dar el primer paso hacia la reconciliación. En una de las primeras clases del curso habló de sus nietos que no conocía, y de lo mucho que deseaba reunirse con su hijo. Los alumnos del curso, todos chinos, comprendieron su conflicto entre su deseo y una antigua tradición. El padre sentía que los jóvenes debían mostrar respeto por sus mayores, y que estaba en lo justo al no ceder a su deseo y esperar a que fuera su hijo quien se acercara a él.

Hacia el fin del curso, el padre volvió a dirigirse a la clase:

«He estado pensando en mi problema» dijo. «Dale Carnegie dice: "Si usted se equivoca, admítalo rápida y enfáticamente". Es demasiado tarde para que yo lo admita rápido, pero puedo hacerlo enfáticamente. Me porté mal con mi hijo. Él tuvo razón en no querer verme y en alejarme de su vida. Puedo perder dignidad al pedirle perdón a una persona más joven, pero fue mi culpa, y es mi responsabilidad admitirlo.»

La clase lo aplaudió y le dio todo su apoyo. En la clase siguiente contó que había ido a la casa de su hijo, le había pedido perdón, y ahora había iniciado una nueva relación con su hijo, su nuera y sus nietos a los que al fin había conocido.

Elbert Hubbard fue uno de los autores más originales y que más agitaron a los Estados Unidos, y sus mordaces escritos despertaron a menudo fieros resentimientos. Pero Hubbard, gracias a su rara habilidad para tratar con la gente, convirtió frecuentemente a sus enemigos en amigos.

Por ejemplo, cuando un lector irritado le escribía para decir que no estaba de acuerdo con tal o cual artículo, y terminaba llamando a Hubbard esto y aquello, el escritor solía responder más o menos así:

Ahora que lo pienso bien, yo tampoco estoy muy de acuerdo con ese artículo. No todo lo que escribí ayer me gusta hoy. Me alegro de poder saber lo que opina usted al respecto. Si alguna vez viene por aquí, debe visitarnos, y ya desgranaremos este tema para siempre. A la distancia, con un apretón de manos, soy de usted, muy atentamente.

¿Qué se puede decir a un hombre que nos trata así? Cuando tenemos razón, tratemos pues de atraer, suavemente y con tacto, a los demás a nuestra manera de pensar; y cuando nos equivocamos — muy a menudo, por cierto, a poco que seamos honestos con nosotros mismos — admitamos rápidamente y con entusiasmo el error. Esa téc nica, no solamente producirá resultados asombrosos, sino que, créase o no, nos hará comprender que criticarse es en esas circunstancias mucho más divertido que tratar de defenderse.

Recordemos el viejo proverbio: «Peleando no se consigue jamás lo suficiente, pero cediendo se consigue más de lo que se espera».

- **Regla 3 – *Si estás equivocado, admítelo rápida y enfáticamente.***

Una gota de miel

Si se irrita usted y dice unas cuantas cosas a otra persona, usted descarga sus sentimientos. Pero, ¿y la otra persona? ¿Compartirá acaso ese placer suyo? ¿Le será fácil convenir con usted, al oír sus arranques belicosos, y su actitud hostil?

«Si vienes hacia mí con los puños cerrados» dijo Woodrow Wilson «creo poder prometerte que los míos se aprestarán más rápido que los tuyos; pero si vienes a mí y me dices: "Sentémonos y conversemos y, si estamos en desacuerdo, comprendamos por qué estamos en desacuerdo, y precisamente en qué lo estamos", llegaremos a advertir que al fin y al cabo no nos hallamos tan lejos uno de otro, que los puntos en que diferimos son pocos y los puntos en que convenimos son muchos, y que si tenemos la paciencia y la franqueza y el deseo necesario para ponernos de acuerdo, a ello llegaremos.»

Nadie aprecia más que John D. Rockefeller, hijo, la verdad de esta afirmación de Woodrow Wilson. Allá por 1915, Rockefeller era el hombre más despreciado en Colorado. Durante dos años terribles había sacudido a ese Estado una de las más cruentas huelgas en la historia de la industria norteamericana. Los mineros, furiosos, belicosos, exigían paga más elevada a la Colorado Fuel & Iron Company; y Rockefeller dominaba en esa compañía. Había habido destrucción de propiedades, y se había llamado a las fuerzas del ejército. Había corrido sangre, habían caído huelguistas alcanzados por las balas.

En un momento como ese, ardiente de odio el aire, Rockefeller quería conquistar a su manera de pensar a todos los huelguistas. Y lo consiguió. ¿Cómo? Veamos cómo. Después de varias semanas dedicadas a conquistar amigos entre ellos, Rockefeller dirigió la palabra a los representantes de los huelguistas. Ese discurso, completo, es una obra maestra. Produjo resultados asombrosos. Calmó las tempestuosas olas de odio que amenazaban envolverlo. Le valió una hueste de admiradores. Presentó los hechos en forma tan amistosa, que los huelguistas volvieron a trabajar sin decir una sola palabra más acerca de los aumentos de salarios por los cuales habían luchado tan violentamente.

Estudiemos la iniciación de ese notable discurso. Veamos que resplandece, literalmente, de amistad. Recordemos que Rockefeller hablaba a unos hombres que pocos días antes querían colgarlo de la rama más alta de un árbol; pero su discurso no pudo ser más gentil, más amistoso, si lo hubiera dirigido a un grupo de misioneros. Lleno está el discurso de frases como «estoy orgulloso de encontrarme aquí», «después de visitaros en vuestros hogares», «no nos encontramos aquí como extraños, sino como amigos», «espíritu de mutua amistad», «nuestros intereses comunes», «sólo por vuestra cortesía me encuentro aquí».

«Este es un día de fiesta en mi vida» comenzó Rockefeller. «Es la primera vez que tengo la fortuna de encontrarme con los representantes de los empleados de esta gran compañía, sus funcionarios y superintendentes, todos juntos, y puedo aseguraros que estoy orgulloso de encontrarme aquí, y que mientras viva recordaré esta reunión. Si este mitin se hubiese efectuado hace dos semanas, hubiera estado yo aquí como un extraño para casi todos vosotros, pues sólo habría podido reconocer unas pocas caras. Pero he tenido la oportunidad de visitar durante la última semana todos los campamentos en las minas del sur y de hablar individualmente con casi todos los representantes, salvo los que se habían marchado; después de visitaros en vuestros hogares, y de conocer a muchas de vuestras esposas e hijos, no nos reunimos aquí como extraños, sino como amigos, y en ese espíritu de mutua amistad me complace tener esta oportunidad de discutir con vosotros acerca de nuestros intereses comunes.

»Como se trata de una reunión de funcionarios de la compañía y representantes de los empleados, sólo por vuestra cortesía me encuentro aquí, porque no tengo la fortuna de ser un funcionario ni un empleado; y sin embargo entiendo estar íntimamente asociado con vosotros porque, en cierto sentido, yo represento a la vez a los accionistas y a los directores.»

¿No es éste un ejemplo espléndido del arte de convertir a los enemigos en amigos?

Imaginemos que Rockefeller hubiese tomado otro camino. Imaginemos que hubiese discutido con los mineros, y les hubiese dicho cosas desagradables. Imaginemos que, por sus tonos e insinuaciones, les hubiese imputado que se equivocaban. Imaginemos que, con todas las reglas de la lógica, les hubiese demostrado cada uno de sus errores. ¿Qué habría ocurrido? Habría despertado más ira, más odio, más rebelión.

Si el corazón de un hombre está lleno de discordia y malos sentimientos contra usted, no puede usted atraerlo a su manera de pensar ni con toda la lógica de la Creación. Los padres regañones, los patrones mandones y los maridos o esposas rezongones deben comprender que a nadie le gusta cambiar de idea. A nadie es posible obligar por la fuerza a que convenga con usted o conmigo. Pero es posible conducir a la otra persona a ello, si somos suaves y amables.

Ya lo dijo Lincoln hace cerca de cien años. Estas son sus palabras:

«Una vieja y exacta máxima dice que "una gota de miel caza más moscas que un galón de hiel". También ocurre con los hombres que si usted quiere ganar a alguien a su causa, debe convencerlo primero de que es usted un amigo sincero. Ahí está la gota de miel que caza su corazón; el cual, dígase lo que se quiera, es el camino real hacia su razón.»

Las personas de negocios van aprendiendo que rinde beneficios el ser amables con los huelguistas. Por ejemplo, cuando dos mil quinientos empleados de la fábrica de la White Motor Company se declararon en huelga, pidiendo aumento de salarios y reconocimiento del sindicato, Robert F. Black, presidente de la empresa, no formuló acres censuras, ni amenazas, ni habló de tiranía y de comunismo. Elogió a los huelguistas. Publicó en los diarios de Cleveland un anuncio en que los felicitaba por la «forma pacífica en que han abandonado sus herramientas». Al ver que los huelguistas que cuidaban que no trabajaran los rompehuelgas estaban ociosos, les compró un par de docenas de palos de béisbol, y los guantes correspondientes, y los invitó a jugar en terrenos baldíos. Para quienes preferían jugar a los bolos, alquiló un local adecuado.

Esta muestra de amistad por parte del Sr. Black logró lo que siempre logra la amistad: engendró más amistad. Entonces los huelguistas consiguieron escobas, palas y carros, y comenzaron a recoger los fósforos, papeles y colillas de cigarros en torno a la fábrica. Imaginemos eso. Imaginemos a unos huelguistas dedicados a limpiar el terreno de la fábrica mientras batallaban por salarios más elevados y por el reconocimiento del sindicato. Jamás se había producido un acontecimiento así en la larga y tempestuosa historia de los conflictos obreros en los Estados Unidos. Esta huelga terminó en menos de una semana con una transacción, y terminó sin rencores ni malos sentimientos.

Daniel Webster, que parecía un dios y hablaba como Jehová, fue uno de los abogados de mayor éxito; pero solía emitir sus argumentos más poderosos con expresiones tan amables como éstas: «Al jurado corresponde considerar», «Quizá valga la pena pensar en esto, caballeros», «Aquí hay algunos hechos que espero no serán perdidos de vista, caballeros», o «Ustedes, señores, con su conocimiento del carácter humano, verán fácilmente el significado de estos hechos». Nada de presión. Ni un intento de forzar las opiniones sobre los demás. Webster utilizaba el método tranquilo, calmo, amistoso, y esto contribuyó a hacerlo famoso.

Tal vez no tenga usted que resolver una huelga o que dirigirse a un jurado jamás, pero acaso quiera obtener una rebaja en el alquiler. ¿Le servirá entonces este método? Veamos.

O. L. Straub, ingeniero, quería que le rebajaran el alquiler. Y sabía que el dueño de casa era un hombre muy enérgico. En una conversación ante nuestra clase relató:

«Escribí al dueño de casa notificándole que iba a dejar el departamento tan pronto como expirara el contrato. La verdad es que no quería mudarme de casa. Quería permanecer en ella, siempre que me redujeran el alquiler. Pero la situación no ofrecía esperanzas. Otros inquilinos lo habían intentado infructuosamente. Pero yo me dije: "Estoy estudiando la manera de tratar con la gente, de modo que puedo probarlo con él, para ver qué resulta".

»El dueño de casa y su secretario vinieron a verme tan pronto como recibieron la carta.

»Los recibí en la puerta con amistosa deferencia. Irradiaba buena voluntad y entusiasmo. No empecé a hablar de lo elevado que era el alquiler. Empecé hablando de lo mucho que me gustaba el departamento. Fui caluroso en mi aprobación y generoso en mis elogios. Lo felicité por la forma en que se atendía a los inquilinos y funcionaba la casa de departamentos, y agregué que me encantaría poder seguir otro año allí, pero no me alcanzaba el presupuesto.

»Es evidente que jamás había tenido aquel hombre una recepción así de un inquilino. No sabía qué pasaba. Entonces empezó a narrarme sus dificultades. Inquilinos quejosos. Uno había escrito catorce cartas, varias de ellas insultantes. Otro amenazaba desconocer el contrato a menos que el propietario prohibiera roncar al hombre que vivía en el piso superior.

—Qué consuelo —dijo— es tener un inquilino como usted.

»Y luego, sin que se lo pidiera yo, ofreció reducirme algo el alquiler. Yo quería una rebaja mayor, de modo que indiqué la cifra que podía pagar sin desequilibrar el presupuesto, y el dueño aceptó sin una protesta.

»Cuando se marchaba, se volvió hacia mí y preguntó: —¿Cómo quiere que le decoremos el departamento?

»Si yo hubiese tratado de obtener una rebaja de alquiler por el método de los otros inquilinos, estoy seguro de que habría tropezado con el mismo fracaso que ellos. El triunfo se debió al método amistoso, de simpatía, de apreciación.»

Dean Woodcock, de Pittsburgh, Pennsylvania, es superintendente de un departamento de la compañía eléctrica local. Se llamaba personal a su cargo para reparar unos equipos en lo alto de un poste. Antes este tipo de trabajo lo había realizado otro departamento, y hacía poco que la responsabilidad había sido transferida a la sección de Woodcock. Aunque sus hombres estaban preparados para hacerlo, era la primera vez que los llamaban para hacer este tipo de reparaciones. Todo el mundo en la compañía estaba interesado en ver cómo se las arreglarían. El señor Woodcock, varios de sus funcionarios subordinados y gente de otros departamentos fueron a ver la operación. Se reunieron muchos autos y camiones, y una cantidad de gente observaba a los dos hombres que habían subido al poste.

Woodcock vio que un hombre en la calle había salido de su auto con una cámara y estaba tomando fotografías de la escena. El personal de la compañía de electricidad es extremadamente sensible a las relaciones públicas, y de pronto Woodcock comprendió cómo debía de estar viendo el espectáculo el hombre de la cámara: exceso de personal ocioso, docenas de personas sin hacer nada, mirando a dos hombres que hacían su trabajo. Cruzó la calle y fue hacia el fotógrafo.

—Veo que está interesado en nuestra operación.

—Sí, pero mi madre estará más interesada. Ella tiene acciones en la compañía. Esto le abrirá los ojos. Incluso puede decidir que su inversión fue imprudente. Desde hace años vengo diciéndole que en compañías como la suya hay mucha gente ociosa. Esto lo prueba. Y es posible que a los diarios también les interesen las fotos.

—Da esa impresión, ¿no es cierto? Yo pensaría lo mismo en su caso. Pero sucede que es una situación muy especial... —y explicó de qué se trataba: que era la primera salida de este tipo para su departamento, y todos estaban interesados en ver los resultados, de los ejecutivos para abajo. Le aseguró que bajo condiciones normales, los dos hombres vendrían a trabajar solos. El fotógrafo bajó la cámara, le dio la mano a Woodcock y le agradeció que se hubiera tomado la molestia de explicarle la situación. La actitud amistosa de Dean Woodcock le ahorró a su compañía una mala publicidad.

Otro miembro de una de nuestras clases, Gerald H. Winn, de Littleron, New Hampshire, nos contó cómo, mediante una actitud amistosa, obtuvo un arreglo muy ventajoso en un caso de reclamo por daños.

«A comienzos de la primavera» contó, «antes de que comenzara el deshielo, hubo una tormenta especialmente fuerte, y el agua, que normalmente se habría escurrido por los desagües, tomó otra dirección al encontrar helados a éstos, y se introdujo en un lote donde yo acababa de construir una casa.

»Al no poder salir, el agua hizo presión contra los cimientos de la casa. Se filtró bajo el piso de concreto del sótano, lo rajó, y el sótano terminó inundado. Esto arruinó la caldera y los calentadores de agua. El costo de las reparaciones superaba los dos mil dólares. Y yo no tenía seguro que cubriera este tipo de daños.

»No obstante, descubrí que el dueño del lote había olvidado hacer un drenaje cerca de la casa, que habría impedido que se produjera el daño. Hice una cita para verlo. Durante el viaje de cuarenta kilómetros hasta su oficina, pensé cuidadosamente en todos los detalles de la situación, y recordé los principios que había aprendido en este curso: decidí entonces que mostrar mi ira no serviría de nada, como no fuera hacerme más difíciles las cosas. Cuando llegué, me mantuve muy tranquilo, y comencé hablando de sus recientes vacaciones al Caribe; después, cuando sentí que había llegado el momento, le mencioné el "pequeño" problema de los daños que había causado el agua. Accedió inmediatamente a pagar su parte en los arreglos.

»Pocos días después me llamó para decirme que no sólo pagaría todo el arreglo, sino que mandaría hacer un drenaje para impedir que volviera a suceder algo parecido en el futuro.

»Aún cuando la culpa era de él, si yo no hubiera empezado de un modo amistoso, habría tenido muchas dificultades para lograr que pagara una parte de los arreglos.»

Hace años, cuando yo era un niño que caminaba descalzo por los bosques hasta una escuela campestre en el noroeste de Missouri, leí una fábula acerca del sol y el viento. Discutieron ambos acerca de cuál era más fuerte, y el viento dijo:

—Te demostraré que soy el más fuerte. ¿Ves aquel anciano envuelto en una capa? Te apuesto a que le haré quitar la capa más rápido que tú.

Se ocultó el sol tras una nube y comenzó a soplar el viento, cada vez con más fuerza, hasta ser casi un ciclón, pero cuanto más soplaba tanto más se envolvía el hombre en la capa. Por fin el viento se calmó y se declaró vencido. Y entonces salió el sol y sonrió benignamente sobre el anciano. No pasó mucho tiempo hasta que el anciano, acalorado por la tibieza del sol, se quitó la capa. El sol demostró entonces al viento que la suavidad y la amistad son más poderosas que la furia y la fuerza.

Los beneficios de la suavidad y la amistad los demuestra cotidianamente la gente que ha aprendido que una gota de miel captura más moscas que un litro de hiel. F. Gale Connor, de Lutherville, Maryland, lo comprobó cuando tuvo que llevar por tercera vez al taller del concesionario a su auto de sólo cuatro meses de vida. Le contó a nuestra clase:

«Ya era evidente que hablar, razonar o gritarle a la gente de la concesionaria no me daría una solución satisfactoria al problema.

»Entré al salón de exposición y pedí ver al dueño de la agencia, el señor White. Tras una corta espera, me hicieron pasar a su oficina. Me presenté, y le dije que había comprado mi auto en su agencia en razón de las recomendaciones de amigos que habían hecho tratos con él. Me habían dicho que los precios eran competitivos, y el servicio excelente. Sonrió con satisfacción al escucharme. Después le expliqué el problema que tenía con el departamento de servicio. "Pensé que le interesaría enterarse de una situación que podría empañar su buena reputación", le dije. Me agradeció que se lo hubiera hecho notar, y me aseguró que no tendría más problemas. No sólo se ocupó personalmente de mi caso, sino que además me prestó un auto suyo para que usara mientras reparaban el mío.»

Esopo era un esclavo griego que vivió en la corte de Creso y que ideó fábulas inmortales seiscientos años antes de Jesucristo. Pero las verdades que enseñó acerca de la naturaleza humana son tan exactas en Boston o en Birmingham ahora como lo fueron veinticinco siglos atrás en Atenas. El sol puede hacernos quitar la capa más rápidamente que el viento; y la bondad, la amabilidad y la apreciación para con el prójimo puede hacerle cambiar de idea más velozmente que todos los regaños y amenazas del mundo.

Recordemos lo que dijo Lincoln: «Una gota de miel caza más moscas que un galón de hiel».

- **Regla 4 – *Empieza en forma amigable.***

El secreto de Sócrates

Cuando hables con alguien, no empiezas discutiendo las cosas en que hay divergencia entre los dos. Empieza destacando — y siga destacando — las cosas en que están de acuerdo. Sigue acentuando — si es posible — que los dos tienden al mismo fin y que la única diferencia es de método y no de propósito. Haz que la otra persona diga «Sí, sí», desde el principio. Evita, si es posible, que diga «No».

«Un "No" como respuesta» dice el profesor Overstreet* «es un obstáculo sumamente difícil de vender. Cuando una persona ha dicho "No", todo el orgullo que hay en su personalidad exige que sea consecuente consigo mismo. Tal vez comprenda más tarde que ese "No" fue un error; pero de todos modos tiene que tener en cuenta su precioso orgullo. Una vez dicha una cosa, tiene que atenerse a ella. Por lo tanto, es de primordial importancia que lancemos a una persona en la dirección afirmativa.

»El orador hábil obtiene «desde el principio una serie de Síes», como respuesta. Con ello ha puesto en movimiento en la dirección afirmativa, los procesos psicológicos de quienes lo escuchan. Es como el movimiento de una bola de billar. Impúlsesela en una dirección, y se necesita cierta fuerza para desviarla; mucha más para enviarla de vuelta en la dirección opuesta.

»Son muy claros aquí los patrones psicológicos. Cuando una persona dice «No» y en realidad quiere decir "Sí", ha hecho mucho más que pronunciar una palabra de dos letras. Todo su organismo — glandular, nervioso, muscular — se aúna en un estado de rechazo. Suele haber, en un grado diminuto pero a veces perceptible, una especie de retirada física, o de prontitud para la retirada. Todo el sistema neuromuscular, en suma, se pone en guardia contra la aceptación. »Por lo contrario, cuando una persona dice "Sí", no se registra ninguna de estas actividades de retirada. El organismo está en una actitud de movimiento positivo, aceptable, abierta. Por ende, cuantos más "Sí" podamos incluir desde un comienzo, tanto más probable es que logremos captar la atención del interlocutor para nuestra proposición final.

»Es una técnica muy sencilla esta respuesta afirmativa. ¡Y cuán descuidada! A menudo parece que la gente lograra un sentimiento de importancia mediante el antagonismo inicial en una conversación.

»Si hacemos que un estudiante, o un cliente, o un hijo, o un esposo, o una esposa, diga "No" en un comienzo, necesitaremos la sabiduría y la paciencia de los ángeles para transformar esa erizada negativa en una afirmativa.»

* Harry A. Overstreet, Influencing Human Behavior

El empleo de esta técnica del "sí, sí" permitió a James Eberson, cajero del Greenwich Savings Bank, de Nueva York, obtener un nuevo cliente que, en el caso contrario, se habría perdido.

«Este hombre» relató Eberson «entró a abrir una cuenta, y yo le di la solicitud acostumbrada para que la llenara. Respondió de buen grado a algunas de las preguntas, pero se opuso rotundamente a responder a otras.

»Antes de empezar mi estudio de las relaciones humanas, yo habría dicho a este futuro cliente que si se negaba a dar la información al banco tendríamos que negarnos a aceptar su cuenta. Me avergüenza confesar que en el pasado hice muchas veces tal cosa. Naturalmente, un ultimátum como ese me daba la impresión de mi importancia. Demostraba que yo era el que mandaba y que no se podían desobedecer las reglas del banco. Pero esa actitud no causaba por cierto una sensación de bienvenida y de importancia al hombre que entraba a confiarnos sus depósitos.

»Esa mañana resolví emplear el sentido común. Decidí no hablar de lo que quería el banco sino de lo que quería el cliente. Y, sobre todo, resolví lograr que me dijera "sí, sí" desde un principio. Convine con él, pues. Le dije que la información que se negaba a dar no era absolutamente necesaria.

—Pero —agregué— supóngase que al morir tiene usted dinero en este banco. ¿No le gustaría que lo transfiriéramos a su pariente más cercano, que tiene derecho a ese dinero según la ley?

—Sí, es claro.

—¿No le parece, pues, que sería una buena idea darnos el nombre de su pariente más cercano para que, en el caso de morir usted, podamos cumplir sus deseos sin errores ni retrasos?

—Sí —dijo otra vez el hombre.

»Se suavizó y cambió la actitud del cliente cuando comprendió que no pedíamos la información para beneficio del banco sino para el suyo. Antes de retirarse, este joven no solamente me dio una información completa sino que, por indicación mía, abrió una cuenta auxiliar por la cual designaba a su madre como beneficiaria de sus depósitos en caso de muerte, y respondió con presteza a todas las preguntas relativas a su madre.

»Comprobé que al hacerle decir "sí, sí" desde un comienzo, le había hecho olvidar la cuestión principal y responder complacido todas las cosas que yo quería.»

«Había en mi territorio un hombre a quien nuestra compañía deseaba vender motores» nos contaba otra vez el señor Joseph Allison, vendedor de la Westinghouse. «Mi predecesor lo había visitado durante diez años sin conseguir nada. Cuando yo me hice cargo del territorio seguí insistiendo durante tres años sin lograr nada. Por fin, al cabo de trece años de visitas y esfuerzos, conseguimos venderle unos pocos motores. Yo tenía la seguridad de que si esos motores daban buen resultado nos compraría varios centenares. Estas eran mis esperanzas.

»Yo sabía que los motores darían resultado, de modo que cuando lo visité, tres semanas más tarde, iba encantado de la vida.

»Pero no me duró mucho el entusiasmo, porque el jefe de mecánicos de la fábrica me recibió con este sorprendente anuncio:

—Allison, no puedo comprarle más motores.

—¿Por qué? —inquirí atónito.

—Porque esos motores recalientan mucho. No se los puede ni tocar.

»Yo sabía que de nada serviría discutir. Muchas veces lo había intentado infructuosamente. Pensé, pues, en obtener por respuesta "sí, sí".

—Bien —dije—. Escuche, Sr. Smith, estoy en un todo de acuerdo con usted. Si esos motores recalientan demasiado, no debe comprarnos más. Debe tener motores que no se recalientan más de lo establecido por los reglamentos de la Asociación Nacional de Fabricantes Eléctricos. ¿No es así?

»Advirtió que era así. Ya había obtenido mi primer "sí".

—La Asociación de Fabricantes Eléctricos dice en sus estipulaciones que un motor debidamente construido puede tener una temperatura de 72 grados Fahrenheit sobre la temperatura ambiente. ¿Es así?

—Sí —convino—. Es así. Pero sus motores recalientan mucho más.

»No discutí con él. Sólo le pregunté:

—¿Qué temperatura hay en la sala de los motores?

—Ah —dijo—, unos 75 grados Fahrenheit.

—Bien. Si la sala está a 75 grados, y usted le agrega 72, se llega a un total de 147 grados Fahrenheit. ¿No se quemaría la mano si la pusiera usted bajo un chorro de agua caliente, a una temperatura de 147 grados Fahrenheit?

»Otra vez se vio obligado a responder afirmativa mente.

—¿No sería una buena idea, pues, no poner la mano en esos motores?

—Sí —me respondió—. Creo que usted tiene razón.

»Continuamos un rato la conversación, y por fin mi interlocutor llamó a su secretario y concluyó conmigo un nuevo negocio para el mes siguiente.

»Necesité años de tiempo y mucho dinero en negocios perdidos antes de aprender que discutir no da beneficios, que es mucho más provechoso e interesante mirar las cosas desde el punto de vista del interlocutor, y hacerle decir "sí, sí" desde un principio.»

Eddie Snow, patrocinador de nuestros cursos en Oakland, California, cuenta cómo se volvió buen cliente de un negocio sólo porque el propietario logró hacerle decir, "sí, sí". Eddie se había interesado en la caza con arco y flecha, y había gastado bastante dinero en la compra de equipo en un negocio de artículos deportivos. En una ocasión en que su hermano fue a visitarlo, quiso llevarlo de caza con él, trató de alquilar un arco en este mismo negocio. El empleado que atendió a su llamado telefónico le respondió, sin más, que no alquilaban arcos. De modo que Eddie llamó a otro negocio.

He aquí su relato de lo que pasó:

«Me respondió un caballero muy agradable. Su res puesta a mi pedido de alquiler fue totalmente diferente a la que había recibido en el otro negocio. Me dijo que lamentablemente ya no alquilaban más arcos, porque no les resultaba rentable. Después me preguntó si yo había alquilado alguna vez un arco., Le dije que sí, que lo había hecho años atrás. Me recordó que probablemente yo habría pagado entre 25 y 30 dólares por el alquiler. Volví a decir que sí. Entonces me preguntó si yo era de la clase de personas a las que les agrada ahorrar dinero. Naturalmente, respondí que sí. Me explicó que tenían equipos de arcos con todos los extras, en venta por 34,95 dólares. Yo podía comprarme un equipo por sólo 4,95 más que lo que me costaría alquilarlo. Me explicó que ése era el motivo por el que habían dejado de alquilar. ¿No me parecía razonable? Mi respuesta, que volvió a ser afirmativa, llevó a mi adquisición de un equipo, y cuando fui al local a retirarlo le compré varios elementos más, y desde entonces he seguido siendo cliente suyo.»

Sócrates, «el tábano de Atenas», fue uno de los más grandes filósofos que haya habido. Hizo algo que sólo un puñado de hombres han podido lograr en toda la historia: cambió radicalmente todo el curso del pensamiento humano, y ahora, veinticuatro siglos después de su muerte, se lo honra como a uno de los hombres más hábiles para persuadir a los demás.

¿Sus métodos? ¿Decía a los demás que se equivocaban? Oh, no. Era demasiado sagaz para eso. Toda su técnica, llamada ahora «método socrático», se basaba en obtener una respuesta de «sí, sí». Hacía preguntas con las cuales tenía que convenir su interlocutor. Seguía ganando una afirmación tras otra, hasta que tenía una cantidad de «síes» a su favor. Seguía preguntando, hasta que por fin, casi sin darse cuenta, su adversario se veía llegando a una conclusión que pocos minutos antes habría rechazado enérgicamente.

La próxima vez que deseamos decir a alguien que se equivoca, recordemos al viejo Sócrates y hagamos una pregunta amable, una pregunta que produzca la respuesta: «Sí, sí».

Los chinos tienen un proverbio lleno de la vieja sabiduría oriental: «Quien pisa con suavidad va lejos». Estos chinos, tan cultos, han pasado cinco mil años estudiando la naturaleza humana, y han empleado en ello mucha perspicacia: «Quien pisa con suavidad va lejos».

- **Regla 5 – *Consigue que la otra persona diga «sí, sí» inmediatamente.***

La válvula de seguridad para atender quejas

Casi todos nosotros, cuando tratamos de atraer a los demás a nuestro modo de pensar, hablamos demasiado. Los vendedores, especialmente, son adictos a este costoso error. Dejemos que hable la otra persona. Ella sabe más que nosotros acerca de sus negocios y sus problemas. Hagámosle preguntas. Permitámosle que nos explique unas cuantas cosas.

Si estamos en desacuerdo con ella, podemos vernos tentados a interrumpirla. Pero no lo hagamos. Es peligroso. No nos prestará atención mientras tenga todavía una cantidad de ideas propias que reclaman expresión. Escuchemos con paciencia y con ecuanimidad. Seamos sinceros. Alentémosla a expresar del todo sus ideas.

¿Da resultados esta política en los negocios? Veamos. Aquí tenemos el relato de un hombre que se vio obligado a emplearla.

Uno de los más grandes fabricantes de automóviles de los Estados Unidos negociaba la compra de tejidos para tapizar sus coches durante todo el año. Tres fábricas importantes habían preparado tejidos de muestra. Todos habían sido inspeccionados por los directores de la compañía de automóviles, y a cada fabricante se le había comunicado que en un día determinado se daría a su representante una oportunidad para intentar por última vez la obtención del contrato.

G.B.R., representante de uno de los fabricantes, llegó a la ciudad con un ataque de laringitis muy fuerte.

«Cuando me llegó el turno de reunirme con los directores en conferencia» relataba el Sr. R. ante una de mis clases «había perdido la voz. Apenas podía hablar en un susurro. Se me hizo entrar en una sala, donde me encontré ante el jefe de tapicería, el agente de compras, el director de ventas y el presidente de la compañía. Yo hice un valiente esfuerzo por hablar, pero de mi garganta no salió más que un chillido.

»Estaban todos sentados en torno a una mesa, de modo que escribí en un trozo de papel: "Señores, he perdido la voz. No puedo hablar".

—Yo hablaré por usted —dijo el presidente. Así lo hizo. Exhibió mis muestras y ensalzó sus ventajas. Se planteó una viva discusión acerca de los méritos de mi mercancía. Y el presidente, como hablaba por mí, tomó mi partido en la discusión. Yo no participé más que para sonreír, asentir con la cabeza y hacer unos pocos gestos.

»Como resultado de esta conferencia extraordinaria se me concedió el contrato, que significaba la venta de un millón de metros de tejidos para tapizados, con un valor total de 1.600.000 dólares, o sea el negocio más grande que jamás he realizado.

»Sé que lo habría perdido si hubiese conservado la voz, porque tenía ideas erróneas de todo el asunto. Sólo por este accidente descubrí cuánto beneficio rinde a veces que el interlocutor sea el que hable.»

Dejar hablar a la otra persona ayuda en situaciones familiares, así como en los negocios. Las relaciones de Bárbara Wilson con su hija, Laurie, se estaban deteriorando rápidamente. Laurie, que fue siempre una criatura quieta, complaciente, se convirtió en una joven hostil y algunas veces agresiva. La Sra. de Wilson le hablaba, la amenazaba y castigaba, pero sin lograr nada.

Un día, la Sra. de Wilson dijo en una de nuestras clases:

«Me di por vencida. Laurie me desobedeció y dejó la casa para visitar a una amiga antes de completar sus quehaceres. Cuando retornó a la casa yo estaba por gritar por milésima vez, pero ya no tenía fuerzas para hacerlo. Simplemente la miré y tristemente le pregunté:

—¿Por qué, Laurie, por qué?

»Laurie notó mi estado de ánimo y en voz calmada respondió:

—¿De verdad quieres saber?

»Yo afirmé con la cabeza y Laurie comenzó a hablar, primero con hesitación y luego fue un torrente de palabras. Yo jamás la escuchaba. Siempre estaba ordenándole lo que debía hacer. Cuando ella quería contarme sus pensamientos, sentimientos, ideas, yo la interrumpía con más órdenes. Entonces comencé a darme cuenta de que ella me necesitaba, no como una madre dominadora, sino como una confidente, un escape por toda la confusión que sentía en sus años de crecimiento. Y todo lo que yo estuve haciendo fue hablar, cuando lo que debía haber hecho era escucharla.

»Desde ese momento la dejo hablar. Ella me dice lo que piensa y nuestra relación han mejorado inmensurablemente. Ella es otra vez una persona que colabora.»

En la página financiera de un diario de Nueva York apareció un gran anuncio en que se pedía un hombre de capacidad y experiencia. Charles T. Cubellis respondió al anuncio, con una carta enviada a una casilla postal. Unos días más tarde se le invitó, también por carta, a entrevistarse con los patrones. Antes de ir pasó varias horas en Wall Street para averiguar todo lo que pudiera acerca del fundador de la casa. Durante la entrevista final declaró francamente:

«Sería para mí un orgullo estar vinculado con una gran entidad como esta. Creo que usted se inició hace veintiocho años sin más elementos que una oficina y una estenógrafa. ¿No es cierto?»

Casi todos los hombres que han triunfado se complacen en recordar sus luchas iniciales. Este hombre no era una excepción. Habló un largo rato acerca de cómo había comenzado en los negocios, con cuatrocientos cincuenta dólares y una idea original. Relató sus luchas contra el desaliento y sus batallas contra las mofas ajenas, cómo trabajaba los domingos y feriados, de doce a dieciséis horas por día y cómo triunfó al fin, contra todas las probabilidades, hasta que ahora los hombres más importantes de Wall Street iban a pedirle consejo e informaciones. Estaba orgulloso de esa historia. Tenía derecho a sentirse orgulloso, y pasó un rato espléndido contando su actuación. Por fin interrogó brevemente a Cubellis acerca de su experiencia, llamó entonces a uno de los vicepresidentes y le dijo:

—Creo que este es el hombre que necesitamos.

El Sr. Cubellis se había tomado el trabajo de averiguar los antecedentes de su patrón en perspectiva. Demostró interés en los demás y por sus problemas. Lo alentó a hablar de él, y así causó una impresión favorable.

Roy G. Bradley, de Sacramento, California, tenía el problema opuesto. Escuchó cuando un buen candidato para un puesto se convenció a sí mismo de aceptar el trabajo en su firma. Nos contó esto:

«Como éramos una firma pequeña, no teníamos beneficios sociales para nuestros empleados, como hospitalización, seguro médico y pensiones. En nuestra compañía, cada representante es un agente independiente. Ni siquiera les damos tantas facilidades de trabajo como nuestros competidores más importantes, por cuanto no podemos publicitar su trabajo.

»Richard Pryor tenía el carácter y la experiencia que necesitábamos para este puesto, y lo entrevistó primero mi ayudante, quien le explicó todos los aspectos negativos de este empleo. Cuando entró en mi oficina, parecía ligeramente desalentado. Yo me limité a mencionar el único beneficio claro de asociarse con mi firma, que era el de ser un contratista independiente, y en consecuencia no tener prácticamente patrones.

»El respondió hablando de esta ventaja, y poco a poco empezó a sacarse de encima las ideas negativas con que había entrado para la entrevista. En varias ocasiones me pareció como si estuviera hablando para sí mismo. Por momentos me sentía tentado de agregar algo; pero, cuando la entrevista llegó a su fin, sentí que él se había convencido a sí mismo, él solo, de que le gustaría trabajar para mi firma.

»Al escucharlo con atención y dejar que Dick hablara, sin interrumpirlo, le permití sopesar los pros y los contras, y llegar a la conclusión de que el empleo era un desafío que le gustaría enfrentar. Lo contratamos, y desde entonces ha sido un prominente representante de nuestra empresa.»

La verdad es que hasta nuestros amigos prefieren hablarnos de sus hazañas antes que escucharnos hablar de las nuestras.

La Rochefoucauld, el filósofo francés, dijo, «Si quieres tener enemigos, supera a tus amigos; si quieres tener amigos, deja que tus amigos te superen».

¿Por qué es así? Porque cuando nuestros amigos nos superan tienen sensación de su importancia; pero cuando los superamos se sienten inferiores y ello despierta su envidia y sus celos.

De lejos, la más querida de las consejeras de colocación de la Agencia de Personal Midtown, era Henrietta G., pero no siempre había sido así. Durante los primeros meses de su asociación con la agencia, Henrietta no tenía un solo amigo entre sus colegas. ¿Por qué? Porque todos los días se jactaba de las cuentas nuevas que había abierto y de todo lo que había logrado.

«Yo era buena en mi trabajo; y estaba orgullosa de ello» contó Henrietta en una de nuestras clases. «Pero mis colegas, en lugar de alegrarse de mis triunfos, parecían resentirse por ellos. Yo quería ser apreciada por esta gente. De veras quería que fueran mis amigos. Después de escuchar algunas de las sugerencias hechas en este curso, empecé a hablar menos sobre mí y a escuchar más a mis asociados. Ellos también tenían cosas de qué jactarse, y les entusiasmaba más la idea de hablar sobre ellos que de escucharme a mí. Ahora, cuando nos reunimos a charlar, les pido que compartan sus alegrías conmigo y sólo menciono mis, logros cuando ellos me preguntan.»

* **Regla 6 – *Permite que la otra persona sea quien hable más.***

16

Cómo obtener cooperación

¿No tienes tú más fe en las ideas que tú mismo descubres que en aquellas que se le sirven en bandeja de plata? Si es así, ¿no demuestras un error de juicio al tratar que los demás acepten a toda fuerza las opiniones que tú sustentas? ¿No sería más sagaz hacer sugestiones y dejar que los demás lleguen por sí solos a la conclusión?

El Sr. Adolph Seltz, de Filadelfia, estudiante en uno de mis cursos, se vio de pronto ante la necesidad de inyectar entusiasmo a un grupo de vendedores de automóviles, desalentados y desorganizados. Los convocó a una reunión y los instó a decirle con claridad qué esperaban de él. A medida que hablaba, el Sr. Seltz iba escribiendo sus ideas en un pizarrón. Finalmente dijo: «Yo voy a hacer todo lo que ustedes esperan de mí. Ahora quiero que me digan qué tengo derecho a esperar de ustedes». Las respuestas fueron rápidas: lealtad, honestidad, iniciativa, optimismo, trabajo de consuno, ocho horas por día de labor entusiasta. Un hombre se ofreció para trabajar catorce horas por día. La reunión terminó con una nueva valentía, una nueva inspiración, en todos los presentes, y el Sr. Seltz me informó luego que el aumento de ventas fue fenomenal.

«Estos vendedores» concluyó Seltz «hicieron una especie de pacto moral conmigo, y mientras yo cumpliera con mi parte ellos estaban decididos a cumplir con la suya. Consultarles sobre sus deseos era el aliciente que necesitaban.»

A nadie agrada sentir que se le quiere obligar a que compre o haga una cosa determinada. Todos preferimos creer que compramos lo que se nos antoja y aplicamos nuestras ideas. Nos gusta que se nos consulte acerca de nuestros deseos, nuestras necesidades, nuestras ideas.

El gran poeta inglés Alexander Pope lo expresó de modo sucinto:

«Al hombre hay que enseñarle como si no se le enseñara, y proponerle lo desconocido como olvidado. Tomemos, por ejemplo, el caso de Eugene Wesson. Perdió incontables millares de dólares en comisiones antes de aprender esta verdad. El Sr. Wesson vendía dibujos para un estudio que crea diseños para estilistas y para fábricas textiles. Wesson venía visitando una vez por semana, durante tres años, a uno de los principales estilistas de modas en Nueva York.

»"Nunca se negaba a verme" contaba Wesson, "pero jamás me compraba nada. Miraba siempre con mucho cuidado mis dibujos y luego los rechazaba."

»Después de ciento cincuenta fracasos, Wesson comprendió que debía de estar en una especie de estancamiento mental, y resolvió dedicar una noche por semana al estudio de la forma de influir en el comportamiento humano, y a desarrollar nuevas ideas y generar nuevos entusiasmos.

»Por fin se resolvió a probar una nueva manera de actuar. Recogió media docena de dibujos sin terminar, en que estaban trabajando todavía los artistas, y fue con ellos a la oficina del comprador en perspectiva.

—Quiero —le dijo—, que me haga usted un favor, si es que puede. Aquí traigo algunos dibujos sin terminar. ¿No quiere usted tener la gentileza de decirnos cómo podríamos terminarlos de manera que le sirvan?

»El comprador miró los dibujos un buen rato, sin hablar, y por fin manifestó:

—Déjelos unos días, Wesson, y vuelva a verme.

»Wesson regresó tres días más tarde, recibió las indicaciones del cliente, volvió con los dibujos al estudio y los hizo terminar de acuerdo con las ideas del comprador. ¿El resultado? Todos aceptados.

»Desde entonces el mismo comprador ha ordenado muchos otros dibujos, trazados todos de conformidad con sus ideas.

»Ahora comprendo» nos refería el Sr. Wesson «por qué durante años no conseguí vender un solo diseño a este comprador. Le recomendaba que comprara lo que se me ocurría que debía comprar. Ahora hago todo lo contrario. Le pido que me dé sus ideas, y él cree que los dibujos son de su creación, como es cierto. Ahora no tengo que esforzarme por venderle nada. Él compra solo.»

Dejar que la otra persona sienta que la idea es suya no sólo funciona en los negocios o la política, sino también en la vida familiar. Paul M. Davis, de Tulsa, Oklahoma, le contó a su clase cómo aplicaba este principio.

«Mi familia y yo pasamos una de las vacaciones más interesantes que hayamos tenido. Yo soñaba desde hacía mucho tiempo con visitar sitios históricos como el campo de batalla de Gettysburg, el Salón de la Independencia en Filadelfia, y la capital de la nación. En la lista de cosas que quería ver figuraban en lugar prominente el Valle Forge, Jamestown y la aldea colonial restaurada de Williamsburg.

»En marzo mi esposa Nancy dijo que tenía ciertas ideas para nuestras vacaciones de verano, que incluían una gira por los estados del oeste, visitando puntos de interés en Nuevo México, Arizona, California y Nevada. Hacía años que quería realizar este viaje. Obviamente, no podíamos satisfacer ambos deseos.

»Nuestra hija Anne terminaba de hacer un curso en la secundaria sobre historia nacional, y se había interesado mucho en los hechos que conformaron el crecimiento de nuestro país. Le pregunté si le gustaría visitar los sitios sobre los que había estado estudiando, en nuestras próximas vacaciones. Dijo que le encantaría hacerlo.

»Dos noches después, sentados a la cena, Nancy anunció que si todos estábamos de acuerdo, en las vacaciones de verano haríamos un viaje por los estados del este, lo que sería instructivo para Anne e interesante para todos nosotros. No hubo objeciones.»

Esta misma psicología fue utilizada por un fabricante de aparatos de rayos X para vender su equipo a uno de los más grandes hospitales de Brooklyn. Este hospital iba a construir un nuevo pabellón y se disponía a equiparlo con el mejor consultorio de rayos X que hubiera en el país. El Dr. L., a cargo del departamento de rayos, se veía abrumado por vendedores que defendían entrañablemente las ventajas de sus respectivos equipos.

Pero un fabricante fue más hábil que los demás. Sabía más acerca de la forma de tratar con las personas. Escribió al Dr. L. una carta concebida más o menos en estos términos:

> *Nuestra fábrica ha completado recientemente una serie de aparatos de rayos X. La primera partida de estas máquinas acaba de llegar a nuestros salones de venta. No son perfectas. Lo sabemos y queremos mejorarlas. Nos sentiríamos profundamente agradecidos a usted si pudiera dedicarnos el tiempo necesario para estudiar estos aparatos y darnos sus impresiones acerca de la forma en que pueden ser más útiles a su profesión. Sabiendo lo ocupado que está usted, me complacerá enviarle mi automóvil a buscarlo, a la hora que usted decida.*

«Me sorprendió recibir aquella carta» dijo el Dr. L., al relatar este incidente ante nuestra clase. «Quedé sorprendido y halagado. Jamás un fabricante de aparatos de rayos X me había pedido consejo. Me sentí importante. Estaba ocupado, tan ocupado que no tenía libre una sola noche de aquella semana, pero dejé sin efecto un compromiso para una comida, a fin de revisar aquellos aparatos. Cuanto más los estudiaba, tanto más descubría, por mi propia cuenta, que me gustaban mucho.

»Nadie había tratado de vendérmelos. Consideré que la idea de comprar aquel equipo era mía, solamente mía. Yo mismo me convencí de su superior calidad y ordené que fuera instalado en el hospital.»

Ralph Waldo Emerson, en su ensayo «Autodependencia», dijo: «En todo trabajo de genio reconocemos nuestras propias ideas desechadas: vuelven a nosotros con cierta majestad ajena».

El coronel Edward H. House tenía una enorme influencia en los asuntos nacionales e internacionales cuando Woodrow Wilson ocupaba la Casa Blanca. Wilson recurría al coronel House para pedirle consejos y ayuda en secreto, más que a cualquier otra -persona, sin exceptuar los miembros de su gabinete.

¿Qué método empleaba el coronel para influir sobre el presidente? Afortunadamente, lo sabemos, porque el mismo House lo reveló a Arthur D. Howden Smith, quien lo refirió en un artículo aparecido en el diario *The Saturday Evening Post.*

«Una vez que llegué a conocer bien al presidente» relató House «supe que el mejor medio para convertirlo a cualquier idea era dársela a conocer como al pasar, pero interesándolo en ella, de modo de hacerle pensar en esa idea por su propia cuenta. La primera vez que utilicé este sistema fue por accidente. Yo lo había visitado en la Casa Blanca, y recomendado una política que él parecía rechazar. Pero unos días después, en una comida, me sorprendió oírle proponer mi indicación como si fuera de él.»

House no lo interrumpió para decirle: «Esa idea no es suya. Es mía.» No. House no iba a hacer tal cosa. Era demasiado diestro para hacerlo. No le interesaba darse importancia. Quería resultados. Por eso dejó que Wilson siguiera creyendo que la idea era suya. Aun más; anunció públicamente que Wilson era el autor de esas ideas.

Recordemos que las personas con quienes entraremos mañana en contacto serán por lo menos tan humanas como Woodrow Wilson. Utilicemos, pues, la técnica del coronel House.

Un hombre de la hermosa provincia canadiense de Nueva Brunswick utilizó esta técnica conmigo hace algún tiempo y me ganó como cliente. Por aquel entonces yo pensaba hacer una excursión de pesca y de remo por Nueva Brunswick. Escribí a la oficina de turismo para pedir información. Mi nombre y dirección, evidentemente, aparecieron en una lista pública, porque me vi inmediatamente asediado por cartas y folletos y revistas de campamentos y guías para veraneantes. Yo estaba atónito. No sabía cuál elegir. Pero el dueño de uno de los campamentos hizo algo muy hábil. Me envió los nombres y números telefónicos de varias personas de Nueva York que habían ido a su campamento, y me invitó a descubrir por mi cuenta qué me podía ofrecer. Con gran sorpresa vi que conocía a un hombre que figuraba en la lista. Le hablé por teléfono, supe cuál había sido su experiencia en el campamento, y luego telegrafié al dueño la fecha de mi llegada. Los demás habían tratado de convencerme, pero este hombre no: éste me dejó que yo decidiera. Y fue quien ganó.

Hace veinticinco siglos el sabio chino Lao Tsé dijo ciertas cosas que los lectores de este libro podrían utilizar hoy:

«La razón por la cual los ríos y los mares reciben el homenaje de cien torrentes de la montaña es que se mantienen por debajo de ellos. Así son capaces de reinar sobre todos los torrentes de la montaña. De igual modo, el sabio que desea estar por encima de los hombres se coloca debajo de ellos; el que quiere estar delante de ellos, se coloca detrás. De tal manera, aunque su lugar sea por encima de los hombres, éstos no sienten su peso; aunque su lugar sea delante de ellos, no lo toman como insulto.»

- **Regla 7 –** *Permite que la otra persona sienta que la idea es de ella.*

17

Una fórmula que te resultará maravillosa

Recuerde que la otra persona puede estar equivocada por completo. Pero ella no lo cree. No la censure. Cualquier tonto puede hacerlo. Trate de comprenderla. Sólo las personas sagaces, tolerantes, excepcionales, tratan de proceder así.

Hay una razón por la cual la otra persona piensa y procede como lo hace. Descubra esa razón oculta y tendrá la llave de sus acciones, quizá de su personalidad.

Trate honradamente de ponerse en el lugar de la otra persona. Si tú llegaras a decirte: «¿Qué pensaría; cómo reaccionaría yo si estuviera en su lugar?», habrás ahorrado mucho tiempo e irritación, pues «al interesarnos en las causas es menos probable que nos disgusten los efectos». Además, habrás aumentado considerablemente tu habilidad para tratar con la gente.

«Deténgase usted un minuto» dice Kenneth M. Goode en su libro *Cómo convertir a la gente en oro* «a destacar el contraste de su hondo interés por los asuntos propios con su escaso interés por todo lo demás. Comprenda, entonces, que todos los demás habitantes del mundo piensan exactamente lo mismo. Entonces, junto con Lincoln y Roosevelt, habrá captado usted la única base sólida en relaciones interpersonales: que el buen éxito en el trato con los demás depende de que se capte con simpatía el punto de vista de la otra persona.»

Sam Douglas, de Hampstead, Nueva York, solía decirle a su esposa que pasaba demasiado tiempo trabajando en el jardín, sacando malezas, fertilizando, cortando la hierba dos veces por semana, a pesar de todo lo cual el jardín no lucía mucho mejor que cuatro años atrás, cuando se habían mudado a esa casa. Naturalmente, ella quedaba deprimida por estos comentarios, y cada vez que él los hacía, la velada quedaba arruinada.

Después de seguir nuestro curso, el señor Douglas comprendió qué tonto había sido durante todos esos años. Nunca se le había ocurrido que a su esposa podía agradarle hacer ese trabajo, y también podría agradarle oír un elogio a su laboriosidad.

Una noche después de la cena, su esposa dijo que quería salir a arrancar unas malezas, y lo invitó a acompañarla. Al principio él se sintió tentado de no aceptar, pero después lo pensó mejor y salió con ella y la ayudó a arrancar malezas. Ella quedó visiblemente complacida, y pasaron una hora trabajando y charlando muy contentos.

Desde esa vez, la ayudó siempre en la jardinería, y la felicitó con frecuencia por lo bien que se veía el prado, el trabajo fantástico que estaba haciendo a pesar de lo malo del terreno. Resultado: una vida más feliz para los dos, gracias a que él aprendió a ver las cosas desde el punto de vista de ella... aunque se tratara de algo tan nimio como unas malezas.

En su libro **Cómo llegar a la gente*** , el doctor Gerald S. Nirenberg comentó: «Se coopera eficazmente en la conversación cuando uno muestra que considera las ideas y sentimiento de la otra persona tan importantes como los propios. El modo de alentar al interlocutor a tener la mente abierta a nuestras ideas, es iniciar la conversación dándole claras indicaciones sobre nuestras intenciones, dirigiendo lo que decimos por lo que nos gustaría oír si estuviéramos en la piel del otro, y aceptando siempre sus puntos de vista.»

* *Dr. Gerald S. Nirenberg, Cómo llegar a la gente (Englewood Cliff, N. J.: Prentice Hall, 1963).*

Durante años he pasado muchos de mis ratos de ocio caminando y andando a caballo en un parque cercano a mi casa. Como los druidas de la antigua Galia, yo veneraba los robles, de manera que todos los años me afligía ver los arbustos y matorrales asesinados por fuegos innecesarios. Esos fuegos no eran causados por fumadores descuidados. Casi todos eran producidos por niños que iban al parque a convertirse en exploradores y a asar una salchicha bajo los árboles. A veces estos incendios cundían tanta que era menester llamar a los bomberos para luchar contra las llamas.

Al borde del parque había un cartel que amenazaba con multa y prisión a todo el que encendiera fuego; pero el cartel estaba en una parte poco frecuentada del parque y pocos niños lo veían. Un policía montado debía cuidar el parque; pero no se tomaba muy en serio estos deberes, y los incendios seguían propagándose verano tras verano. En una ocasión corrí hasta un policía y le dije que un incendio se estaba propagando rápidamente ya y que debía avisar al cuartel de bomberos; y me respondió despreocupadamente que no era cuestión suya, pues no estaba en su jurisdicción.

Desde entonces, cuando salía a caballo, iba yo constituido en una especie de comité individual para proteger los bienes públicos. Me temo que en un principio no intenté siquiera comprender el punto de vista de los niños. Cuando veía una hoguera entre los árboles, tanto me afligía el hecho, tanto deseaba hacer lo que correspondía, que hacía lo que no correspondía. Me acercaba hasta los niños, les advertía que se les podía encarcelar por encender fuego, les ordenaba que lo apagaran, con tono de mucha autoridad; y si se negaban los amenazaba con hacerlos detener. Yo descargaba mis sentimientos, sin pensar en los otros.

¿El resultado? Los niños obedecían, de mala gana y con resentimiento. Lo probable es que, una vez que me alejaba yo, volvieran a encender su hoguera, y con muchos deseos de incendiar el parque entero.

Al pasar los años creo haber adquirido un poco de conocimiento de las relaciones humanas, algo más de tacto, mayor tendencia a ver las cosas desde el punto de vista del prójimo. Así, pues, años más tarde, al ver una hoguera en el parque, ya no daba órdenes, sino que me acercaba a decir algo como esto:

«¿Se están divirtiendo, muchachos? ¿Qué van a hacer de comida? Cuando yo era niño, también me gustaba hacer hogueras como esta, y todavía me gusta. Pero ya saben ustedes que son peligrosos los fuegos en el parque. Yo sé que ustedes no quieren hacer daño; pero hay otros menos cuidadosos. Llegan y los ven junto a la hoguera, se entusiasman y encienden otra, y no la apagan cuando se marchan, y se propaga a las hojas secas y mata los árboles. Si no ponemos un poco más de cuidado no nos quedarán árboles en el parque. Ustedes podrían ir a la cárcel por lo que hacen, pero yo no quiero hacerme el mandón y privarlos de este placer. Lo que me gusta es ver que se divierten, pero, ¿por qué no quitan las hojas secas alrededor del fuego? Y cuando se marchen, tendrán cuidado de tapar las brasas con mucha tierra, ¿verdad? La próxima vez que quieran divertirse, ¿por qué no encienden el fuego allá en el arenal? Allá no hay peligro alguno... Gracias, muchachos. Que se diviertan.»

¡Qué diferencia notaba cuando hablaba así! Conseguía que los niños quisieran cooperar. Nada de asperezas ni de resentimientos. No les obligaba a obedecer mis órdenes. Les dejaba salvar las apariencias. Ellos quedaban contentos, y yo también porque había encarado la situación teniendo en cuenta el punto de vista de los demás.

Ver las cosas según el punto de vista ajeno puede facilitarlo todo cuando los problemas personales se vuelven abrumadores. Elizabeth Novak, de Nueva Gales del Sur, Australia, estaba atrasada seis semanas en el pago de las cuotas de su auto.

«Un viernes» contó, «recibí un desagradable llamado telefónico del hombre que se ocupaba de mi cuenta, para informarme que si no me presentaba con $122 el lunes a la mañana, la compañía iniciaría acciones legales contra mi persona. No tuve modo alguno de reunir el dinero durante el fin de semana, por lo que, al recibir otra llamada de la misma persona el lunes a la mañana, anticipé lo peor. En lugar de derrumbarme, traté de ver la situación desde el punto de vista de este hombre. Me disculpé con la mayor sinceridad posible por causarle tantos inconvenientes, y le hice notar que yo debía de ser la clienta que más problemas le traía, pues no era la primera vez que me demoraba en los pagos.

»Su tono de voz cambió inmediatamente, y me tranquilizó diciéndome que yo estaba muy lejos de ser uno de sus clientes realmente problemáticos. Me contó algunos ejemplos de lo groseros que podían llegar a ser sus clientes en ocasiones, cómo le mentían o trataban de evitar hablar con él. No dije nada. Lo escuché y dejé que descargara en mí sus problemas.

Después, sin que mediara ninguna sugerencia de mi parte, dijo que no tenía tanta importancia si no podía pagar de inmediato. Estaría bien con que le pagara $20 a fin de mes y me pusiera al día cuando pudiera.»

Mañana, antes de pedir a alguien que apague una hoguera o compre su producto o contribuya a su caridad favorita, ¿por qué no cierra usted los ojos y trata de verlo todo desde el punto de vista de la otra persona? Pregúntese: ¿Por qué esta persona va a querer hacerlo? Es cierto que esto le llevará tiempo; pero le ayudará a lograr amigos y a obtener mejores resultados, con menos fricción y menos trabajo.

«Yo prefiero caminar dos horas por la acera frente a la oficina de un hombre a quien debo entrevistar» dijo el decano de la escuela de negocios de Harvard, Sr. Donham, «antes que entrar en su oficina sin una idea perfectamente clara de lo que voy a decirle y de lo que es probable que él, según mis conocimientos de sus intereses y motivos, ha de responderme.»

Esto es de tal importancia que voy a repetirlo:

«Yo prefiero caminar dos horas por la acera frente a la oficina de un hombre a quien debo entrevistar, antes que entrar en su oficina sin una idea perfectamente clara de lo que voy a decirle y de lo que es probable que él, según mis conocimientos de sus intereses y motivos, ha de responderme.»

Si como resultado de la lectura de este libro consigues tú tan sólo una cosa, una mayor tendencia a pensar siempre en términos del punto de vista ajeno, y a ver las cosas desde ese punto de vista tanto como desde el tuyo; si tan sólo ese resultado logras de la lectura de este libro, bien puede resultar uno de los pasos culminantes de tu carrera.

- **Regla 8 –** *Trata honradamente de ver las cosas desde el punto de vista de la otra persona.*

18

Lo que todos quieren

¿No le gustaría tener una frase mágica que sirva para detener las discusiones, para eliminar malos sentimientos, crear buena voluntad y hacer que se lo escuche atentamente?

¿Sí? Pues bien, aquí está. Comienza diciendo: «Yo no lo puedo culpar por sentirse como se siente. Si yo estuviera en su lugar, no hay duda de que me sentiría de la misma manera.»

Una frase como esa suavizará a la persona más pendenciera del mundo. Y tú puedes pronunciarla con toda sinceridad, porque si estuvieras tú en el lugar del otro es evidente que pensarías como él.

Un ejemplo. Tomemos a Al Capone. Supongamos que tú hubieras heredado el mismo cuerpo y el temperamento y el cerebro que heredó Al Capone. Supongamos que hubieses tenido su misma educación, sus experiencias y ambiente. Serías tú precisamente lo que él era, y estarías donde estuvo él. Porque esas cosas — y solamente esas cosas — son las que lo han hecho como es.

La única razón, por ejemplo, de que no seas tú una víbora de cascabel, es que tus padres no eran víboras de cascabel.

Muy poco crédito mereces tú por ser lo que eres, y recuerda también que muy poco descrédito merece por ser como es la persona que se le acerca irritada, llena de prejuicios, irrazonable. Ten compasión del pobre diablo.

Apiádete de él. Simpatiza con él. Dite: «Ese, si no fuera por la gracia de Dios, podría ser yo».

Las tres cuartas partes de las personas con quienes te encontrarás mañana tienen sed de simpatía. Dales esa simpatía, y te tendrán cariño.

Yo pronuncié cierta vez una conferencia radiotelefónica acerca de la autora de **Mujercitas**, Louisa May Alcott. Naturalmente, yo sabía que había vivido y escrito sus libros inmortales en Concord, Massachusetts.

Pero, sin pensar en lo que decía, hablé de una visita hecha por mí a su viejo hogar en Concord, Nueva Hampshire. Si hubiese dicho Nueva Hampshire sólo una vez, se me podría haber perdonado. Pero, desgraciadamente, lo dije dos veces. Me vi asediado por cartas y telegramas, agrios mensajes que giraban en torno a mi indefensa cabeza como un enjambre de avispas. Muchos de ellos mostraban indignación. Unos pocos eran insultantes. Una dama colonial, criada en Concord, Massachusetts, y residente por entonces en Filadelfia, volcó en mí su ira más ardiente. No podría haberse mostrado más punzante si yo hubiese dicho que la Srta. Alcott pertenecía a una tribu de caníbales. Al leer la carta, reflexioné: «Gracias a Dios que no me he casado con esta señora». Tuve impulsos de escribirle manifestándole que, si bien yo había cometido un error geográfico, ella lo había cometido en cuanto a cortesía. Esa iba a ser mi frase inicial. Después, ya vería lo que pensaba de ella. Pero no lo hice. Me dominé. Comprendí que cualquier tonto acalorado haría lo mismo.

Yo quería estar por encima de los tontos. Por eso decidí tratar de convertir esa hostilidad en amistad. Sería una especie de desafío, una especie de juego para mí. Me dije: «Después de todo, si yo estuviera en su lugar, pensaría probablemente lo mismo que ella». Así, pues, decidí simpatizar con su punto de vista. Tuve que ir a Filadelfia, y no tardé en llamarla por teléfono. La conversación fue algo así:

YO: Señora Fulana de Tal, usted me escribió una carta hace pocas semanas, y quiero darle las gracias.

ELLA (en tono culto, bien educado): ¿Con quién tengo el honor de hablar?

YO: Usted no me conoce. Me llamo Dale Carnegie. Hace unos pocos domingos di una conferencia sobre Louisa May Alcott, y cometí el error imperdonable de decir que había vivido en Concord, Nueva Hampshire. Fue un error estúpido y quiero pedirle disculpas. Fue usted muy amable al dedicar parte de su tiempo a escribirme.

ELLA: Siento mucho, Sr. Carnegie, haberle escrito como lo hice. Perdí el tino. Quiero que me disculpe.

YO: ¡No, no! No es usted quien debe pedir disculpas, sino yo. Un niño no habría cometido el error que hice yo. Pedí disculpas por radio el domingo siguiente, pero quiero pedírselas personalmente ahora.

ELLA: Es que yo nací en Concord, Massachusetts. Mi familia se ha destacado en ese estado durante dos siglos, y yo estoy muy orgullosa de todo lo que se refiere a Massachusetts. Me afligió mucho, en verdad, oírle decir que la Srta. Alcott nació en Nueva Hampshire. Pero estoy avergonzada de esa carta.

YO: Le aseguro que usted no pudo afligirse ni la décima parte de lo que me afligí yo. Mi error no lastimó a Massachusetts, pero a mí sí. Pocas veces las personas de su posición y su cultura tienen tiempo para escribir a quienes hablan por radio, y abrigo la esperanza de que me escribirá otra vez si nota algún error en mis conferencias.

ELLA: Quiero que sepa que me ha gustado mucho la forma en que acepta usted mis críticas. Debe ser usted muy simpático. Me gustaría conocerlo mejor. Así, pidiendo disculpas y simpatizando con su punto de vista, logré que ella se disculpara y simpatizara con el mío. Tuve la satisfacción de dominar mi mal genio, la satisfacción de devolver bondad por un insulto. Y me divertí mucho más al conseguir la simpatía de esa mujer que si le hubiera dicho que se arrojara de cabeza al río.

Todo hombre que ocupa la Casa Blanca se ve diariamente ante espinosos problemas de relaciones humanas. El presidente Taft no fue una excepción, y por experiencia conoció el enorme valor químico de la simpatía para neutralizar el ácido de los resquemores. En su libro **Ética en servicio**, Taft da un ejemplo bastante divertido sobre la forma en que suavizó la ira de una madre decepcionada y ambiciosa.

«Una señora de Washington» escribe Taft «cuyo marido tenía cierta influencia política, trató conmigo durante seis semanas o más a fin de que designara a su hijo para cierto cargo. Consiguió la ayuda de senadores y representantes en número formidable, y los acompañaba a verme para cuidar que defendieran bien su pedido. El cargo requería una preparación técnica y, según las recomendaciones del cuerpo administrativo, designé a otra persona. Entonces recibí una carta de la madre, diciéndome que yo era un desagradecido, por haberme negado a convertirla en una mujer feliz con un trazo de mi pluma. Se quejaba, además, de haber trabajado con los legisladores de su estado para conseguir todos los votos en favor de un proyecto en que yo estaba especialmente interesado, y que esta era la forma en que yo le pagaba.

»Cuando uno recibe una carta así, lo primero que hace es pensar cómo puede mostrar severidad con una persona que ha cometido una impropiedad, o aun cierta impertinencia. Entonces escribe uno la respuesta. Pero, si es prudente, guarda la carta en un cajón y cierra el cajón con llave. La saca uno a los dos días — estas comunicaciones pueden retrasarse siempre dos días — y entonces no la envía ya. Ese es el camino que seguí yo. Pasados dos días me senté a escribir otra carta, una carta tan cortés como pude, en la cual decía comprender la decepción maternal en las circunstancias, pero que en verdad el nombramiento no dependía solamente de mis preferencias personales, que tenía que elegir a una persona con experiencia técnica y, por lo tanto, había tenido que seguir las recomendaciones del cuerpo administrativo. Expresaba la esperanza de que su hijo realizara en el cargo que ocupaba, las esperanzas que en él depositaba la madre. Esto la calmó, y me escribió para decirme que lamentaba haberme enviado la primera carta.

»Pero el nombramiento no fue confirmado en seguida, y al cabo de un tiempo recibí una carta que figuraba ser del marido de esta mujer, aunque la letra era la misma de antes. Se me informaba en esa carta que, debido a la postración nerviosa sufrida por la decepción de la señora en este caso, había tenido que ponerse en cama y sufría ahora un grave cáncer al estómago. ¿No querría yo devolverle la salud, retirando el primer candidato y reemplazándolo por su hijo? Tuve que escribir otra carta, esta vez al marido, para decirle que esperaba que el diagnóstico no fuera exacto, que lo acompañaba en la pena que debía producirle la enfermedad de su esposa, pero que me era imposible retirar el nombre del candidato al cargo. El hombre por mí designado fue confirmado, y dos días después de haber recibido esa carta dimos una fiesta en la Casa Blanca. Las primeras dos personas que llegaron a saludar a mi esposa y a mí fueron el marido y la mujer del caso, a pesar de que ella había estado *in artículo mortis* tan poco tiempo antes.»

Jay Mangum representaba a una compañía de mantenimiento de ascensores y escaleras mecánicas en Tulsa, Oklahoma, que tenía el contrato de mantenimiento de las escaleras mecánicas de uno de los principales hoteles de Tulsa. El director del hotel no quería clausurar las escaleras por más de dos horas seguidas, debido a los inconvenientes que eso causaría a los pasajeros. La reparación que debía hacerse insumiría por lo menos ocho horas, y la compañía no disponía de un mecánico especializado en todo momento, como habría sido necesario para satisfacer al hotel.

Cuando el señor Mangum logró agendar a un buen mecánico para hacer el trabajo, llamó al gerente del hotel y en lugar de discutir con él para obtener el tiempo necesario, le dijo:

—Rick, sé que su hotel tiene muchos pasajeros y a usted le gustaría que la clausura de las escaleras mecánicas se redujera a un mínimo. Entiendo su preocupación por este punto, y haré todo lo posible por acomodarme. No obstante, después de estudiar la situación hemos llegado a la conclusión de que si no hacemos el trabajo completo ahora, la escalera podría sufrir un perjuicio más serio, y la clausura a la larga sería más prolongada. Estoy seguro de que usted no querrá causarle ese inconveniente a sus pasajeros durante varios días seguidos.

El gerente debió admitir que un cierre de ocho horas seguidas era preferible a uno de varios días simpatizando con el deseo del gerente de mantener felices a sus pasajeros, el señor Mangum pudo hacerlo pensar como él, fácilmente y sin rencores.

Joyce Norris, una profesora de piano de St. Louis, Missouri, contó cómo había manejado un problema que las profesoras de piano suelen tener con chicas adolescentes. Babette tenía uñas excepcionalmente largas. Lo cual es un inconveniente serio para quienquiera que desee ejecutar el piano con buena y brillante técnica. La señora Norris nos contó:

«Yo sabía que sus uñas largas serían una barrera a su deseo de aprender a tocar bien. Durante nuestras conversaciones antes de iniciar las lecciones, no le dije nada sobre las uñas. No quería desalentarla al comenzar el estudio, y además sabía que no querría perder esas uñas de las que se enorgullecía y cuidaba tanto.

»Después de la primera lección, cuando sentí que era el momento adecuado, le dije:

—Babette, tienes manos atractivas y uñas hermosas. Si quieres tocar el piano tan bien como puedes hacerlo, y como te gustaría, te sorprenderá ver cuánto te ayudará tener las uñas algo recortadas. Piénsalo, ¿eh?

»Hizo un gesto que representaba una negativa absoluta. Hablé con su madre sobre esta situación, pero sin olvidar hacer mención de lo hermosas que eran sus uñas. Otra reacción negativa. Era evidente que las hermosas uñas manicuradas de Babette eran importantes para ella.

»A la semana siguiente Babette volvió para la segunda lección. Para mi sorpresa, se había cortado las uñas. La felicité y la elogié por haber hecho el sacrificio. También le agradecí a la madre por haber ejercido su influencia para que Babette se cortara las uñas.

La respuesta de la madre fue:

—Oh, yo no tuve nada que ver con el asunto. Ella decidió hacerlo por sí misma, y es la primera vez que se ha cortado las uñas por pedido de alguien.»

¿La señora Norris amenazó a Babette? ¿Le dijo que se negaría a darle clases a una estudiante con uñas largas? No, nada de eso. Le informó a Babette que sus uñas eran hermosas, y que sería un sacrificio cortárselas. Fue como si le dijera: «Me pongo en tu lugar: sé que no será fácil, pero la recompensa será un desarrollo musical más rápido».

S. Hurok fue probablemente el primer empresario musical de los Estados Unidos. Durante un quinto de siglo ha dirigido artistas, artistas tan famosos como Chaliapin, Isadora Duncan y la Pavlova.

El Sr. Hurok me dijo que una de las primeras lecciones que aprendió al tratar con estas estrellas llenas de temperamento se refería a la necesidad de mostrar simpatía, simpatía y más simpatía por su ridícula idiosincrasia.

Durante tres años fue empresario de Feodor Chaliapin, uno de los más grandes bajos que ha conocido el mundo. Pero Chaliapin era un problema constante. Se comportaba como un niño mal criado. La frase de Hurok es inimitable: «Era un infierno de tipo en todo sentido».

Por ejemplo, Chaliapin llamaba un día al Sr. Hurok, a mediodía, para decirle:

—Me siento muy mal. Tengo la garganta inflamada. Me va a ser imposible cantar esta noche.

¿Discutía con él el Sr. Hurok? Jamás. Ya sabía que un empresario no podía tratar así con los artistas. Corría al hotel de Chaliapin, lleno de compasión.

—¡Qué lástima! —se lamentaba—. ¡Qué lástima! Pobre amigo mío. Es claro que no podrá cantar. Ahora mismo voy a cancelar el concierto. No le costará más que una gran cantidad de dinero, pero eso no es nada comparado con su reputación.

Entonces suspiraba Chaliapin, y decía:

—Quizá sea mejor que vuelva usted más tarde. Venga a verme a las cinco y ya veremos cómo me encuentro entonces.

A las cinco volvía Hurok al hotel, siempre lleno de simpatía y compasión. Insistía en que debía cancelarse el concierto, y otra vez suspiraba Chaliapin y decía:

—Bueno, quizá sea mejor que vuelva más tarde. Quizás esté mejor entonces.

A las 7.30 el gran bajo aceptaba cantar pero con la condición de que Hurok apareciera primero en el escenario de la Opera Metropolitana para anunciar que Chaliapin sufría un resfriado y no estaba esa noche en plena posesión de su voz. El Sr. Hurok debía mentir, pero dijo que así lo haría, porque sabía que esa era la única manera de conseguir que el gran bajo se presentara en público.

El Dr. Arthur I. Gates dice en su espléndido libro **Psicología educacional**: «La especie humana ansía universalmente la simpatía. El niño muestra a todos unas lastimaduras; o aún llega a infligirse un tajo o un machucón para que se conduelan de él. Con el mismo fin los adultos muestran sus cicatrices, relatan sus accidentes, enfermedades, especialmente los detalles de sus operaciones quirúrgicas. La "autocondolencia" por los infortunios reales o imaginarios es, en cierto modo, una práctica casi universal.»

De manera que si tú quieres que los demás piensen como ti, pon en práctica la...

- **Regla 9 – *Muestra simpatía por las ideas y deseos de la otra persona.***

Un llamado que gusta a todos

Yo me crié en el linde del país de Jesse James en Missouri, y he visitado la granja de los James, en Kearney, Missouri, donde vive todavía el hijo del bandolero.

Su esposa me ha narrado cómo Jesse asaltaba trenes y bancos y luego daba el dinero a granjeros vecinos para que pagaran sus hipotecas.

Jesse James se consideraba, probablemente, un idealista en el fondo, tal como pensaron por su parte Dutch Schultz, «Dos Pistolas» Crowley, Al Capone y muchos otros grupos de «Padrinos» del crimen organizado dos generaciones más tarde. Lo cierto es que todas las personas con quienes se encuentra usted — hasta la persona a quien ve en el espejo — tienen un alto concepto de ellas mismas, y quieren ser nobles y altruistas para su propio juicio.

J. Pierpont Morgan observó, en uno de sus interludios analíticos, que por lo común la gente tiene dos razones para hacer una cosa: una razón que parece buena y digna, y la otra, la verdadera razón.

Cada uno piensa en su razón verdadera. No hay necesidad de insistir en ello. Pero todos, como en el fondo somos idealistas, queremos pensar en los motivos que parecen buenos. Así pues, a fin de modificar a la gente, apelemos a sus motivos más nobles.

¿Es este sistema demasiado idealista para aplicarlo a los negocios? Veamos. Tomemos el caso de Hamilton J. Farrell, de la Farrell-Mitchell Company, de Glenolden, Pennsylvania. El Sr. Farrell tenía un inquilino descontento, que quería mudarse de casa. El contrato de alquiler debía seguir todavía durante cuatro meses; pero el inquilino comunicó que iba a dejar la casa inmediatamente, sin tener en cuenta el contrato.

«Aquella familia» dijo Farrell al relatar el episodio ante nuestra clase «había vivido en la casa durante el invierno entero, o sea la parte más costosa del año para nosotros, y yo sabía que sería difícil alquilar otra vez el departamento antes del otoño. Pensé en el dinero que perderíamos, y me enfurecí.

»Ordinariamente, yo habría ido a ver al inquilino para advertirle que leyera otra vez el contrato. Le habría señalado que, en el caso de dejar la casa, podríamos exigirle inmediatamente el pago de todo el resto de su alquiler, y que yo podría, y haría, los trámites necesarios para cobrar.

«Pero, en lugar de dejarme llevar por mis impulsos, decidí intentar otra táctica. Fui a verlo, y le hablé así: "Señor Fulano; he escuchado lo que tiene que decirme, y todavía no creo que se proponga usted mudarse. Los años que he pasado en este negocio me han enseñado algo acerca de la naturaleza humana, y desde un principio he pensado que usted es un hombre de palabra. Tan seguro estoy, que me hallo dispuesto a jugarle una apuesta. Escuche mi proposición. Postergue su decisión por unos días y piense bien en todo. Si, entre este momento y el primero de mes, cuando vence el alquiler, me dice usted que sigue decidido a mudarse, yo le doy mi palabra que aceptaré esa decisión como final. Le pemitiré que se mude y admitiré que me he equivocado. Pero todavía creo que usted es un hombre de palabra y respetará el contrato. Porque, al fin y al cabo, somos hombres o monos, y nadie más que nosotros debe decidirlo."

»Bien, cuando llegó el mes siguiente, este caballero fue a pagarnos personalmente el alquiler. Dijo que había conversado con su esposa y decidido quedarse en el departamento. Habían llegado a la conclusión de que lo único honorable era respetar el contrato.»

Cuando el extinto Lord Northcliffe veía en un diario una fotografía suya que no quería que se publicara, escribía una carta al director. Pero no le decía: «Por favor, no publique más esa fotografía, pues no me gusta». No, señor, apelaba a un motivo más noble. Apelaba al respeto y al amor que todos tenemos por la madre. Escribía así: «Le ruego que no vuelva a publicar esa fotografía mía. A mi madre no le gusta».

Cuando John D. Rockefeller, hijo, quiso que los fotógrafos de los diarios no obtuvieran instantáneas de sus hijos, también apeló a los motivos más nobles. No dijo: «Yo no quiero que se publiquen sus fotografías». No; apeló al deseo, que todos tenemos en el fondo, de abstenernos de hacer daño a los niños. Así pues, les dijo: «Ustedes saben cómo son estas cosas. Algunos de ustedes también tienen hijos. Y saben que no hace bien a los niños gozar de demasiada publicidad.»

Cuando Cyrus H. K. Curtis, el pobre niño de Maine, iniciaba su meteórica carrera que lo iba a llevar a ganar millones como propietario del diario The Saturday Evening Post y de Ladies' Home Journal, no podía allanarse a pagar el precio que pagaban otras revistas por las contribuciones. No podía contratar autores de primera categoría. Por eso apeló a los motivos más nobles. Por ejemplo, persuadió hasta a Louisa May Alcott, la inmortal autora de **Mujercitas**, de que escribiera para sus revistas, cuando la Srta. Alcott estaba en lo más alto de su fama; y lo consiguió ofreciéndole un cheque de cien dólares, no para ella, sino para una institución de caridad. Tal vez diga aquí el escéptico: «Sí, eso está muy bien para Northcliffe o Rockefeller o una novelista sentimental. Pero, ya querría ver este método con la gente a quienes tengo que cobrar cuentas».

Quizá sea así. Nada hay que dé resultado en todos los casos, con todas las personas. Si está usted satisfecho con los resultados que logra, ¿a qué cambiar? Si no está satisfecho, ¿por qué no hace la prueba?

De todos modos, creo que le agradará leer este relato veraz, narrado por James L. Thomas, ex-estudiante mío:

«Seis clientes de cierta compañía de automóviles se negaban a pagar sus cuentas por servicios prestados por la compañía. Ningún cliente protestaba por la cuenta total, pero cada uno sostenía que algún renglón estaba mal acreditado. En todos los casos los clientes habían firmado su conformidad por los trabajos realizados, de modo que la compañía sabía que tenía razón, y lo decía. Ese fue el primer error.

»Veamos los pasos que dieron los empleados del departamento de créditos para cobrar esas cuentas ya vencidas. ¿Cree usted que consiguieron algo?

»1 . Visitaron a cada cliente y le dijeron redondamente que habían ido a cobrar una cuenta vencida hacía mucho tiempo.

»2. Dijeron con mucha claridad que la compañía estaba absoluta e incondicionalmente en lo cierto; por lo tanto, el cliente estaba absoluta e incondicionalmente equivocado.

»3. Dieron a entender que la compañía sabía de automóviles mucho más de lo que el cliente podría aprender jamás. ¿Cómo iba a discutir entonces el cliente?

»4. Resultado: discusiones.

¿Se consiguió, con estos métodos, apaciguar al cliente y arreglar la cuenta? No hay necesidad de que respondamos.»

Cuando se había llegado a tal estado de cosas, el gerente de créditos estaba por encargarle el problema a un batallón de abogados, pero afortunadamente el caso pasó a consideración del gerente general, quien investigó debidamente y descubrió que todos los clientes en mora tenían la reputación de pagar puntualmente sus cuentas. Había, pues, un error, un error tremendo en el método de cobranza. Llamó entonces a James L. Thomas y le encargó que cobrara esas cuentas incobrables.

Veamos los pasos que dio el Sr. Thomas, según sus mismas palabras:

«1. Mi visita a cada cliente fue también con el fin de cobrar una cuenta, que debía haber pagado mucho tiempo antes, y que nosotros sabíamos era una cuenta justa. Pero yo no dije nada de esto. Expliqué que iba a descubrir qué había hecho de malo, o qué no había hecho la compañía.

»2. Aclaré que, hasta después de escuchar la versión del cliente, yo no podía ofrecer una opinión. Le dije que la compañía no pretendía ser infalible.

»3. Le dije que sólo me interesaba su automóvil, y que él sabía de su automóvil más que cualquier otra persona; que él era la autoridad sobre este tema.

»4. Lo dejé hablar, y lo escuché con todo el interés y la simpatía que él deseaba y esperaba.

»5. Finalmente, cuando el cliente estuvo con ánimo razonable, apelé a su sentido de la decencia. Apelé a los motivos más nobles. Le dije así: "Primero, quiero que sepa que esta cuestión ha sido mal llevada. Se lo ha molestado e incomodado e irritado con las visitas de nuestros representantes. Nunca debió procederse así. Lo lamento y, como representante de la compañía, le pido disculpas. Al escuchar ahora su versión no he podido menos que impresionarme por su rectitud y su paciencia. Y ahora, como usted es ecuánime y paciente, voy a pedirle que haga algo por mí. Es algo que usted puede hacer mejor que cualquiera, porque usted sabe más que cualquiera. Aquí está su cuenta. Sé que no me arriesgo al pedirle que la ajuste, como lo haría si fuera el presidente de mi compañía. Dejo todo en sus manos. Lo que usted decida se hará." ¿Pagó la cuenta? Claro que sí, y muy complacido quedó al hacerlo. Las cuentas oscilaban entre 150 y 400 dólares, y ¿se aprovecharon los clientes? Sí, uno de ellos se negó a pagar un centavo del renglón protestado, pero los otros cinco pagaron todo lo que decía la compañía. Y lo mejor del caso es que en los dos años siguientes entregamos automóviles nuevos a los seis clientes, encantados ahora de tratar con nosotros.

»La experiencia me ha enseñado» dijo el Sr. Thomas finalmente «que, cuando no se puede obtener un informe exacto acerca del cliente, la única base sobre la cual se puede proceder es la de presumir que es una persona sincera, honrada, veraz, deseosa de pagar sus cuentas, una vez convencida de que las cuentas son exactas. En otras palabras, más claras quizá, la gente es honrada y quiere responder a sus obligaciones. Las excepciones de esta regla son comparativamente escasas, y yo estoy convencido de que el individuo inclinado a regatear reaccionará favorablemente en casi todos los casos si se le hace sentir que se lo considera una persona honrada, recta y justa.»

- **Regla 10 –** *Apela a los motivos más nobles.*

Así se hace en el cine y en la televisión.
¿Por qué no lo haces tú?

Hace pocos años, el diario *Evening Bulletin*, de Filadelfia, sufría los perjuicios de una campaña de chismes consistente en peligrosas calumnias. Se hacía circular un malicioso rumor. Se decía a los clientes del diario que tenía demasiados anuncios y muy escasas noticias, que ya no resultaba atractivo para los lectores. Era necesario tomar medidas inmediatas. Había que aplastar el rumor.

Pero, ¿cómo? Veamos qué se hizo.

El *Bulletin* recortó de su edición regular de un día cualquiera todo el material de lectura, lo clasificó y con él publicó un libro, que se tituló Un día. Constaba de 307 páginas, tantas como un libro corriente; pero el diario había publicado todo ese material en un día, para venderlo, no por varios dólares, sino por unos pocos centavos.

La publicación de este libro dramatizó el hecho de que el diario daba a sus lectores una enorme cantidad de interesante material de lectura. Hizo conocer este hecho más vívidamente, con mayor interés, que lo que se podría haber logrado en muchos días de publicación de cifras y anuncios.

Este es el tiempo de la dramatización. No basta con decir una verdad. Hay que hacerla vívida, interesante, dramática. El cine lo hace; la televisión lo hace. Y tú también tendrás que hacerlo si quieres llamar la atención. Los peritos en arreglo de vidrieras conocen el gran poder de la dramatización. Por ejemplo, los fabricantes de un nuevo veneno para ratas dieron a los comerciantes una vidriera que contenía dos ratas vivas. La semana en que se mostraron esas ratas, las ventas subieron cinco veces por encima de lo normal.

Los comerciales de televisión muestran abundancia de ejemplos del uso de las técnicas dramáticas para vender productos. Siéntate una noche delante de tu televisor y analiza lo que hacen los publicitarios en cada una de sus presentaciones. Notarás cómo un medicamento antiácido cambia el color de un ácido en un tubo de ensayo, mientras el producto de la competencia no lo hace, cómo una marca de jabón o detergente limpia una camisa engrasada mientras otra marca la deja grisácea. Verás un auto maniobrando a través de una serie de curvas y obstáculos... lo cual es mucho mejor que simplemente oír cómo lo dicen. Verás caras felices mostrando la satisfacción que dan una cantidad de productos. Todo lo cual dramatiza, para los espectadores, las ventajas de cualquier cosa que se venda... y logra que la gente la compre.

Pueden dramatizarse las ideas en los negocios o en cualquier otra área de la vida. Es fácil. Jim Yeamans, vendedor de la «NCR», una fábrica de cajas registradoras de Richmond, Virginia, nos contó cómo hizo una venta gracias a una demostración dramatizada.

«La semana pasada visité a un almacenero del vecindario, y vi que la caja registradora que usaba en su mostrador era muy anticuada. Me acerqué entonces al dueño y le dije:

—Usted está literalmente tirando centavos a la calle cada vez que un cliente se pone en fila. —Y al decirlo arrojé hacia la puerta un puñado de monedas. Capté su atención de inmediato. Las meras palabras no le habrían resultado demasiado interesantes, pero el sonido de las monedas en el piso despertó de veras su interés. Y logré un pedido para reemplazar su vieja máquina.»

También funciona en la vida doméstica. Cuando el novio clásico le proponía matrimonio a su chica, ¿lo hacía con meras palabras? ¡Claro que no! Se ponía de rodillas. Eso significaba que hablaba en serio. Ya no nos ponemos más de rodillas, pero muchos novios siguen prefiriendo una atmósfera romántica antes de lanzar su gran pregunta.

Dramatizar lo que queremos también da resultado con los niños. Joe B. Fant, Jr., de Birmingham, Alabama, tenía dificultades para lograr que su hijo de cinco años y su hija de tres recogieran los juguetes, por lo que inventó un «tren». Joey era el maquinista (Capitán Casey Jones) montado en su triciclo. Al triciclo se enganchaba el carrito de Janet, y en poco rato ella cargaba todo el «carbón» sobre el vagón, y después subía ella misma y su hermano la llevaba de paseo por toda la casa. De este modo se juntaban todos los juguetes: sin retos, amenazas ni discusiones.

Mary Catherine Wolf, de Mishawaka, Indiana, tenía problemas en el trabajo, y decidió hacerle una exposición de ellos a su patrón. El lunes a la mañana pidió una entrevista, pero él le hizo decir que estaba muy ocupado y que debería hacer una cita con la secretaria para algún otro día de la semana. La secretaria le indicó que la agenda del jefe estaba muy cargada, pero tratarían de hacerle un lugarcito.

La señorita Wolf describió lo que sucedió:

«No recibí respuesta alguna de la secretaria durante toda la semana. Cada vez que la interrogaba, me daba un motivo distinto por el que mi jefe no podía atenderme. El viernes a la mañana fui otra vez, y tampoco hubo nada definido. Yo realmente quería verlo y hablarle de mis problemas antes del fin de semana, así que me pregunté cómo podía lograr enfrentarlo.

»Lo que hice al fin fue esto. Le escribí una carta formal. En ella le decía que entendía perfectamente lo ocupado que estaba durante la semana. pero era importante que yo le hablara. Incluía un formulario hecho por mí, y un sobre con mi nombre, y le pedía que por favor lo llenara, o le pidiera a su secretaria que lo hiciera, y me lo enviara. El formulario decía esto:

Señorita Wolf: Podré verla el día .... a la hora ....
Le concederé .... minutos de mi tiempo.

»Puse esta carta en su canasta de correspondencia a las 11 de la mañana. A las 2 de la tarde miré mi correspondencia. Allí estaba mi sobre. Había respondido diciendo que podría verme esa tarde, y me concedería 10 minutos de su tiempo. Fui a verlo, hablamos durante más de una hora, y mis problemas quedaron resueltos.

»Si yo no hubiera dramatizado el hecho de que realmente quería verlo, probablemente seguiría esperando que me diera una cita.»

James B. Boynton tuvo que presentar una vez un ex tenso informe sobre el mercado. Su firma acababa de terminar un detallado estudio sobre una conocida marca de crema facial. Se necesitaban sin tardanza datos sobre la amenaza de una venta por debajo del costo; el cliente en perspectiva era uno de los más grandes — y más formidables — publicistas.

«La primera vez que fui a verlo» admitió el Sr. Boynton «me encontré desviado hacia una inútil discusión de los métodos empleados en la investigación. Discutimos. El hombre me dijo que me equivocaba, y yo traté de demostrar que no. Gané finalmente la discusión, y quedé satisfecho en cuanto a eso, pero terminó la entrevista y yo no había conseguido resultado alguno.

»La segunda vez no me preocupé por tablas de cifras y datos. Dramaticé los hechos.

»Al entrar en el despacho de este hombre lo vi hablando por teléfono. Mientras él seguía la conversación abrí una valija y puse treinta y dos frascos de crema facial sobre su escritorio. Eran productos conocidos por él, competidores del suyo.

»En cada frasco había puesto una etiqueta que exponía brevemente los resultados de la investigación comercial. Y cada una daba con brevedad, dramáticamente, una historia del caso.

»Ya no hubo discusiones. Yo presentaba algo nuevo, diferente. El cliente tomó uno y después otro de los frascos y leyó las informaciones de las etiquetas. Se produjo una amistosa conversación. Me hizo muchas preguntas, intensamente interesado. Me había concedido sólo diez minutos para exponer mis hechos, pero pasaron los diez, y veinte, y cuarenta, y al cabo de una hora seguíamos hablando.

»Presentaba yo esta vez los mismos hechos de antes. Pero ahora empleaba la dramatización, el exhibicionismo ... y ahí estaba toda la diferencia."

- **Regla 11 – *Dramatiza tus ideas.***

Cuando ninguna otra cosa te dé resultado, prueba esto

Charles Schwab tenía un capataz de altos hornos cuyo personal no producía su cuota de trabajo.

—¿Cómo es —preguntó Schwab— que un hombre de su capacidad no consigue que esta planta rinda lo que debe?

—No sé —respondió el hombre—. He pedido a los obreros que trabajen más; les he dado el ejemplo; los he regañado; los he amenazado con el despido. Pero nada se consigue. No producen, y nada más. —Estaba cayendo el día, poco antes de que entrara a trabajar el turno de la noche.

—Déme un trozo de tiza —dijo Schwab. Y luego, volviéndose a un obrero cercano:— ¿Cuántas veces descargó el horno el turno de hoy?

Sin decir palabra, Schwab trazó un gran número seis en el piso y se alejó.

Cuando entró el turno de la noche, los obreros vieron el seis y preguntaron qué significaba aquello.

—Hoy estuvo el jefe —fue la respuesta— y después de preguntarnos cuántas veces descargamos el horno, escribió en el piso ese seis, el número que le dijimos.

A la mañana siguiente volvió Schwab al taller. El turno de la noche había borrado el seis y escrito un siete. Cuando los obreros diurnos fueron a trabajar, vieron esa cifra. ¿De modo que los de la noche creían ser mejores, eh? Bien: ya les iban a enseñar a trabajar. Se pusieron a la tarea con entusiasmo y cuando se marcharon aquella noche dejaron en el piso un enorme número diez.

A poco, este taller, que se había quedado atrás en producción, rendía más que cualquier otro de la fábrica. ¿Cuál es el principio?

Dejemos que Charles Schwab nos lo diga. «La forma de conseguir que se hagan las cosas» dice Schwab «es estimular la competencia. No hablo del estímulo sórdido, monetario, sino del deseo de superarse.»

¡El deseo de superarse! ¡El desafío! ¡Arrojar el guante! Un medio infalible de apelar a los hombres de carácter.

Sin un desafío, Theodore Roosevelt no habría sido jamás presidente de los Estados Unidos. Apenas de regreso de Cuba se le quería designar candidato a gobernador del Estado de Nueva York. La oposición descubrió que ya no era residente legal en el estado; y Roosevelt, atemorizado, quería retirar su candidatura. Pero Thomas Collier Platt le arrojó el guante. Volviéndose de pronto hacia Roosevelt exclamó con su voz potente: «¿Es un cobarde el héroe del cerro de San Juan?»

Roosevelt emprendió la lucha, y lo demás es ya cosa de la historia. Ese desafío no solamente cambió su vida sino que tuvo un efecto tremendo sobre la historia de la nación.

«Todos los hombres tienen temores, pero los valientes los olvidan y van adelante, a veces hasta la muerte, pero siempre hasta la victoria.» Ese era el lema de la Guardia Real en la antigua Grecia. Qué mayor desafío puede ofrecerse que la oportunidad de superar estos temores.

Cuando Al Smith era gobernador de Nueva York, se vio en un grave aprieto. Sing Sing, la más famosa penitenciaría después de la Isla del Diablo, no tenía alcaide.

A través de sus murallas corrían rumores muy feos, escándalos y otras cosas. Smith necesitaba un hombre fuerte para que dirigiera la prisión, un hombre de hierro. Pero, ¿quién? Llamó a Lewis E. Lawes, de New Hampton.

—¿Qué le parecería ir a hacerse cargo de Sing Sing? —dijo jovialmente cuando Lawes estuvo ante él—. Allí necesitan a un hombre de experiencia.

Lawes quedó alelado. Conocía los peligros de Sing Sing. Era un cargo político, sujeto a las variaciones de los caprichos políticos. Los alcaides entraban y salían de allí rápidamente; uno había durado apenas tres semanas. Y él tenía que tener en cuenta su carrera. ¿Valía la pena correr ese riesgo?

Y entonces Smith, que advirtió su vacilación, se echó hacia atrás y sonrió:

—Joven, no lo puedo censurar por tener miedo. Es un lugar muy bravo. Necesita mucha valentía un hombre, para ir allí y quedarse.

¿Un desafío, eh? Lawes aceptó entonces la idea de intentar una labor que requería un hombre de hierro.

Fue a Sing Sing. Y se quedó allí, hasta ser el más famoso de los alcaides habidos en la penitenciaría. Su libro **Veinte mil años en Sing Sing** se vendió a centenares de miles de lectores. Lawes ha hablado por radio; sus relatos de la vida en una prisión han inspirado muchas películas. Y su «humanización» de los criminales ha producido milagros en cuanto a las reformas carcelarias.

«Según mi experiencia» ha dicho Harvey S. Firestone, fundador de la gran empresa Firestone Tire & Rubber Company «con la paga por sí sola no se atrae ni se retiene a la gente de algún valor. Creo que es más bien el juego mismo.»

Frederic Herzberg, uno de los grandes tratadistas del comportamiento humano, estuvo de acuerdo en este punto. Estudió en profundidad la actitud ante el trabajo de miles de personas, desde obreros de fábricas hasta importantes ejecutivos. Y descubrió que el factor más motivador, la faceta del trabajo que resultaba más estimulante, era... ¿Cuál creen ustedes? ¿El dinero? ¿Las buenas condiciones de trabajo? ¿Los beneficios adicionales? No, nada de eso. El principal factor motivador de la gente era el trabajo mismo. Si el trabajo era excitante e interesante, el obrero lo enfrentaba con gusto, y ésa era toda la motivación que necesitaba para hacerlo bien.

Eso es lo que encanta a toda persona que triunfa: el juego. La oportunidad de expresarse. La oportunidad de demostrar lo que vale, de destacarse, de ganar. Esto es lo que da atracción a las carreras pedestres. El deseo de sobresalir. El deseo de sentirse importante.

- **Regla 12** – *Lanza, con tacto, un reto amable.*

En pocas palabras—Logra que los demás piensen como tú

- **Regla 1** – *La única forma de salir ganando en una discusión es evitándola.*

- **Regla 2** – *Demuestra respeto por las opiniones ajenas. Jamás di a una persona que está equivocada.*

- **Regla 3** – *Si tú estás equivocado, admítelo rápida y enfáticamente.*

- **Regla 4** – *Empieza en forma amigable.*

- **Regla 5** – *Consiga que la otra persona diga «Sí, sí,» inmediatamente.*

- **Regla 6** – *Permite que la otra persona sea quien hable más.*

- **Regla 7** – *Permite que la otra persona sienta que la idea es de ella.*

- **Regla 8** – *Trata honradamente de ver las cosas desde el punto de vista de la otra persona.*

- **Regla 9** – *Muestra simpatía por las ideas y deseos de la otra persona.*

- **Regla 10** – *Apela a los motivos más nobles.*

- **Regla 11** – *Dramatiza tus ideas.*

- **Regla 12** – *Lanza, con tacto, un reto amable.*

CUARTA parte:

Sé un líder: Cómo
cambiar a los demás
sin ofenderlos
ni despertar
resentimientos

Si tienes que encontrar defectos, esta es la manera de empezar

Un amigo mío fue invitado a pasar un fin de semana en la Casa Blanca durante la administración de Calvin Coolidge. Al entrar por casualidad en la oficina privada del presidente le oyó decir, dirigiéndose a una de sus secretarias: «Lindo vestido lleva usted esta mañana, señorita; la hace aún más atractiva.»

Fue esa, quizá, la alabanza mayor que el silencioso Coolidge hizo a una secretaria en toda su vida. Resultó tan inesperada, tan inusitada, que la joven enrojeció confusa. Pero Coolidge manifestó en seguida: «No se acalore. Lo he dicho solamente para que se sintiera contenta. En adelante, desearía que tuviera algo más de cuidado con la puntuación.»

Su método, probablemente, pecaba por exceso de claridad, pero la psicología era espléndida. Siempre es más fácil escuchar cosas desagradables después de haber oído algún elogio.

El barbero jabona la cara del hombre antes de afeitarlo, y esto es precisamente lo que hizo McKinley en 1896, cuando era candidato a la presidencia. Uno de los republicanos más prominentes de la época había escrito un discurso para la campaña electoral, y a su juicio era una pieza mejor que todas las de Cicerón, Patrick Henry y Daniel Webster reunidas. Con gran entusiasmo, este señor leyó su inmortal discurso a McKinley. Tenía el discurso sus cosas buenas, pero no servía. Despertaría una tormenta de críticas. McKinley no quería herir los sentimientos del autor. No debía anular el espléndido entusiasmo del hombre, pero tenía que decirle que no. Veamos con cuánta destreza lo logró.

—Amigo mío —le dijo—, ese discurso es espléndido, magnífico. Nadie podría haber preparado uno mejor. En muchas ocasiones sería exactamente lo que habría que decir, pero ¿se presta para la situación actual? Veraz y sobrio como es, desde su punto de vista, yo tengo que considerarlo desde el punto de vista del partido. Yo desearía que volviera usted a su casa y escribiera un discurso según las indicaciones que yo le hago, enviándome después una copia.

Así lo hizo. McKinley tachó y corrigió, ayudó a su correligionario a escribir el nuevo discurso, y así pudo contar con él como uno de los oradores más eficaces de la campaña.

Aquí tenemos una de las dos cartas más famosas que escribió Abraham Lincoln (la más famosa fue la escrita a la Sra. de Bixley para expresarle el pesar del presidente por la muerte de los cinco hijos de esta pobre mujer, todos ellos en combate). Lincoln terminó esta carta probablemente en cinco minutos; pero se vendió en subasta pública, en 1926, por doce mil dólares. Suma que, digámoslo al pasar, es mayor que todo el dinero que pudo economizar Lincoln al cabo de medio siglo de dura tarea.

Esta carta fue escrita el 26 de abril de 1863, en el período más sombrío de la Guerra Civil. Durante dieciocho meses los generales de Lincoln venían conduciendo el ejército de la Unión de derrota en derrota. Aquello era trágico: nada más que una carnicería humana, inútil y estúpida. La nación estaba atónita, aterrorizada. Miles de soldados desertaban del ejército; y hasta los miembros republicanos del Senado se rebelaron y quisieron forzar a Lincoln a dejar la Casa Blanca. «Estamos ahora» dijo Lincoln por entonces «al borde de la destrucción. Me parece que hasta el Todopoderoso se halla contra nosotros. Apenas puedo ver un rayo de esperanza.»

Tal era el período de negros pesares y de caos que dio origen a esta carta.

Voy a reproducirla aquí porque demuestra cómo trató Lincoln de cambiar a un turbulento general cuando la suerte de la nación podía depender de los actos de ese general.

Es, quizá, la carta más enérgica que escribió Lincoln en su presidencia; pero se ha de advertir que elogió al general Hooker antes de hablar de sus graves errores.

Sí, eran defectos muy graves; pero Lincoln no los llamaba así. Lincoln era más conservador, más diplomático. Lincoln escribió solamente: «Hay ciertas cosas a cuyo respecto no estoy del todo satisfecho con usted». Eso es tacto y diplomacia.

Aquí está la carta dirigida al mayor general Hooker:

Yo lo he puesto al frente del Ejército del Potomac. He hecho así, claro está, por razones que me parecen suficientes, mas creo mejor hacerle saber que hay ciertas cosas a cuyo respecto no estoy del todo satisfecho con usted.

Creo que es usted un soldado valiente y hábil, cosa que, naturalmente, me agrada. También creo que no mezcla usted la política con su profesión, en lo cual está acertado. Tiene usted confianza en sí mismo, cualidad valiosa, si no indispensable.

Es usted ambicioso, lo cual, dentro de límites razonables, hace más bien que mal. Pero creo que durante el comando del general Burnside en el ejército se dejó llevar usted por su ambición y lo contrarió usted todo lo que pudo, con lo cual hizo un grave daño al país y a un compañero de armas sumamente meritorio y honorable.

He escuchado, en forma tal que debo creerlo, que ha dicho usted recientemente que tanto el ejército como el gobierno necesitan un dictador. Es claro que no fue por esto sino a pesar de esto que le he dado el mando.

Sólo los generales que obtienen triunfos pueden erigirse en dictadores. Lo que pido ahora de usted es que nos dé triunfos militares, y correré el riesgo de la dictadura.

El gobierno le prestará apoyo hasta donde dé su capacidad, o sea ni más ni menos de lo que ha hecho y hará por todos los comandantes. Mucho me temo que el espíritu que ha contribuido usted a infundir en el ejército, de criticar al comandante y no tenerle confianza, se volverá ahora contra usted. Yo lo ayudaré, en todo lo que pueda, para acallarlo.

Ni usted ni Napoleón, si volviera a vivir, obtendría bien alguno de un ejército en el que predomina tal espíritu, pero ahora cuídese de la temeridad. Cuídese de la temeridad, pero con energía y con constante vigilancia marche usted adelante y dénos victorias.

Tú no eres un Coolidge, ni un McKinley, ni un Lincoln. ¿Quieres saber si esta filosofía te dará resultados en los contactos de los negocios diarios? Veamos. Tomemos el caso de W. P. Gaw, de la Wark Company, Filadelfia.

La empresa Wark había conseguido un contrato para construir y completar un gran edificio de escritorios en Filadelfia, para una fecha determinada. Todo marchaba como sobre rieles, el edificio estaba casi terminado, cuando de pronto el subcontratista encargado de la obra ornamental de bronce que debía adornar el exterior del edificio declaró que no podía entregar el material en la fecha fijada.

¡Toda la obra paralizada! ¡Grandes multas y tremendas pérdidas por la falla de un hombre!

Hubo comunicaciones telefónicas a larga distancia, discusiones, conversaciones acaloradas. Todo en vano. Por fin el Sr. Gaw fue enviado a Nueva York para entrevistar al león en su cueva.

—¿Sabe usted que es la única persona en Brooklyn con ese apellido? —preguntó Gaw apenas hubo entrado en el despacho del presidente.

—No lo sabía —repuso sorprendido el presidente.

—Así es —insistió Gaw—. Cuando salí del tren, esta mañana, miré la guía telefónica para conocer su dirección, y vi que es usted el único que tiene este apellido en la guía telefónica de Brooklyn.

—No lo sabía —repitió el presidente, y examinó con interés la guía de teléfonos. Luego, con orgullo, añadió:— En realidad, no es un apellido muy común. Mi familia vino de Holanda y se instaló en Nueva York hace casi doscientos años.

Siguió hablando unos minutos de su familia y sus antepasados. Cuando terminó, Gaw lo felicitó por la importancia de la fábrica que tenía, y la comparó elogiosamente con otras empresas similares que había conocido.

—He pasado toda la vida dedicado a este negocio —dijo el presidente— y estoy orgulloso de ser el dueño. ¿Le gustaría dar una vuelta por la fábrica?

Durante esta gira de inspección, el Sr. Gaw lo felicitó por el sistema de trabajo empleado, y le explicó cómo y porqué le parecía superior al de algunos competidores. Gaw comentó algunas máquinas poco comunes, y el presidente le anunció que las había inventado él. Dedicó mucho tiempo a mostrar cómo funcionaban y los buenos resultados que daban. Insistió en que Gaw lo acompañara a almorzar. Hasta entonces no se había pronunciado una palabra sobre el verdadero propósito de la visita del Sr. Gaw.

Después de almorzar, el presidente manifestó:

—Ahora, a lo que tenemos que hacer. Naturalmente, yo sé por qué ha venido usted. No esperaba que nuestra entrevista sería tan agradable. Puede volver a Filadelfia con mi promesa de que el material para esa obra será fabricado y despachado a tiempo, aunque haya que retrasar la entrega de otros pedidos.

El Sr. Gaw consiguió lo que quería, sin pedirlo siquiera. El material llegó a tiempo, y el edificio quedó terminado el día en que expiraba el contrato para su entrega.

¿Habría ocurrido lo mismo si Gaw hubiera usado el método de la brusquedad que se suele emplear en tales ocasiones?

Dorothy Wrublewski, gerente de área del Federal Credit Union de Fort Monmouth, Nueva jersey, contó en una de nuestras clases cómo pudo ayudar a una de sus empleadas a producir más.

«Hace poco tomamos a una joven como cajera aprendiza. Su contacto con nuestros clientes era muy bueno. Era correcta y eficiente en el manejo de transacciones individuales. El problema aparecía al final de la jornada, cuando había que hacer el balance.

»El jefe de cajeros vino a verme y me sugirió con firmeza que despidiera a esta joven:

—Está demorando a todos los demás por su lentitud en cerrar su caja. Se lo he dicho una y otra vez, pero no aprende. Tiene que irse.

»Al día siguiente la vi trabajar rápido y a la perfección en el manejo de las transacciones cotidianas, y era muy agradable en el trato con los demás empleados.

»No me llevó mucho tiempo descubrir por qué tenía problemas con el balance. Después de cerrar las puertas al público, fui a hablar con ella. Se la veía nerviosa y deprimida. La felicité por su espíritu amistoso y abierto con los demás empleados, así como por la corrección y velocidad con que trabajaba. Después le sugerí que revisáramos el procedimiento que usaba para hacer el balance del dinero en su caja. No bien comprendió que yo confiaba en ella, siguió mis sugerencias, y no tardó en dominar sus funciones. Desde entonces no hemos tenido ningún problema con ella.»

Empezar con elogios es hacer como el dentista que empieza su trabajo con novocaína. Al paciente se le hace todo el trabajo necesario, pero la droga ya ha insensibilizado al dolor. De modo que un líder debe usar la...

* **Regla 1 – *Empieza con elogio y aprecio sincero.***

23

Cómo criticar — sin que te odien

Charles Schwab pasaba por uno de sus talleres metalúrgicos, un mediodía, cuando se encontró con algunos empleados fumando. Tenían sobre las cabezas un gran letrero que decía: «Prohibido fumar». Pero Schwab no señaló el letrero preguntando: «¿No saben leer?» No, señor. Se acercó a los hombres, entregó a cada uno un cigarro y dijo: «Les agradeceré mucho, amigos, que fumen éstos afuera». Ellos no ignoraban que él sabía que habían desobedecido una regla, y lo admiraron porque no decía nada al respecto, les obsequiaba y los hacía sentir importantes. No se puede menos que querer a un hombre así, ¿verdad?

John Wanamaker empleaba la misma táctica. Todos los días solía efectuar una gira por su gran tienda de Filadelfia. Una vez vio a una cliente que esperaba junto a un mostrador. Nadie le prestaba la menor atención.

¿Los vendedores? Estaban reunidos en un grupo al otro extremo del mostrador, conversando y riendo. Wanamaker no dijo una palabra. Se colocó detrás del mostrador, atendió personalmente a la mujer y después entregó su compra a los vendedores, para que la hicieran envolver, y siguió su camino.

A los funcionarios públicos se los suele criticar por no mostrarse accesibles a sus votantes. Son gente ocupada, y el defecto suele estar en empleados sobreprotectores que no quieren recargar a sus jefes con un exceso de visitantes. Carl Langford, que fue alcalde de Orlando, Florida, donde se encuentra Disney World, durante muchos años insistió en que su personal permitiera que la gente que fuera a verlo pudiera hacerlo. Decía tener una política de «puertas abiertas», y aun así los ciudadanos de su comunidad se veían bloqueados por secretarias y empleados cada vez que querían verlo.

Al fin el alcalde encontró una solución. ¡Sacó la puerta de su oficina! Sus ayudantes comprendieron el mensaje, y el alcalde tuvo una administración realmente abierta al público desde que derribó simbólicamente la puerta.

El mero cambio de una pequeña palabra puede representar la diferencia entre el triunfo y el fracaso en cambiar a una persona sin ofenderla o crear resentimientos.

Muchos creen eficaz iniciar cualquier crítica con un sincero elogio seguido de la palabra «pero» y a continuación la crítica. Por ejemplo, si se desea cambiar la actitud descuidada de un niño respecto de sus estudios, podemos decir: «Estamos realmente orgullosos de ti, Johnnie, por haber mejorado tus notas este mes. Pero si te hubieras esforzado más en álgebra, los resultados habrían sido mejores todavía.»

Johnnie se sentirá feliz hasta el momento de oír la palabra «pero».

En ese momento cuestionará la sinceridad del elogio, que le parecerá un truco para poder pasar de contrabando la crítica. La credibilidad sufrirá, y probablemente no lograremos nuestro objetivo de cambiar la actitud de Johnnie hacia sus estudios.

Esto podría evitarse cambiando la palabra pero por y: «Estamos realmente orgullosos de ti, Johnnie, por haber mejorado tus notas este mes, y si sigues esforzándote podrás subir las notas de álgebra al nivel de las demás».

Ahora sí Johnnie podrá aceptar el elogio porque no hubo un seguimiento con crítica. Le hemos llamado indirectamente la atención sobre la conducta que queríamos cambiar, y lo más seguro es que se adecuará a nuestras expectativas.

Llamar la atención indirectamente sobre los errores obra maravillas sobre personas sensibles que pueden resentirse ante una crítica directa. Marge Jacob, de Woonsocket, Rhode Island, contó en una de nuestras clases cómo convenció a unos desprolijos obreros de la construcción de que hicieran la limpieza al terminar el trabajo mientras construían una adición en su casa.

Durante los primeros días de trabajo, cuando la señora Jacob volvía de su oficina, notaba que el patio estaba cubierto de fragmentos de madera. No quería ganarse la enemistad de los obreros, que por lo demás hacían un trabajo excelente. De modo que cuando se marcharon, ella y sus hijos recogieron y apilaron todos los restos de madera en un rincón. A la mañana siguiente llamó aparte al capataz y le dijo:

—Estoy realmente contenta por el modo en que dejaron el patio anoche; así de limpio y ordenado, no molestará a los vecinos.

Desde ese día, los obreros recogieron y apilaron los restos de madera, y el capataz se acercaba todos los días a la dueña de casa buscando aprobación por el orden que habían hecho el día anterior.

Una de las áreas de controversia más áspera entre los miembros de la Reserva de las Fuerzas Armadas y los oficiales regulares, es el corte de pelo. Los reservistas se consideran civiles (cosa que son la mayor parte del tiempo), y no les agrada tener que hacerse un corte militar.

El Sargento Harley Kaiser, de la Escuela Militar 542, se vio ante este problema al trabajar con un grupo de oficiales de la reserva sin destinos. Como veterano sargento, lo normal en él habría sido aullarle a las tropas, y amenazarlas. En lugar de eso, prefirió utilizar un enfoque indirecto.

—Caballeros —comenzó:— ustedes son líderes. Y el modo más eficaz de practicar el liderazgo, es hacerlo mediante el ejemplo. Ustedes deben ser un ejemplo que sus hombres quieran seguir. Todos saben lo que dicen los Reglamentos del Ejército sobre el corte de pelo. Yo me haré cortar el cabello hoy, aunque lo tengo mucho más corto que algunos de ustedes. Mírense al espejo, y si sienten que necesitan un corte para ser un buen ejemplo, nos haremos tiempo para que hagan una visita al peluquero.

El resultado fue predicible. Varios de los candidatos se miraron al espejo y fueron a la peluquería esa tarde y se hicieron un corte «de reglamento». A la mañana siguiente el Sargento Kaiser comentó que ya podía ver el desarrollo de las cualidades de liderazgo en algunos miembros del escuadrón.

El 8 de marzo de 1887 murió el elocuente Henry Ward Beecher. Al domingo siguiente, Lyman Abbott fue invitado a hablar desde el púlpito vacante por el deceso de Beecher. Ansioso de causar buena impresión, Abbott escribió, corrigió y pulió su sermón con el minucioso cuidado de un Flaubert. Después lo leyó a su esposa. Era pobre, como lo son casi todos los discursos escritos. La esposa, si hubiera tenido menos cordura, podría haber dicho: «Lyman, eso es horrible. No sirve para nada. Harás dormir a los fieles. Parece un artículo de una enciclopedia. Al cabo de tantos años de predicar, ya deberías saber de estas cosas. Por Dios, ¿por qué no hablas como un ser humano? ¿Por qué no eres natural? No vayas a leer ese discurso.»

Eso es lo que pudo decirle. Y si así hubiera hecho, ya se sabe lo que habría ocurrido. Y ella también lo sabía. Por eso se limitó a señalar que aquel discurso podría servir como un excelente artículo para una revista literaria. En otras palabras, lo ensalzó y al mismo tiempo sugirió sutilmente que como discurso no servía. Lyman Abbott comprendió la indicación, desgarró el manuscrito tan cuidadosamente preparado, y predicó sin utilizar notas siquiera.

Una eficaz manera de corregir los errores de los demás es...

* **Regla 2 –** *Llama atención a los errores de otros, indirectamente.*

24

Habla primero de tus propios errores

Mi sobrina, Josephine Carnegie, había venido a Nueva York para trabajar como secretaria mía. Tenía 19 años, se había recibido tres años antes en la escuela secundaria, y su experiencia de trabajo era apenas superior a cero. Hoy es una de las más perfectas secretarias del mundo; pero en los comienzos era... bueno, susceptible de mejorar. Un día en que empecé a criticarla, reflexioné: «Un minuto, Dale Carnegie; espera un minuto. Eres dos veces mayor que Josephine. Has tenido diez mil veces más experiencia que ella en estas cosas. ¿Cómo puedes esperar que ella tenga tus puntos de vista, tu juicio, tu iniciativa, aunque sean mediocres? Y, otro minuto, Dale; ¿qué hacías tú a los 19 años? ¿No recuerdas los errores de borrico, los disparates de tonto que hacías? ¿No recuerdas cuando hiciste esto... y aquello...?»

Después de pensar un momento, honesta e imparcialmente llegué a la conclusión de que el comportamiento de Josephine a los diecinueve años era mejor que el mío a la misma edad, y lamento confesar que con ello no hacía un gran elogio a Josephine.

Desde entonces, cada vez que quería señalar un error a Josephine, solía comenzar diciendo: «Has cometido un error, Josephine, pero bien sabe Dios que no es peor que muchos de los que he hecho. No has nacido con juicio, como pasa con todos. El juicio llega con la experiencia, y eres mejor de lo que era yo a tu edad. Yo he cometido tantas barrabasadas que me siento muy poco inclinado a censurarte. Pero, ¿no te parece que habría sido mejor hacer esto de tal o cual manera?»

No es tan difícil escuchar una relación de los defectos propios si el que la hace empieza admitiendo humilde mente que también él está lejos de la perfección.

E.G. Dillistone, un ingeniero de Brandon, Manitoba, Canadá, tenía problemas con su nueva secretaria. Las cartas que le dictaba llegaban a su escritorio para ser firmadas con dos o tres errores de ortografía por página. El señor Dillistone nos contó cómo manejó el problema:

«Como muchos ingenieros, no me he destacado por la excelencia de mi redacción u ortografía. Durante años he usado una pequeña libreta alfabetizada donde anotaba el modo correcto de escribir ciertas palabras. Cuando se hizo evidente que el mero hecho de señalarle a mi secretaria sus errores no la haría consultar más el diccionario, decidí proceder de otro modo. En la próxima carta donde vi errores, fui a su escritorio y le dije:

—No sé por qué, pero esta palabra no me parece bien escrita. Es una de esas palabras con las que siempre he tenido problemas. Es por eso que confeccioné este pequeño diccionario casero. —Abrí la libreta en la página correspondiente.— Sí, aquí está cómo se escribe. Yo tengo mucho cuidado con la ortografía, porque la gente nos juzga por lo que escribimos, y un error de ortografía puede hacernos parecer menos profesionales.

»No sé si habrá copiado mi sistema, pero desde esa conversación la frecuencia de sus errores ortográficos ha disminuido significativamente.»

El culto príncipe Bernhard von Bülow aprendió la gran necesidad de proceder así, allá por 1909. Von Bülow era entonces canciller imperial de Alemania, y el trono estaba ocupado por Guillermo II, Guillermo el altanero, Guillermo el arrogante, Guillermo el último de los Káiseres de Alemania, empeñado en construir una flota y un ejército que, se envanecía él, serían superiores a todos. Pero ocurrió una cosa asombrosa. El Káiser pronunciaba frases, frases increíbles que conmovían al continente y daban origen a una serie de explosiones cuyos estampidos se oían en el mundo entero. Lo que es peor, el Káiser hacía estos anuncios tontos, egotistas, absurdos, en público; los hizo siendo huésped de Inglaterra, y dio su permiso real para que se los publicara en el diario *Daily Telegraph*.

Por ejemplo, declaró que era el único alemán que tenía simpatía por los ingleses; que estaba construyendo una flota contra la amenaza del Japón; que él, y sólo él, había salvado a Inglaterra de ser humillada en el polvo por Rusia y Francia; que su plan de campaña había permitido a Lord Roberts vencer a los Bóers en Africa del Sur; y así por el estilo.

En cien años, ningún rey europeo había pronunciado palabras tan asombrosas. El continente entero zumbaba con la furia de un nido de avispas. Inglaterra estaba furiosa. Los estadistas alemanes, asustados. Y en medio de esta consternación, el Káiser se asustó también y sugirió al príncipe von Bülow, el canciller imperial, que asumiera la culpa. Sí, quería que von Bülow anunciara que la responsabilidad era suya, que él había aconsejado al monarca decir tantas cosas increíbles.

—Pero Majestad —protestó von Bülow—, me parece imposible que una sola persona, en Alemania o Inglaterra, me crea capaz de aconsejar a Vuestra Majestad que diga tales cosas.

En cuanto hubo pronunciado estas palabras comprendió que había cometido un grave error. El Káiser se enfureció.

—¡Me considera usted un borrico —gritó— capaz de hacer disparates que usted no habría cometido jamás! Von Bülow sabía que debió elogiar antes de criticar; pero como ya era tarde, hizo lo único que le quedaba, por remediar su error. Elogió después de haber criticado. Y obtuvo resultados milagrosos, como sucede tan a menudo.

—Lejos estoy de pensar eso —respondió respetuosamente—. Vuestra Majestad me supera en muchas cosas; no sólo, claro está, en conocimientos navales y militares, sino sobre todo en las ciencias naturales. A menudo he escuchado lleno de admiración cuando Vuestra Majestad explicaba el barómetro, la telegrafía o los rayos Röntgen. Me avergüenzo de mi ignorancia en todas las ramas de las ciencias naturales, no tengo una noción siquiera de la química o la física, y soy del todo incapaz de explicar el más sencillo de los fenómenos naturales. Pero, como compensación, poseo ciertos conocimientos históricos, y quizás ciertas cualidades que son útiles en la política, especialmente la diplomacia.

Sonrió encantado el Káiser. Von Bülow lo había elogiado. Von Bülow lo había exaltado y se había humillado. El Káiser podía perdonar cualquier cosa después de eso.

—¿No he dicho siempre —exclamó con entusiasmo— que nos complementamos espléndidamente? Debemos actuar siempre juntos, y así lo haremos.

Estrechó la mano a von Bülow, no una sino varias veces. Y ese mismo día estaba tan entusiasmado, que exclamó con los puños apretados:

—Si alguien me habla mal del príncipe von Bülow, le aplastaré la nariz de un puñetazo.

Von Bülow se salvó a tiempo pero, a pesar de ser un astuto diplomático, cometió un error; debió empezar hablando de sus defectos y de la superioridad de Guillermo, y no dando a entender que el Kaiser era un imbécil que necesitaba un alienista.

Si unas pocas frases para elogiar al prójimo y humillarse uno pueden convertir a un Káiser altanero e insultado en un firme amigo, imaginemos lo que podemos conseguir con la humildad y los elogios en nuestros diarios contactos. Si se los utiliza con destreza, darán resultados verdaderamente milagrosos en las relaciones humanas.

Admitir los propios errores, aun cuando uno no los haya corregido, puede ayudar a convencer al otro de la conveniencia de cambiar su conducta. Esto lo ejemplificó Clarence Zerhusen, de Timonium, Maryland, cuando descubrió que su hijo de quince años estaba experimentando con cigarrillos.

«Naturalmente, no quería que David empezara a fumar« nos dijo el señor Zerhusen, «pero su madre y yo fumábamos; le estábamos dando constantemente un mal ejemplo. Le expliqué a David cómo empecé a fumar yo más o menos a su edad, y cómo la nicotina se había apoderado de mí y me había hecho imposible abandonarla. Le recordé lo irritante que era mi tos, y cómo él mismo había insistido para que yo abandonara el cigarrillo, pocos años antes.

»No lo exhorté a dejar de fumar ni lo amenacé o le advertí sobre los peligros. Todo lo que hice fue contarle cómo me había enviciado con el cigarrillo, y lo que había significado para mí.

»El muchacho lo pensó, y decidió que no fumaría hasta terminar la secundaria. Pasaron los años y David nunca empezó a fumar, y ya no lo hará nunca.

»Como resultado de esa misma conversación, yo tomé la decisión de dejar de fumar, y con el apoyo de mi familia lo he logrado.»

Un buen líder sigue esta regla:

* **Regla 3 – *Habla de tus propios errores antes de criticar los de los demás.***

25

A nadie le agrada recibir órdenes

Tuve recientemente el placer de comer con la Srta. Ida Tarbell, decana de los biógrafos norteamericanos. Cuando le comuniqué que estaba escribiendo este libro, comenzamos a tratar el tema, tan importante, de llevarse bien con la gente, y me confió que cuando escribía su biografía de Owen D. Young entrevistó a un hombre que durante tres años trabajó en el mismo despacho que el Sr. Young.

Este hombre declaró que en todo ese lapso no oyó jamás al Sr. Young dar una orden directa a nadie. Siempre hacía indicaciones, no órdenes. Nunca decía, por ejemplo: «Haga esto o aquello», o «No haga esto» o «¿Le parece que aquello dará resultado?» Con frecuencia, después de dictar una carta, preguntaba: «¿Qué le parece esto?» Al revisar una carta de uno de sus ayudantes, solía insinuar: «Quizá si la corrigiéramos en este sentido sería mejor». Siempre daba a los demás una oportunidad de hacer una u otra cosa; los dejaba hacer, y los dejaba aprender a través de sus errores.

Una técnica así facilita a cualquiera la corrección de sus errores. Una técnica así salva el orgullo de cada uno y le da una sensación de importancia. Le hace querer cooperar en lugar de rebelarse.

El resentimiento provocado por una orden violenta puede durar mucho tiempo, aún cuando la orden haya sido dada para corregir una situación evidentemente mala. Dan Santarelli, maestro de una escuela vocacional en Wyoming, Pennsylvania, contó en una de nuestras clases cómo un estudiante suyo había bloqueado la entrada a uno de los talleres de la escuela estacionando ilegalmente su auto enfrente. Uno de los otros instructores irrumpió en la clase y preguntó en tono arrogante:

—¿De quién es el auto que está bloqueando la entrada? —Cuando el estudiante dueño del auto respondió, el instructor le gritó:— Saque ese auto ya mismo, o iré yo y lo remolcaré muy lejos.

Es cierto que ese estudiante había actuado mal. No debía haber estacionado en ese lugar. Pero desde ese día no sólo ese estudiante odió al instructor, sino que todos los estudiantes de la clase hicieron todo lo que pudieron por darle problemas al instructor y hacerle las cosas difíciles.

¿Cómo se habría podido manejar el problema? Preguntando de modo amistoso: «¿De quién es el auto que está en la entrada?» y después sugiriendo que si se lo movía de ahí, podrían entrar y salir otros autos; el estudiante lo habría movido con gusto, y ni él ni sus compañeros habrían quedado molestos y resentidos.

Hacer preguntas no sólo vuelve más aceptables las órdenes, sino que con frecuencia estimula la creatividad de la persona a quien se le pregunta. Es más probable que la gente acepte con gusto una orden si ha tomado parte en la decisión de la cual emanó la orden.

Cuando Ian Macdonald, de Johannesburg, Sudáfrica, gerente general de una pequeña fábrica especializada en partes de máquinas de precisión, tuvo la oportunidad de aceptar un pedido muy grande, estaba convencido de que no podría mantener la fecha prometida de entrega. El trabajo ya agendado en la fábrica y el plazo tan breve que se le daba para esta entrega hacían parecer imposible que aceptara el pedido.

En lugar de presionar a sus empleados para que aceleraran el trabajo, llamó a una reunión general, les explicó la situación y les dijo cuánto significaría para la compañía poder aceptar ese pedido. Después empezó a hacer preguntas: ¿Hay algo que podamos hacer para entregar el pedido? ¿A alguien se le ocurre una modificación en nuestro proceso de modo que podamos cumplir con el plazo? ¿Habría algún modo de reordenar nuestros horarios que pueda ayudarnos?

Los empleados propusieron ideas, e insistieron en que se aceptara el pedido. Lo enfrentaron con una actitud de «Podemos hacerlo», y el pedido fue aceptado, producido y entregado a tiempo.

Un líder eficaz utilizará la...

- **Regla 4 – *Haz preguntas en vez de dar órdenes.***

26

Permite que la otra persona salve su dignidad

Hace años, la General Electric Company se vio ante la delicada necesidad de retirar a Charles Steinmetz de la dirección de un departamento. Steinmetz, genio de primera magnitud en todo lo relativo a electricidad, era un fracaso como jefe del departamento de cálculos. Pero la compañía no quería ofenderlo. Era un hombre indispensable, y sumamente sensible. Se le dio, pues, un nuevo título. Se lo convirtió en Ingeniero Consultor de la General Electric Company — nuevo título para el trabajo que ya hacía — al mismo tiempo que se puso a otro hombre al frente del departamento.

Steinmetz quedó encantado. Y también los directores de la compañía. Habían maniobrado con su astro más temperamental, sin producir una tormenta, al dejarlo que salvara su prestigio.

¡Salvar el prestigio! ¡Cuán importante, cuán vitalmente importante es esto! ¡Y cuán pocos entre nosotros nos detenemos a pensarlo! Pisoteamos los sentimientos de los demás, para seguir nuestro camino, descubrimos defectos, proferimos amenazas, criticamos a un niño o a un empleado frente a los demás, sin pensar jamás que herimos el orgullo del prójimo. Y unos minutos de pensar, una o dos palabras de consideración, una comprensión auténtica de la actitud de la otra persona contribuirán poderosamente a aligerar la herida.

Recordemos esto la próxima vez que nos veamos en la desagradable necesidad de despedir a un empleado.

«Despedir empleados no es muy divertido. Ser despedido lo es menos todavía» dice una carta que me escribió Marshall A. Granger, contador público. «Nuestro negocio trabaja según las temporadas. Por lo tanto, tenemos que despedir a muchos empleados en marzo.

»En nuestra profesión es cosa ya sabida que a nadie le agrada ser el verdugo. Por consiguiente, se adoptó la costumbre de acabar lo antes posible, generalmente así:

—Siéntese, Sr. Fulano. Ha terminado la temporada y parece que ya no tenemos trabajo para usted. Claro está que usted sabía que lo íbamos a ocupar durante la temporada... etcétera.

»El efecto que se causaba en los empleados era de decepción, la sensación de que se los había "dejado en la estacada". Casi todos ellos eran contadores permanentes y no conservaban cariño alguno por una casa que los dejaba en la calle con tan pocas contemplaciones.

»Yo decidí hace poco despedir a nuestros empleados extraordinarios con un poco más de tacto y consideración. He llamado a cada uno a mi despacho, después de considerar cuidadosamente el trabajo rendido durante el invierno. Y les he dicho algo así:

—Sr. Fulano; ha trabajado usted muy bien (si así ha sido). La vez que lo enviamos a Newark tuvo una misión difícil. No obstante, la cumplió usted con grandes resultados, y queremos hacerle saber que la casa se siente orgullosa de usted. Progresará mucho, dondequiera que trabaje. La casa cree en usted, y no queremos que lo olvide.

»El efecto obtenido es que los empleados despedidos se marchan con la sensación de que no se los "deja en la estacada". Saben que si tuviéramos trabajo para ellos los conservaríamos. Y cuando los necesitamos nuevamente, vienen con gran afecto personal.»

En una sesión de nuestro curso, dos alumnos hablaron ejemplificando los aspectos negativos y positivos de permitir que la otra persona salve su dignidad.

Fred Clark, de Harrisburg, Pennsylvania, contó un incidente que había tenido lugar en su compañía:

«En una de nuestras reuniones de producción, un vicepresidente le hacía preguntas muy insistentes a uno de nuestros supervisores de producción, respecto de un proceso determinado. Su tono de voz era agresivo, y se proponía demostrar fallas en la actuación de este supervisor. Como no quería quedar mal delante de sus compañeros, el supervisor era evasivo en sus respuestas. Esto hizo que el vicepresidente perdiera la paciencia, le gritara al supervisor y lo acusara de mentir.

»En unos pocos momentos se destruyó toda la buena relación de trabajo que hubiera podido existir antes del encuentro. A partir de ese momento este supervisor, que básicamente era un buen elemento, dejó de ser de toda utilidad para nuestra compañía. Pocos meses después abandonó nuestra firma y fue a trabajar para un competidor, donde según tengo entendido ha hecho una espléndida carrera.»

Otro participante de la clase, Anna Mazzone, contó un incidente similar que había tenido lugar en su trabajo ... ¡pero con qué diferente enfoque y resultados! La señorita Mazzone, especialista en mercado de una empresa empacadora de alimentos, recibió su primera tarea de importancia: la prueba de mercado de un producto nuevo. Le contó a la clase:

«Cuando llegaron los resultados de la prueba, me sentí morir. Había cometido un grave error en la planificación, y ahora toda la prueba tendría que volver a hacerse. Para empeorar las cosas, no tenía tiempo de ex ponerle la situación a mi jefe antes de la reunión de esa mañana, en la que debía informar de este proyecto.

»Cuando me llamaron para dar el informe, yo temblaba de pavor. Había hecho todo lo posible por no derrumbarme, pero resolví que no lloraría y no les daría ocasión a todos esos hombres de decir que las mujeres no pueden recibir tareas de responsabilidad por ser demasiado emocionales. Di un informe muy breve, diciendo que debido a un error tendría que repetir todo el estudio, cosa que haría antes de la próxima reunión. Me senté, esperando que mi jefe estallara.

»Pero no lo hizo: me agradeció mi trabajo y observó que no era infrecuente que alguien cometiera un error la primera vez que se le asignaba una tarea de importancia, y que confiaba en que el informe final sería correcto y útil para la compañía. Me aseguró, delante de todos mis colegas, que tenía fe en mí, y sabía que yo había puesto lo mejor de mí, y que el motivo de esta falla era mi falta de experiencia, no mi falta de capacidad.

»Salí de esa reunión caminando en las nubes, y juré que nunca decepcionaría a ese extraordinario jefe que tenía.»

Aún cuando tengamos razón y la otra persona esté claramente equivocada, sólo haremos daño si le hacemos perder prestigio.

El legendario escritor y pionero de la aviación A. de Saint Exupéry escribió: «No tengo derecho a decir o hacer nada que disminuya a un hombre ante sí mismo. Lo que importa no es lo que yo pienso de él, sino lo que él piensa de sí mismo. Herir a un hombre en su dignidad es un crimen.»

Un auténtico líder siempre seguirá la...

- **Regla 5** – *Permite que la otra persona salve su propia dignidad.*

27

Cómo estimular a las personas hacia el triunfo

Pete Barlow, un viejo amigo, tenía un número de perros y caballos amaestrados y pasó la vida viajando con circos y compañías de variedades. Me encantaba ver cómo adiestraba a los perros nuevos para su número. Noté que en cuanto el perro demostraba el menor progreso, Pete lo palmeaba y elogiaba y le daba golosinas.

Esto no es nuevo. Los domadores de animales emplean esa técnica desde hace siglos.

¿Por qué, entonces, no utilizamos igual sentido común cuando tratamos de cambiar a la gente que cuando tratamos de cambiar a los perros? ¿Por qué no empleamos golosinas en lugar de un látigo? ¿Por qué no recurrimos al elogio en lugar de la censura? Elogiemos hasta la menor mejora. Esto hace que los demás quieran seguir mejorando.

En su libro **No soy gran cosa, nena, pero soy todo lo que puedo ser**, el psicólogo Jess Lair comenta: «El elogio es como la luz del sol para el espíritu humano; no podemos florecer y crecer sin él. Y aun así, aunque casi todos estamos siempre listos para aplicar a la gente el viento frío de la crítica, siempre sentimos cierto desgano cuando se trata de darle a nuestro prójimo la luz cálida del elogio».*

---

* *Jess Lair: No soy gran cosa, nena, pero soy todo lo que puedo ser (Greenwich, Conn.: Fawcett 1976).*

Al recordar mi vida puedo ver las ocasiones en que unas pocas palabras de elogio cambiaron mi porvenir entero. ¿No puede usted decir lo mismo de su vida? La historia está llena de notables ejemplos de esta magia del elogio.

Por ejemplo, hace medio siglo, un niño de diez años trabajaba en una fábrica de Nápoles. Anhelaba ser cantor, pero su primer maestro lo desalentó. Le dijo que no podría cantar jamás, que no tenía voz, que tenía el sonido del viento en las persianas.

Pero su madre, una pobre campesina, lo abrazó y ensalzó y le dijo que sí, que sabía que cantaba bien, que ya notaba sus progresos; y anduvo descalza mucho tiempo a fin de economizar el dinero necesario para las lecciones de música de su hijo. Los elogios de aquella campesina, sus palabras de aliento, cambiaron la vida entera de aquel niño. Quizá haya oído usted hablar de él. Se llamaba Caruso. Fue el más famoso y el mejor cantante de ópera de su tiempo.

A comienzos del siglo XIX, un jovenzuelo de Londres aspiraba a ser escritor. Pero todo parecía estar en su contra. No había podido ir a la escuela más que cuatro años. Su padre había sido arrojado a una cárcel porque no podía pagar sus deudas, y este jovencito conoció a menudo las punzadas del hambre. Por fin consiguió un empleo para pegar etiquetas en botellas de betún, dentro de un depósito lleno de ratas; y de noche dormía en un triste desván junto con otros dos niños, ratas de albañal en los barrios pobres. Tan poca confianza tenía en sus condiciones de escritor que salió a hurtadillas una noche a despachar por correo su primer manuscrito, para que nadie pudiera reírse de él. Un cuento tras otro le fue rechazado. Finalmente, llegó el gran día en que le aceptaron uno. Es cierto que no se le pagaba un centavo, pero un director lo elogiaba. Un director de diario lo reconocía como escritor. Quedó el mozo tan emocionado que ambuló sin destino por las calles, llenos los ojos de lágrimas.

El elogio, el reconocimiento que recibía al conseguir que imprimieran un cuento suyo, cambiaban toda su carrera, pues si no hubiera sido por ello quizá habría pasado la vida entera trabajando como hasta entonces. Es posible que hayan oído hablar ustedes de este jovenzuelo. Se llamaba Charles Dickens.

Otro niño de Londres trabajaba en una tienda de comestibles. Tenía que levantarse a las cinco, barrer la tienda y trabajar después como esclavo durante catorce horas. Era una esclavitud, en verdad, y el mozo la despreciaba. Al cabo de dos años no pudo resistir más; se levantó una mañana y, sin esperar el desayuno, caminó veinticinco kilómetros para hablar con su madre, que estaba trabajando como ama de llaves.

El muchacho estaba frenético. Rogó a la madre, lloró, juró que se mataría si tenía que seguir en aquella tienda. Después escribió una extensa y patética carta a su viejo maestro de escuela, declarando que estaba desalentado, que ya no quería vivir. El viejo maestro lo elogió un poco y le aseguró que era un joven muy inteligente, apto para cosas mejores; y le ofreció trabajo como maestro.

Esos elogios cambiaron el futuro del mozo, y dejaron una impresión perdurable en la historia de la literatura inglesa. Porque aquel niño ha escrito desde entonces innumerables libros y ha ganado cantidades enormes de dinero con su pluma. Quizá lo conozca usted. Se llamaba H.G. Wells.

El uso del elogio en lugar de la crítica es el concepto básico de las enseñanzas de B. F. Skinner. Este gran psicólogo contemporáneo ha mostrado, por medio de experimentos con animales, y con seres humanos, que minimizando las críticas y destacando el elogio, se reforzará lo bueno que hace la gente, y lo malo se atrofiará por falta de atención.

John Ringelspaugh, de Rocky Mount, Carolina del Norte, usó el método en el trato con sus hijos. Como en muchas familias, en la suya parecía que la única forma de comunicación entre madre y padre por un lado, e hijos por el otro, eran los gritos. Y, como suele suceder, los chicos se ponían un poco peores, en lugar de un poco mejores, después de cada una de tales sesiones... y los padres también. El problema no parecía tener una solución a la vista.

El señor Ringelspaugh decidió usar alguno de los principios que estaba aprendiendo en nuestro curso. Nos contó:

«Decidimos probar con los elogios en lugar de la crítica a sus defectos. No era fácil, cuando todo lo que podíamos ver eran las cosas negativas de nuestros hijos; fue realmente duro encontrar algo que elogiar. Conseguimos encontrar algo, y durante el primer día o dos algunas de las peores cosas que estaban haciendo desaparecieron. Después empezaron a desaparecer sus otros defectos. Empezaron a capitalizar los elogios que les hacíamos. Incluso empezaron a salirse de sus hábitos para hacer las cosas mejor. No podíamos creerlo. Por supuesto, no duró eternamente, pero la norma en que nos ajustamos después fue mucho mejor que antes. Ya no fue necesario reaccionar como solíamos hacerlo. Los chicos hacían más cosas buenas que malas. Todo lo cual fue resultado de elogiar el menor acierto en ellos antes que condenar lo mucho que hacían mal.»

También en el trabajo funciona. Keith Roper, de Woodland Hills, California, aplicó este principio a una situación en su compañía. Recibió un material impreso en las prensas de la compañía, que era de una calidad excepcionalmente alta. El hombre que había hecho este trabajo había tenido dificultades para adaptarse a su empleo. El supervisor estaba preocupado ante lo que consideraba una actitud negativa, y había pensado en despedirlo.

Cuando el señor Roper fue informado de esta situación, fue personalmente a la imprenta y tuvo una charla con el joven. Le manifestó lo mucho que le había gustado el trabajo que había recibido, y dijo que era lo mejor que se había hecho en la imprenta desde hacía tiempo. Se tomó el trabajo de señalar en qué aspectos la impresión había sido excelente, y subrayó lo importante que sería la contribución de este joven a la compañía.

¿Les parece que esto afectó la actitud del joven impresor hacia la empresa? En pocos días hubo un cambio completo. Les contó a varios de sus compañeros esta conversación, y se mostraba orgulloso de que alguien tan importante apreciara su buen trabajo. Desde ese día fue un empleado leal y dedicado.

El señor Roper no se limitó a halagar al joven obrero diciéndole: «Usted es bueno». Señaló específicamente los puntos en que su trabajo era superior. Elogiando un logro específico, en lugar de hacer una alabanza generalizada, el elogio se vuelve mucho más significativo para la persona a quien se lo dirige. A todos les agrada ser elogiados, pero cuando el elogio es específico, se lo recibe como sincero, no algo que la otra persona puede estar diciendo sólo para hacernos sentir bien.

Recordémoslo: todos anhelamos aprecio y reconocimiento, y podríamos hacer casi cualquier cosa por lograrlo. Pero nadie quiere mentiras ni adulación.

Lo repetiré una vez más: los principios que se enseñan en este libro sólo funcionarán cuando provienen del corazón. No estoy promoviendo trucos. Estoy hablando de un nuevo modo de vida.

No hablemos ya de cambiar a la gente. Si usted y yo inspiramos a aquellos con quienes entramos en contacto para que comprendan los ocultos tesoros que poseen, podemos hacer mucho más que cambiarlos. Podemos transformarlos, literalmente.

¿Exageración? Escuche usted estas sabias palabras del profesor William James, de Harvard, el más distinguido psicólogo y filósofo, quizá, que ha tenido Norteamérica:

«En comparación con lo que deberíamos ser, sólo estamos despiertos a medias. Solamente utilizamos una parte muy pequeña de nuestros recursos físicos y mentales. En términos generales, el individuo humano vive así muy dentro de sus límites. Posee poderes de diversas suertes, que habitualmente no utiliza.

Sí, usted mismo posee poderes de diversas suertes que habitualmente no utiliza; y uno de esos poderes, que no utiliza en toda su extensión, es la mágica capacidad para elogiar a los demás e inspirarlos a comprender sus posibilidades latentes.»

Las capacidades se marchitan bajo la crítica; florecen bajo el estímulo. De modo que para volverse un líder más eficaz de la gente utilice la...

- **Regla 6 –** *Elogia el más pequeño progreso y, además, cada progreso. Sé caluroso en tu aprobación y generoso en tus elogios.*

28

Cría fama y échate a dormir

¿Qué hacer cuando una persona que ha trabajado bien empieza a hacerlo mal? Se lo puede despedir, pero eso no soluciona nada. Se lo puede tratar con energía, pero eso por lo general provoca resentimiento.

Henry Henke, gerente de servicios de una importante agencia de camiones en Lowell, Indiana, tenía un mecánico cuyo trabajo se había vuelto menos satisfactorio. En lugar de gritarle o amenazarlo, el señor Henke lo llamó a su oficina, y tuvo una charla sincera con el hombre:

—Bill —le dijo—. Usted es un excelente mecánico. Hace años que trabaja con nosotros. Ha reparado muchos vehículos dejando plenamente satisfechos a los clientes. De hecho, hemos recibido no pocos elogios por el buen trabajo que usted ha hecho. Pero últimamente el tiempo que se toma para terminar cada tarea se está haciendo mayor, y los resultados no son los de antes. Como usted ha sido un mecánico tan excelente en el pasado, estoy seguro de que le interesará saber que no me siento feliz con la situación, y quizás entre los dos podamos encontrar el modo de corregir el problema.

Bill respondió que no había advertido el desmejoramiento de su rendimiento, y le aseguró al jefe que seguía siendo capaz de realizar bien su trabajo, y trataría de mejorarlo en el futuro.

¿Lo hizo? Vaya si lo hizo. Volvió a ser un mecánico rápido y seguro. Con la reputación que le había dado el señor Henke para mantener, ¿qué otra cosa podía hacer sino realizar un trabajo comparable con el que había hecho en el pasado?

«La persona común» escribe Samuel Vauclain, presidente de la Baldwin Locomotive Works «puede ser llevada fácilmente si se obtiene su respeto y se le muestra respeto por alguna clase de capacidad suya.»

En suma, si quiere usted que una persona mejore en cierto sentido, proceda como si ese rasgo particular fuera una de sus características sobresalientes. Shakespeare dijo: «Asume una virtud si no la tienes». Y lo mismo se puede presumir con respecto a los demás y afirmar abiertamente que tiene aquella virtud que uno quiere desarrollar en él. Désele una reputación, y se le verá hacer esfuerzos prodigiosos antes de desmentirla.

Georgette Leblanc, en su libro **Recuerdos: Mi vida con Maeterlinck**, describe la asombrosa transformación de una humilde cenicienta belga.

«Una sirvienta de un hotel cercano me llevaba las comidas. Se llamaba Marie, la Lavaplatos, porque había comenzado su carrera como ayudante de cocina. Era una especie de monstruo, bizca, de piernas combadas, pobre en carne y en espíritu.

»Un día en que me acercaba con sus rojas manos un plato de fideos, le dije a boca de jarro:

—Marie, no sabe usted qué tesoros tiene ocultos.

»Acostumbrada a dominar sus emociones, Marie esperó unos momentos, sin atreverse a hacer un gesto por temor a una catástrofe. Por fin dejó el plato en la mesa, suspiró y exclamó ingenuamente:

—Señora, jamás lo habría creído.

»No tuvo una duda, ni hizo una pregunta. Volvió a la cocina y repitió lo que yo había dicho, y tal es la fuerza de la fe, que nadie se rió de ella. Desde aquel día se le tuvo cierta consideración. Pero el cambio más curioso se produjo en la misma Marie. Con la idea de que era el receptáculo de maravillas invisibles, comenzó a cuidarse la cara y el cuerpo, tanto que su olvidada juventud pareció florecer y ocultar su fealdad.

»Dos meses más tarde, cuando yo me marchaba de allí, anunció su próxima boda con el sobrino del «chef».

—Voy a ser una señora —dijo, y me agradeció. Una pequeña frase había cambiado su vida entera.»

Georgette Leblanc había dado a Marie una reputación que justificar, y esa reputación la transformó.

Bill Parker, representante de ventas de una compañía de comida en Daytona Beach, Florida, se entusiasmó mucho con la nueva línea de productos que introducía su compañía, y quedó apesadumbrado cuando el gerente de un gran almacén de alimentos rechazó la oportunidad de introducir el nuevo producto en su negocio. Bill pasó todo el día lamentando este rechazo, y decidió volver al almacén antes de irse a su casa esa noche, y probar una vez más.

—Jack —le dijo al dueño—, cuando me marché esta semana, comprendí que no te había presentado un cuadro completo de la nueva línea, y te agradecería que me des unos minutos para señalarte todos los puntos que omití. Siempre te he admirado por tu capacidad para escuchar, y por tu buena disposición a cambiar cuando los hechos piden un cambio.

¿Podía rehusarse Jack a darle otra oportunidad? No después de que el vendedor le hubo establecido esa reputación.

Una mañana, el doctor Martín Fitzhugh, dentista de Dublín, Irlanda, se sorprendió al oír que una paciente le señalaba que la taza metálica que estaba usando para enjuagarse la boca no estaba muy limpia. Es cierto que la paciente bebía del vasito de papel, pero de todos modos no era digno de un profesional usar equipo sucio.

Cuando la paciente se marchó, el doctor Fitzhugh pasó a su oficina privada a escribirle una carta a Bridgit, la mujer que venía dos veces por semana a limpiar su oficina. Escribió esto:

Mi querida Bridgit:

Nos vemos tan rara vez que quise tomarme un momento para agradecerle el excelente trabajo de limpieza que hace. A propósito, querría decirle que, como dos horas dos veces por semana es un tiempo muy limitado, puede trabajar una media hora extra de vez en cuando, cada vez que sienta necesidad de ocuparse de esas cosas que se hacen «de tanto en tanto», como limpiar la taza de metal donde van los vasitos de papel, o cosas así. Por supuesto que le pagaré el tiempo extra.

«Al día siguiente cuando entré al consultorio» contó el doctor Fitzhugh, «mi escritorio había sido limpiado hasta quedar como un espejo, lo mismo que la silla, de la que casi me resbalé. Al entrar a la sala de tratamiento, encontré la taza de metal más brillante que hubiera visto nunca. Le había dado a la mujer de la limpieza una excelente reputación que mantener, y este pequeño gesto mío había hecho que se superara a sí misma. ¿Y cuánto tiempo adicional creen que le tomó? Ni un minuto.»

Hay un viejo dicho: «Cría fama y échate a dormir». Demos fama a los demás y veamos qué ocurre.

Cuando la señora Ruth Hopkins, maestra de cuarto grado de una escuela de Brooklyn, Nueva York, echó una mirada a su clase el primer día del año, su entusiasmo y alegría por empezar un nuevo término quedaron matizados por el temor. En su clase este año tendría a Tommy T., el más notorio «chico malo» de la escuela. Su maestra de tercer grado se había quejado constantemente de Tommy T. con sus colegas, la directora y todos los que quisieran escucharla. No era sólo un chico díscolo, sino que además provocaba graves problemas de disciplina en la clase, buscaba pelea con los chicos, molestaba a las niñas, le respondía a la maestra, y parecía empeorar a medida que crecía. Su único rasgo redentor era su facilidad para aprender.

La señora Hopkins decidió enfrentar el «problema Tommy» de inmediato. Cuando saludó a sus nuevos alumnos, hizo pequeños comentarios sobre cada uno de ellos: «Rose, es muy lindo el vestido que tienes», «Alicia, me han dicho que eres muy buena dibujante». Cuando llegó a Tommy, lo miró a los ojos y le dijo: «Tommy, tengo entendido que tienes alma de líder. Dependeré de ti para que me ayudes a hacer de esta división el mejor de los cuartos grados.» Reforzó esto en los primeros días de clase felicitando a Tommy por cada cosa que hacía, y comentando lo buen alumno que era. Con esa reputación que mantener, ni siquiera un chico de nueve años podía defraudarla... y no la defraudó.

Si usted quiere obtener buenos resultados en esa difícil misión de cambiar la actitud o conducta de los otros, recuerde la...

* **Regla 7 –** *Atribuye a la otra persona una buena reputación para que se interese en mantenerla.*

29

Haz que los errores parezcan fáciles de corregir

Un amigo mío, soltero, de unos cuarenta años de edad, se comprometió para casarse, y su novia lo persuadió de que tomara unas tardías lecciones de baile.

—Bien sabe Dios —me confesó este hombre al narrarme el caso— que necesitaba lecciones de baile, porque yo bailaba tal como cuando empecé, hace veinte años. La primera profesora a quien vi me dijo probablemente la verdad. Me dijo que tenía que olvidarme de todo lo aprendido y empezar otra vez. Con eso me desalentó. No me quedaba un incentivo para seguir aprendiendo. Así, pues, la dejé.

«Quizá mintiera la profesora a quien fui a ver después; pero de todos modos me gustó. Dijo, tranquilamente, que quizá mi manera de bailar era un poco anticuada, pero que en lo fundamental todo iba bien, y que no tendría inconveniente alguno para aprender unos cuantos pasos nuevos. La primera profesora me había desalentado al acentuar o destacar mis errores. Esta nueva profesora hizo lo contrario. Me aseguró que yo tenía un sentido natural del ritmo, que era un bailarín nato. El sentido común me dice que he sido siempre y siempre seré un bailarín de cuarta categoría; pero en lo hondo del corazón me gusta pensar que quizá la profesora tenía razón. Es claro que yo le pagaba para que me lo dijera, pero ¿a qué recordar eso?

»De todos modos, sé que soy mejor bailarín de lo que habría sido si no me hubiese dicho que tengo un sentido natural del ritmo. Eso me alentó. Me dio esperanza. Me hizo desear el progreso.»

Digamos a un niño, a un esposo, o a un empleado, que es estúpido o tonto en ciertas cosas, que no tiene dotes para hacerlas, que las hace mal, y habremos destruido todo incentivo para que trate de mejorar. Pero si empleamos la técnica opuesta; si somos liberales en la forma de alentar; si hacemos que las cosas parezcan fáciles de hacer; si damos a entender a la otra persona que tenemos fe en su capacidad para hacerlas, la veremos practicar hasta que asome la madrugada, a fin de superarse.

Esta es la técnica que emplea Lowell Thomas, y a fe mía que este hombre es un artista supremo en cuanto atañe a las relaciones humanas. Da coraje a los demás. Da confianza. Inspira valor y fe. Por ejemplo, pasé el fin de semana con él y su esposa, y el sábado por la noche se me pidió que participara de un amistoso juego de la canasta. ¿Canasta? ¿Yo? ¡Ah, no! ¡No, no! Yo no. Yo no sabía nada de este juego. Siempre había sido un misterio para mí. ¡No, no! ¡Imposible!

—Pero Dale —dijo Lowell—, si no es un misterio. No se necesita más que buena memoria y buen juicio. Tú escribiste una vez un capítulo sobre la memoria. La canasta será cosa facilísima para ti. Tienes todas las condiciones para juzgarlo.

Y sin tardanza, casi antes de saber lo que hacía, me encontré por primera vez ante una mesa de canasta. Todo porque se me decía que tenía dotes naturales para el juego, y así se me hizo considerar que me sería fácil.

Al hablar de canasta recuerdo a Ely Culbertson. Ahora, en todas partes donde se juega canasta, el nombre de Culbertson es cosa conocida; y sus libros sobre el tema han sido traducidos en una docena de idiomas, y vendidos a millones de lectores. Pero él mismo me ha dicho que nunca habría pensado en convertir el juego en una profesión si una joven no le hubiese asegurado que estaba especialmente dotado para ello.

Cuando llegó a los Estados Unidos, en 1922, trató de conseguir empleo como profesor de psicología y sociología, pero no pudo. Después trató de vender carbón, y fracasó. Después trató de vender café, y fracasó.

Jamás pensó, en esos días, en enseñar canasta. No solamente era un mal jugador sino también muy terco. Hacía tantas preguntas y efectuaba tantos estudios de cada partido después de hecho, que nadie quería jugar con él.

Pero conoció a una bella jugadora, Josephine Dillon, se enamoró y se casó con ella. Josephine notó con cuánto cuidado analizaba Culbertson sus cartas, y lo persuadió de que era un genio en potencia. Este aliento, me ha dicho Culbertson, fue lo que lo llevó a hacer de la canasta una profesión.

Clarence M. Jones, uno de los instructores de nuestro curso en Cincinnati, Ohio, contó cómo el elogio, y el hacer que los defectos fueran fáciles de corregir, cambiaron completamente la vida de su hijo David.

«En 1970 mi hijo David, que tenía quince años, vino a vivir conmigo a Cincinnati. Su vida no había sido fácil. En 1958 se rompió la cabeza en un accidente automovilístico, y quedó con una fea cicatriz en la frente. En 1960 su madre y yo nos divorciamos, y ella lo llevó a Dallas, Texas. Hasta los quince años había pasado la mayor parte de su vida escolar en clases especiales para aprendizaje lento. Posiblemente en razón de su cicatriz, los directores escolares habían decidido que tenía una lesión cerebral y no podía funcionar a nivel normal. Estaba dos años por debajo del nivel de su grupo de edad, por lo que sólo había alcanzado el séptimo grado. Pero no sabía las tablas de multiplicar, sumaba con los dedos, y apenas si podía leer.

»Había un punto positivo: le gustaba trabajar con aparatos de radio y televisión. Quería llegar a ser técnico de televisión. Lo alenté en este punto, y le recordé que necesitaría saber bastante de matemáticas para ese tipo de estudios. Decidí ayudarlo a mejorar en esa materia. Compramos cuatro series de tarjetas de ejercicios: multiplicación, división, suma y resta. Cuando íbamos sacando las tarjetas, yo ponía las respuestas correctas en una pila a un costado. Cuando David se equivocaba, le explicaba cuál era la respuesta acertada y volvía a poner la tarjeta en el montón a sacar, y así seguíamos hasta que no quedaba ninguna. Yo celebraba ruidosamente cada tarjeta que acertaba, sobre todo si se había equivocado en una antes. Todas las noches hacíamos de esa manera con todas las tarjetas. Yo siempre controlaba el tiempo con un cronómetro. Le prometí que cuando hiciera todas las tarjetas en ocho minutos, sin respuestas incorrectas, dejaríamos de hacerlo todas las noches. A David le pareció un objetivo imposible. La primera noche le llevó 52 minutos, la segunda 48, después 45, 44,

41, después bajó de los 40 minutos. Celebrábamos cada reducción. Yo llamaba a mi esposa, y lo abrazábamos y nos reíamos. A fines del mes, estaba haciendo todas las tarjetas perfectamente en menos de ocho minutos. Cuando hacía un pequeño adelanto, pedía hacerlo otra vez. Había hecho el descubrimiento fantástico de que aprender era fácil y divertido.

»Naturalmente, sus notas en aritmética dieron un salto. Es increíble cuánto más fácil resulta la aritmética cuando uno puede multiplicar bien. Se asombró él mismo de traer una buena nota en matemáticas. Nunca antes había llegado a un nivel tan bueno. Y eso arrastró otros cambios, a una velocidad casi increíble. Su lectura mejoró rápidamente, y empezó a usar su talento natural para el dibujo. Ese mismo año, el maestro de ciencia le asignó la tarea de dar una clase. El quiso desarrollar una serie de modelos, altamente complejos, para demostrar el efecto de las palancas. Ese trabajo no sólo exigía habilidad en el dibujo y la fabricación de modelos, sino también en matemáticas aplicadas. Su clase ganó el primer premio en la feria científica de la escuela, y fue enviada a la competencia interescolar y ganó el tercer premio de toda la ciudad de Cincinnati.

»Con eso bastó. Aquí estaba el chico que había repetido dos grados, que había sido diagnosticado con "lesión cerebral", al que sus compañeros de clase habían llamado "Frankenstein" y le habían dicho que los sesos se le habían salido por la herida. De pronto descubría que realmente podía aprender y lograr cosas. ¿El resultado? A partir del último término del octavo grado y a lo largo de toda la secundaria, nunca dejó de estar en el cuadro de honor. No bien descubrió que aprender era fácil, toda su vida cambió.»

Si quiere ayudar a los otros a mejorar, recuerde la...

- **Regla 8 –** *Alienta a la otra persona. Haz que los errores parezcan fáciles de corregir.*

30

Procura que la otra persona se sienta satisfecha de hacer lo que tú sugieres

En 1915 los Estados Unidos estaban atemorizados. Durante más de un año las naciones de Europa se mataban en una escala jamás soñada en los sangrientos anales de la historia de la humanidad. ¿Se podría conseguir la paz? Nadie lo sabía. Pero Woodrow Wilson estaba decidido a hacer la prueba. Decidió enviar un representante personal, un emisario de paz, para conferenciar con los señores de la guerra en Europa.

William Jennings Bryan, secretario de Estado, abogado de la paz, ansiaba hacer el viaje. Veía en él la oportunidad de realizar un gran servicio e inmortalizar su nombre. Pero Wilson designó a otro hombre, a su amigo íntimo, el coronel Edward M. House; y a House le cupo la espinosa misión de dar la desagradable noticia a Bryan sin ofenderlo.

«Bryan estaba muy decepcionado cuando supo que yo iba a Europa como emisario de paz» ha anotado el coronel House en su diario. «Dijo que había pensado ir él...

»Yo le contesté que el presidente consideraba imprudente efectuar esta gestión en forma oficial, y que el viaje de Bryan despertaría mucha atención y la gente se preguntaría por qué iba a Europa...»

¿Adviertes tú la insinuación? House dijo, o dio a entender a Bryan, que él era demasiado importante para aquella misión, y Bryan quedó satisfecho.

El coronel House, diestro, experimentado en las cosas del mundo, seguía así una de las reglas más importantes en las relaciones humanas: Procura que la otra persona se sienta satisfecha de hacer lo que tú sugieres.

Woodrow Wilson siguió también esa política, hasta cuando invitó a William Gibbs McAdoo a ser miembro de su gabinete. Era este el más alto honor que podía conferir, y sin embargo lo hizo de manera tal que el otro se sintió doblemente importante. Veamos la narración de las palabras del mismo McAdoo: «Me dijo que estaba preparando su gabinete y que se sentiría muy contento si yo aceptaba el cargo de secretario del Tesoro. Tenía una forma encantadora de presentar las cosas; daba la impresión de que, al aceptar este gran honor, yo le haría un favor enorme.»

Desgraciadamente, Wilson no empleó siempre tanto tacto. Si lo hubiera hecho, podría ser diferente la historia. Por ejemplo, Wilson no contentó al Senado ni al Partido Republicano cuando incorporó los Estados Unidos a la Liga de las Naciones. Wilson se negó a llevar a Elihu Root, o a Hughes, o a Henry Cabot Lodge a la Conferencia de Paz. En lugar de ello, se hizo acompañar por hombres desconocidos de su propio partido. Hizo un desaire a los republicanos, no quiso dejarles pensar que la Liga era idea de ellos tanto como de él, se negó a permitirles una participación; y como resultado de estos errores en el manejo de las relaciones humanas, Wilson destruyó su carrera, arruinó su salud, abrevió su vida, hizo que los Estados Unidos quedaran al margen de la Liga, y alteró la historia del mundo.

No sólo los estadistas y diplomáticos usan este método para hacer que la gente se sienta feliz haciendo lo que ellos quieren que haga. Dale O. Ferrier, de Fort Wayne, Indiana, nos contó cómo alentó a uno de sus hijos a hacer con buena voluntad sus tareas.

«Una de las tareas de Jeff era recoger las peras de abajo del peral, para que la persona que estaba cortando el césped no tuviera que detenerse a hacerlo. No le gustaba este trabajo, y con frecuencia no lo hacía, o lo hacía tan mal que el que manejaba la cortadora de césped tenía que detenerse y recoger varias peras que el niño había pasado por alto. En lugar de tener un enfrentamiento violento con él, salí un día cuando se preparaba para hacer el trabajo y le dije:

—Jeff, haré un trato contigo. Por cada cesta llena de peras que recojas, te pagaré un dólar. Pero cuando hayas terminado, por cada pera que yo encuentre en el patio, te cobraré un dólar. ¿Qué te parece?

»Como podría esperarse, no sólo recogió todas las peras, hasta la última, sino que tuve que vigilarlo para que no arrancara más del árbol para llenar sus cestas.»

Conozco a un hombre que ha rechazado muchas invitaciones para hablar, invitaciones hechas por amigos, por personas a quienes está obligado; pero lo hace con tal destreza que los demás quedan contentos con la negativa. ¿Cómo lo consigue? No es porque hable de estar muy ocupado o muy esto o aquello. No, después de expresar cuánto agradece la invitación y de lamentar la imposibilidad de aceptarla, sugiere un orador para que lo reemplace. En otras palabras, no da tiempo a que los demás se sientan desagradados por la negativa. Logra que los demás piensen inmediatamente en algún orador reemplazante.

Gunter Schmidt, que siguió nuestro curso en Alemania Occidental, contó sobre una empleada en su almacén de comestibles, que olvidaba poner las tarjetas con los precios en los estantes donde se exhibían los productos. Esto provocaba confusión y quejas por parte de los clientes. Recordatorios, admoniciones, enfrentamientos, no servían de nada. Al fin, el señor Schmidt la llamó a su oficina y le dijo que la nombraría Supervisora de Marcación de Precios de todo el almacén, y ella sería la responsable de mantener cada producto con su precio bien visible. Esta nueva responsabilidad y título cambiaron por completo la actitud de la empleada, y desde entonces realizó sus tareas satisfactoriamente.

¿Infantil? Acaso. Pero lo mismo dijeron de Napoleón cuando creó su Legión de Honor y distribuyó cruces entre sus soldados, y ascendió a dieciocho de sus generales a Mariscales de Francia, y llamó a sus tropas el Gran Ejército. Se criticó a Napoleón por dar «juguetes» a veteranos endurecidos en muchas guerras, y Napoleón respondió a ello: «Los hombres son manejados por los juguetes».

Esta técnica de conceder títulos y autoridad rindió resultados a Napoleón, y los rendirá también para usted. Por ejemplo, una amiga mía, la Sra. Ernest Gent, de Scarsdale, Nueva York, se afligía porque unos niños le arruinaban el césped. Trató de corregirlos con sus críticas. Trató de corregirlos con sus retos. No obtuvo resultados. Pero después hizo la prueba de dar al peor de los niños de la banda un título y una sensación de autoridad. Lo nombró su «detective» y le encargó evitar que los demás pisaran el césped. Así se resolvió el problema. Su «detective» hizo una hoguera en el patio, calentó un hierro al rojo y amenazó con quemar al primer niño que pisara el césped.

El líder eficaz tendrá presentes las siguientes guías cuando sea necesario cambiar conductas o actitudes:

1. Ser sincero. No prometer nada que no se pueda cumplir. Olvidarse de los beneficios de uno y concentrarse en los de la otra persona.

2. Saber exactamente qué es lo que se quiere que haga la otra persona.

3. Ser empático. Preguntarse a sí mismo qué quiere verdaderamente la otra persona.

4. Considerar los beneficios que recibirá la otra persona por hacer lo que usted le sugiere.

5. Hacer coincidir esos beneficios con los deseos de la otra persona.

6. Al hacer el pedido, hacerlo en una forma que destaque los beneficios que redundará para la otra persona.

Por ejemplo, en lugar de dar una orden seca como ésta: «Juan, mañana vendrán clientes y quiero que el depósito esté limpio, así que bárralo, apile con prolijidad la mercadería y limpie el mostrador», podemos expresar lo mismo mostrando los beneficios que obtendrá Juan si hace su trabajo: «Juan, tenemos un trabajo que habrá que hacer, y si se hace ahora, no habrá que preocuparse después. Mañana traeré a unos clientes a mostrarles las instalaciones. Me gustaría mostrarles el depósito, pero no está presentable. Si usted puede barrerlo, apilar la mercadería con prolijidad y limpiar el mostrador, nos hará lucir más eficientes y usted habrá hecho su parte para darle una buena imagen a nuestra compañía.»

¿Se sentirá feliz Juan haciendo lo que se le sugiere? Probablemente no muy feliz, pero más que si no se le hubieran indicado sus beneficios.

Suponiendo que uno sabe que Juan se enorgullece de la higiene de su depósito, y está interesado en contribuir a la imagen de la compañía, habrá más probabilidades de que coopere. También se le ha indicado a Juan que ese trabajo habrá que hacerlo tarde o temprano, y si se lo hace ahora ya no causará problemas en el futuro.

Es ingenuo creer que siempre se obtiene una reacción favorable de la otra persona cuando se usan estos métodos, pero la experiencia de la mayoría indica que es más probable cambiar actitudes de este modo que no usando estos principios; y si con ellos se aumenta el rendimiento aunque más no sea en un diez por ciento, usted es un líder un diez por ciento más eficaz y este es su beneficio.

Es más probable que la gente haga lo que usted sugiere cuando se usa la...

- **Regla 9 – *Procura que la otra persona se sienta satisfecha de hacer lo que tú sugieres.***

En pocas palabras — Sé un líder

El trabajo de un líder consiste, entre otras cosas, en cambiar la actitud y conducta de su gente. Algunas sugerencias para lograrlo:

- **Regla 1 – *Empieza con elogio y aprecio sincero.***

- **Regla 2 – *Llama atención sobre los errores de los demás, indirectamente.***

- **Regla 3 – *Habla de tus propios errores antes de criticar a los demás.***

- **Regla 4 – *Haz preguntas en vez de dar órdenes.***

- **Regla 5 – *Permite que la otra persona salve su propia dignidad.***

- **Regla 6 – *Elogia el más pequeño progreso y, además, cada progreso. Sé caluroso en tu aprobación y generoso en tus elogios.***

- **Regla 7** – *Atribuye a la otra persona una buena reputación para que se interese en mantenerla.*

- **Regla 8** – *Aliente a la otra persona. Haz que los errores parezcan fáciles de corregir.*

- **Regla 9** – *Procura que la otra persona se sienta satisfecha de hacer lo que tú sugieres.*

QUINTA parte:

Cartas que produjeron resultados milagrosos

Cartas que produjeron resultados milagrosos

Apuesto a que sé lo que estás pensando ahora. Tú estás diciendo probablemente algo como esto: «¡Las cartas que produjeron resultados milagrosos! ¡Absurdo! ¡Huele a engaño publicitario!»

Si tú estás pensando en eso, no te culpo. Probablemente yo también habría pensado lo mismo si yo habría cogido un libro como éste hace quince años. ¿Escéptico? Bueno, me gusta la gente escéptica. Pasé los primeros veinte años de mi vida en Missouri, y me gusta la gente que necesita que se le demuestre los resultados. Casi todo el progreso que se ha hecho en el pensamiento humano ha sido hecho por los dudadores, los preguntones, los retadores, y los que exigen pruebas.

Pero seamos honestos. ¿Será que el título, «Cartas que produjeron resultados milagrosos», es correcto? No, para ser franco, no lo es. La verdad es que es una subestimación deliberada de los hechos. Algunas de las cartas reproducidas en este capítulo cosecharon resultados que fueron calificados dos veces mejor que un milagro. ¿Evaluado por quién? Por Ken R. Dyke, uno de los hombres de promoción de ventas más conocidos en América, ex-gerente de ventas de promoción de Johns-Manville, y gerente ahora del departamento de publicidad de Colgate-Palmolive-Peet Company y Presidente de la Junta Directiva de la Asociación Nacional de Publicistas.

El Sr. Dyke dice que las cartas se utilizan para enviar, solicitando información de los distribuidores, rara vez reunió a más de un retorno de 5 a 8 por ciento. Dijo que habría considerado una respuesta del 15 por ciento como más extraordinario, y me dijo que, si sus respuestas nunca se habían disparado al 20 por ciento, se habría considerado como nada menos que un milagro.

Pero una de las cartas del Sr. Dyke, impreso en este capítulo, logró un 42.5 por ciento de respuestas; en otras palabras, que la carta era dos veces mejor que un milagro. No puede uno burlarse de eso. Y esta carta no era un deporte, un golpe de suerte, o un accidente. Resultados similares se obtuvieron de decenas de otras misivas.

¿Cómo lo hizo? Aquí está la explicación en las propias palabras de Ken Dyke: «Este asombroso aumento de la eficacia de las cartas se produjo inmediatamente después que asistí a un curso de Mr. Carnegie de "Hablando Eficazmente y Las Relaciones Humanas". Vi que el enfoque anterior que había utilizado era todo mal. Traté de aplicar los principios que se enseñan en este libro y que dieron lugar a un aumento del 500 a 800 por ciento en la eficacia de mis cartas solicitando información.»

Aquí está la carta. Agrada al otro individuo al pedirle que hiciera el escritor un pequeño favor, un favor que le hace sentirse importante. Mis propias observaciones sobre la carta aparecen entre paréntesis.

Sr. Juan Fulano,
Dondesea, Indiana

Estimado Sr. Fulano:

Me pregunto si ¿le importaría ayudarme a salir de una pequeña dificultad?

> *(Aclaremos la imagen: Imagine un maderero en Indiana recibiendo una carta de un ejecutivo de la compañía Johns-Manville. Y en la primera línea de la carta, este muy bien pagado ejecutivo en Nueva York pide el otro compañero para ayudarlo sacarle de apuros. Puedo imaginar el distribuidor en Indiana diciéndose algo como esto: «Bueno, si este muchacho en Nueva York está en problemas, ha llegado sin duda a la persona adecuada que siempre trata de ser generoso y ayuda a la gente. ¡Vamos a ver lo qué problema tiene!»)*

El año pasado, tuve éxito en convencer a nuestra empresa que lo que nuestros distribuidores más necesitan para ayudar a aumentar sus ventas es una campaña de correo directo pagado en su totalidad por año redondo por Johns-Manville.

(El comerciante en Indiana probablemente dice: «Naturalmente, deben pagar por ello. Están acaparando la mayor parte de la ganancia como es. Están haciendo millones mientras que yo estoy pasándolo duro para poder pagar el alquiler. Ahora, ¿qué problemas tiene este individuo?)

Recientemente envié un cuestionario a los 1.600 concesionarios que habían usado el plan y sin duda alguna no sentimos muy complacido con los cientos de respuestas que enviaron indicando que apreciaban esta forma de cooperación y lo encontraron muy útil.

Sobre la base de esto, acabamos de lanzar nuestro nuevo plan de correo directo y estoy seguro que le va a gustar aún más que el anterior.

Pero esta mañana nuestro presidente habló conmigo acerca de mi informe del plan del año pasado y, como hacen los presidentes, me preguntó cuánto negocio que podía rastrear a ella. Naturalmente, tengo que venir a usted para que me ayude en poder dar un informe al día.

(Eso es una buena frase: «Tengo que venir a usted para que me ayude en poder dar un informe al día.» El pez gordo en Nueva York está diciendo la verdad, y él está dando el distribuidor Johns-Manville en Indiana, honesto, y sincero reconocimiento. Tenga en cuenta que Ken Dyke no pierde el tiempo hablando de la importancia de su compañía. Mas bien, muestra inmediatamente la importancia del otro compañero y lo mucho que tiene que apoyarse en él. Ken Dyke admite que no puede incluso hacer un informe al presidente de Johns-Manville sin la ayuda del distribuidor. Naturalmente, el distribuidor en Indiana, siendo humano, le gusta ese tipo de comentarios.)

Lo que me gustaría que hagas es (1) a decirme, en la tarjeta adjunta, cuántos trabajos de reparación de techos y tejados trabajos crees que el plan de correo directo del año pasado ayudó a asegurar, y (2) me de, así como pueda, su valor total estimado en dólares y centavos (basado en el costo total de de trabajo aplicado).

Si usted hace esto, será muy noble de su parte, y le doy las gracias por su amabilidad al darme esta información.

Atentamente,

KEN R. DYKE,
Gerente de Promoción de Ventas

> *(Tenga en cuenta cómo, en el último párrafo, susurra «yo» y grita de manera generosa su alabanza: «muy noble de su parte», «su amabilidad», «gracias».)*

Carta simple, ¿no? Pero produjo «milagros» al pedir a la otra persona a hacer un pequeño favor: lo cual le daba una sensación de importancia al cumplirlo.

Esa psicología va a funcionar, sin importar si usted está vendiendo techos de asbesto o de gira por Europa en un Ford.

Para ilustrar. Homer Croy y yo una vez perdimos el camino mientras manejábamos por el interior de Francia. Deteniendo nuestro viejo Modelo T, le pedimos a un grupo de campesinos cómo llegar a la próxima ciudad.

El efecto de la pregunta fue eléctrica. Estos campesinos, cargando zapatos de madera, consideraban a todos los estadounidenses sumamente ricos. Y los automóviles eran raros en aquellas regiones, extremadamente raros. Los estadounidenses que viajarían a través de Francia en un coche sin duda tenían que ser millonarios. Tal vez primos de Henry Ford. Pero ellos conocían algo que no conocíamos nosotros. Teníamos más dinero que ellos tenían; pero tuvimos que venir a ellos, sombrero en la mano, para saber como llegar a la siguiente ciudad. Y eso les daba una sensación de importancia. Todos ellos empezaron a hablar a la vez. Uno individuo, emocionado de esta rara oportunidad, mandó a los otros a guardar silencio. Quería disfrutar él solo la emoción de indicarnos el camino.

Pruébalo tú mismo. La próxima vez que estés en una ciudad extraña, detén a alguien que está abajo en la escala económica y social y di:

«Podría usted ayudarme a salir de una pequeña dificultad. ¿Me puede decir cómo llegar a tal y tal lugar?»

Benjamin Franklin utilizó esta técnica para convertir un enemigo cáustica en un amigo por toda la vida. Franklin, un joven en ese momento, había invertido todos sus ahorros en un pequeño negocio de impresión. Se las arregló para meterse secretario electo de la Asamblea General, en Filadelfia. Esa posición le dio el trabajo de hacer la impresión oficial. Hubo buena ganancia en este trabajo, y Ben estaba ansioso por mantenerlo. Pero una amenaza se cernía delante. Uno de los hombres más ricos y más hábiles en la Asamblea no le gustaba a Franklin. No sólo no le gustaba a Franklin, sino que él lo denunció en una charla pública.

Eso era peligroso, muy peligroso. Así Franklin decidió hacer el hombre como él. Pero, ¿cómo? Eso creaba un problema. ¿Podría hacer un favor a su enemigo? No, eso habría despertado sus sospechas, tal vez su desprecio. Franklin era demasiado prudente, demasiado hábil para ser atrapado en una trampa. Así que hizo lo contrario. Le pidió a su enemigo hacerle un favor.

Franklin no pidió un préstamo de diez dólares. ¡No! ¡No! Franklin le pidió un favor que agradó al otro hombre, un favor que le tocó la vanidad, un favor que le dio reconocimiento, un favor que expresaba sutilmente admiración de Franklin para su conocimiento y logros. Aquí está el resto de la historia en las propias palabras de Franklin:

«Habiendo oído que él tenía en su biblioteca un cierto muy escaso y curioso libro, escribí una nota para él, expresando mi deseo de hojear el libro y pidiéndole que me haga el favor de prestármelo por unos días.

Lo envió inmediatamente, y se lo devolví en una semana con otra nota expresando sinceramente mi sentido de agradecimiento por el favor.

La siguiente vez que nos encontramos en la Casa de Representantes, él me habló (lo que nunca había hecho antes) con gran cortesía y manifestó una disposición para complacerme en toda ocasión, por lo que nos convertimos en grandes amigos y nuestra amistad continuó a su muerte.»

Ben Franklin ha sido muerto por unos ciento cincuenta años, pero la psicología que él utilizó, la psicología de pedir a otro hombre un favor, va marchando adelante.

Por ejemplo, fue utilizado con notable éxito por uno de mis alumnos, Albert B. Amsel. Durante muchos años, el Sr. Amsel, un vendedor de materiales de fontanería y calefacción, había estado tratando de conseguir el comercio de un determinado fontanero en Brooklyn. El negocio de este fontanero era excepcionalmente grande y su crédito inusualmente bueno. Pero el Sr. Amsel estaba derrotado desde el principio. El fontanero era uno de esos individuos desconcertantes que se enorgullecen de ser áspero, duro y desagradable. Sentado detrás de su escritorio con un gran cigarro inclinado en la esquina de su boca, gruñaba a Amsel cada vez que abría la puerta, «¡No necesito ni una cosa hoy! ¡No pierda mi tiempo y el suyo! ¡Siga caminando!»

Entonces un día el Sr. Amsel intentó una nueva técnica, una técnica que duplicó la cuenta, hizo un amigo, y trajo muchas órdenes buenas. La firma del Sr. Amsel estaba negociando la compra de una nueva tienda de la zona de Queens Village en Long Island. Era un barrio que el fontanero conocía bien, y uno donde realizó una gran cantidad de negocios. Así que, esta vez cuando el Sr. Amsel visitó al fontanero le dijo:

—Sr. C--, no estoy aquí para venderle nada hoy. Tengo que pedirle que me haga un favor, si es que puede. ¿Me puede dar sólo un minuto de su tiempo?

—Um-bien, —dijo el fontanero, cambiando su cigarro—. Qué tiene en mente? Adelante.

—Mi empresa está pensando en abrir una tienda más en Queens Village, —dijo el Sr. Amsel—. Ahora bien, usted conoce bien esa localidad, quizás mejor que cualquier otro. Así que he llegado a usted para preguntarle qué piensa en cuanto a mi idea. ¿Es buena idea o no?

¡Aquí había una situación nueva! Durante años este fontanero había estado recibiendo su sentimiento de importancia de gruñir a vendedores y ordenándoles a que se mantengan en movimiento. Pero aquí estaba un vendedor rogándole su consejo; sí, un vendedor de un gran negocio solicitando su opinión en cuanto a lo que debería hacer.

—Tome asiento, —dijo, tirando hacia adelante una silla. Y durante la siguiente hora, se explayó sobre las ventajas y virtudes del mercado de plomería en Queens Village. Él no sólo aprobaba la ubicación de la tienda, pero centró su intelecto en delinear un curso completo de acción para la compra de la propiedad, el almacenamiento de los suministros, y la apertura del comercio. Se llenó con un sentimiento de importancia dando consejos a un vendedor de fontanería de cómo ejecutar su negocio. Desde allí, se expandió a intereses personales. Él se hizo amigo, y le dijo al Sr. Amsel de sus íntimas dificultades internas y guerras domésticas.

«En el momento en que me fui esa noche», dice el Sr. Amsel, «no sólo tenía en mi bolsillo un gran pedido inicial para el equipo, pero me había sentado las bases de una amistad de negocios sólido. Estoy jugando golf ahora con ese tipo que anteriormente me ladraba y gruñía. Este cambio en su actitud fue iniciado por mí, al pedirle que me haga un pequeño favor que le hiciera sentirse importante.»

Examinemos otra de las cartas de Ken Dyke, tomando de nuevo en cuenta la habilidad con que se aplica esta psicología «hazme-un-favor».

Hace unos años, el Sr. Dyke estaba angustiado por su incapacidad de lograr que los hombres de negocios, contratistas y arquitectos contestaran sus cartas solicitando información.

En aquellos días, rara vez tiene más del 1 por ciento de retorno de sus cartas a los arquitectos e ingenieros. Él habría considerado un 2 por ciento como muy bueno, y el 3 por ciento como excelente. ¿Y el 10 por ciento? El 10 por ciento habría sido aclamado como un milagro. Pero la carta que sigue logró casi el 50 por ciento. Cinco veces mejor que un milagro. ¡Y qué respuestas! ¡Cartas de dos y tres páginas! Cartas llenas de consejos amistosos y cooperación.

Aquí está la carta. Usted observará que en la psicología se utiliza incluso en la fraseología en algunos lugares, la letra es casi idéntica a la carta citada en las páginas 272-273. Mientras examina esta carta, lea entre líneas, tratando de analizar el sentimiento del hombre que lo redactó. Descubre por qué produjo resultados cinco veces mejor que un milagro.

Johns-Manville
22 EAST 40th STREET
NEW YORK CITY

Sr. Juan Fulano
617 Doe Street
Doeville, N.J.

Estimado Sr. Fulano:

Quisiera saber si podría usted sacarme de un pequeño problema.

Hace como un año, convencí a nuestra empresa que los arquitectos necesitan más que cualquier otra cosa, un catálogo que les mostraría todos los productos que ofrece la empresa Johns-Manville para el rubro de la construcción y remodelación.

El catálogo adjunto resultó siendo la primera de su clase. Pero resulta que nuestro inventario ha mermado y cuando lo mencioné al nuestro presidente, él dijo (así como hablan presidentes) que no tendría ningún problema en reeditar el catálogo, siempre y cuando podría yo demostrar que dicho catálogo cumplía el propósito por el cual fue diseñado.

Naturalmente, tengo que venir a usted en busca de ayuda, y por eso me tomo la libertad de dirigirme a usted y cuarenta y nueve otros arquitectos en varias partes del país que hagan el papel de jurado.

Para que sea más fácil para usted, he escrito unas cuantas

preguntas sencillas en la parte posterior de esta carta. Y ciertamente lo consideraría como un favor personal si usted anotaría sus respuestas, y quizás agregaría cualquier comentario que desee hacer, y luego ponga esta carta en el sobre adjunto y listo para el franqueo, con estampilla.

Vale decir que esto no le obliga de ninguna manera, y ahora dejo a su criterio decidir si el catálogo se suspenda o se reproduce con mejoras basadas en su experiencia y asesoramiento.

En cualquier caso, puede estar seguro de que voy a apreciar su cooperación mucho. ¡Gracias!

Atentamente,

KEN R. DYKE, Gerente de Promoción

Otra palabra de advertencia. Sé por experiencia que algunos hombres, al leer esta carta, intentarán utilizar la misma psicología mecánicamente. Ellos tratarán de aumentar el ego del otro hombre, no a través de una verdadera, apreciación real y genuino, sino a través de la adulación y la falta de sinceridad. Y su técnica no funcionará.

Recuerden que todos anhelamos aprecio y reconocimiento, y somos capaces de hacer casi cualquier cosa para conseguirlo. Pero nadie quiere insinceridad. Nadie quiere halagos.

Permítame repetir: los principios que se enseñan en este libro sólo funcionarán cuando vienen desde el corazón. No estoy abogando por una bolsa de trucos. Estoy hablando de una nueva forma de vida.

Cómo ganar amigos e influir en las personas

SEXTA Parte:

Siete reglas a seguir para que tu hogar sea feliz

Cómo cavar tu tumba matrimonial de la manera más rápida posible

Hace setenta y cinco años, Napoleón III de Francia, sobrino de Napoleón Bonaparte, se enamoró de Marie Eugenic Ignace Agustín de Montijo, condesa de Teba, la mujer más hermosa del mundo — y se casó con ella. Sus asesores señalaron que no era más que la hija de un conde español insignificante. Pero Napoleón replicó: «¿Y qué?» Su gracia, su juventud, su encanto, su belleza lo llenaba de felicidad divina. En un discurso lanzado desde el trono, él desafió a toda una nación: «He preferido una mujer que amo y respeto», proclamó, «a una mujer desconocida para mí.»

Napoleón y su novia tenían salud, riqueza, poder, fama, belleza, amor, y adoración — todos los requisitos para un romance perfecto. Nunca tuvo el fuego sagrado del matrimonio un resplandor con una incandescencia brillante como lo tuvieron ellos.

Pero, por desgracia, la llama sagrada pronto parpadeó y la incandescencia se enfrió y se convirtió en brasas. Napoleón podría hacer Marie Eugenic una emperatriz; pero nada en toda la bella Francia, ni el poder de su amor ni el poderío de su trono, podría impedir que se fastidie. Acosado por los celos, devorado por la sospecha, ella se burlaba de sus órdenes, ella lo negaba tener ni un minuto de privacidad. Ella irrumpía en su oficina mientras él estaba ocupado en los asuntos de Estado. Ella interrumpía sus conversaciones más importantes. Ella se negó a dejarlo solo, siempre temiendo que pudiera estar confraternizando con otra mujer.

A menudo, ella corría a su hermana, quejándose de su marido, quejándose, llorando, regañando, y amenazante. Obligando entrada a su oficina, ella explotaba sobre él y abusaba de él. Napoleón, maestro de una docena de palacios suntuosos, emperador de Francia, no pudo encontrar un armario en el que podía cobijar a su alma de esa mujer fastidiosa.

¿Y qué logró Marie Eugenic con todo eso? Aquí está la respuesta. Cito ahora el libro interesante de E.A. Rheinhardt, **Napoleón y Eugenic: La Tragicomedia de un Imperio**: «Así fue que Napoleón con frecuencia se escapaba por una pequeña puerta lateral por la noche, con un sombrero suave tirado sobre los ojos, y, acompañado por uno de su confianza, para encontrarse con cierta dama que lo estaba esperando, o bien paseaba por la gran ciudad como en la antigüedad, pasando por calles de la clase que un emperador apenas conoce en un cuento de hadas, y respirar la atmósfera de lo que podía haber sido.»

Eso es lo que regañar logró para Marie Eugenic. Es cierto, ella se sentaba en el trono de Francia. Es cierto que ella era la mujer más hermosa del mundo. Pero ni la realeza ni la belleza pueden mantener vivo el amor en medio de los vapores tóxicos del regaño. Marie Eugenic podría haber levantado la voz como Job de edad y haber llorado «Todo lo que yo temía, lo que más miedo me causaba, ha caído sobre mí. (Job 3:25 DHH)» ¿Había caído sobre ella? Ella lo trajo sobre sí misma, pobre mujer, por sus celos y su persistente regaño. De todos los medios infernales jamás inventados por todos los demonios del infierno para destruir el amor, la el regaño fastidioso es el más mortífero. Nunca falla. Al igual que la picadura de la cobra real, siempre destruye, siempre mata.

La esposa del conde León Tolstoi descubrió eso, después de que fuera demasiado tarde. Antes de que falleció, ella confesó a sus hijas: «Yo fui la causa de la muerte de su padre.» Sus hijas no respondieron. Los dos estaban llorando. Sabían que su madre estaba diciendo la verdad. Ellos sabían que ella lo había matado con su constante queja, sus críticas eternas, y su persistente regaño. Sin embargo, el conde Tolstoi y su esposa debían haber vivido, por todos los pronósticos, muy felices. Él fue uno de los más famosos novelistas de todos los tiempos. Dos de sus obras maestras, *Guerra y Paz* y *Anna Karenina*, brillarán para siempre entre las glorias literarias de la tierra.

Tolstoi era tan famoso que sus admiradores lo seguían por día y noche anotando en taquigrafía cada palabra que pronunciaba. Incluso si él simplemente decía: «Creo que voy a ir a la cama»; incluso palabras triviales como esas, todo lo anotaron; y ahora el gobierno ruso está imprimiendo cada frase que alguna vez escribió; y sus escritos combinados llenarán un centenar de volúmenes.

Además de la fama, Tolstoi y su esposa tenían riqueza, posición social, e hijos. El matrimonio no siempre floreció bajo cielos más suaves. En un principio, su felicidad parecía demasiado perfecto, demasiado intenso, para que perdure. Así que de rodillas juntas, oraban a Dios Todopoderoso para continuar el éxtasis que era de ellos. Entonces sucedió algo asombroso. Tolstoi cambió gradualmente. Se convirtió en una persona totalmente diferente. Se convirtió en vergüenza de los grandes libros que había escrito, y desde entonces dedicó su vida a escribir panfletos que predicaban la paz y la abolición de la guerra y la pobreza.

Este era el hombre que había confesado que en su juventud había cometido todos los pecados imaginables — incluso asesinato — ahora intentaba seguir literalmente las enseñanzas de Jesús. Donó todas sus tierras a otros y vivió una vida de pobreza. Trabajaba en el campo hachando madera y apilando heno. Hizo sus propios zapatos, barrió su propia habitación, comía de un tazón de madera, y trataba de amar a sus enemigos.

La vida de Leo Tolstoi fue una tragedia, y la causa de su tragedia fue su matrimonio. A su esposa le encantaba una vida de lujo, pero él llegó a despreciar ese tipo de vida. Ella ansiaba la fama y los aplausos de la sociedad, pero estas cosas frívolas significaba absolutamente nada para él. Echaba de menos el dinero y las riquezas, pero creía que la riqueza y la propiedad privada eran un pecado. Durante años, ella regañó y reprendió y gritó porque él insistía en regalar los derechos de publicar sus libros libremente sin pagarle ni un centavo de regalías por derechos de autor. Ella quería el dinero de esos derechos. Cuando él se opuso, ella se lanzó en un ataque de histeria, rodando por el suelo con una botella de opio en sus labios, jurando que iba a suicidarse y amenazando con saltar en el pozo de agua.

Hay un evento en su vida que para mí es una de las escenas más patéticas de la historia. Como ya he dicho, eran gloriosamente feliz cuando estaban recién casados; pero ahora, cuarenta y ocho años después, apenas podía soportar la visión de ella. A veces, por las noches, esta anciana y triste esposa, hambrienta de afecto, se acercaba y se arrodillaba a sus rodillas y le rogaba que le leyera en voz alta los pasajes exquisitos de amor que había escrito de ella en su diario cincuenta años antes. Y mientras él leía de esos hermosos días felices que se habían ido para siempre, ambos se pusieron a llorar. Qué tan diferente, sí, drásticamente diferente, las realidades de la vida eran de los sueños románticos que una vez habían soñado en un pasado lejano.

Finalmente, cuando tenía ochenta y dos años, Tolstoi, ya incapaz de soportar la trágica infelicidad de su hogar, decidió huir de su esposa en una noche nevada de octubre en 1910. Huyó al frío y la oscuridad, sin saber adónde estaba yendo.

Once días después, murió de neumonía en una estación de ferrocarril. Y su pedido al morir era que no se le permita a su esposa entrar en su presencia. Tal fue el precio que la condesa Tolstoi pagó por su persistente regaño y quejosa manera de ser con su marido y la histeria.

El lector puede opinar que ella tenía mucho de que quejarse. Concedido. Pero eso no viene al caso. La pregunta es: ¿regañando y quejándose de su marido ayudó su caso, o más bien convirtió a un mal asunto infinitamente peor? «Realmente creo que yo estaba loca.» Eso es lo que pensó la condesa Tolstoi de sí misma, después de que fuera demasiado tarde.

La gran tragedia de la vida de Abraham Lincoln también fue su matrimonio — no su asesinato, que conste — pero su matrimonio. Cuando Booth le disparó, Lincoln no se dio cuenta. Pero cosechó casi a diario, durante veintitrés años, qué Herndon, su socio en su oficio de derecho, describió como «la amarga cosecha de infelicidad conyugal». «¿Infelicidad conyugal?» Eso es minimizar el caso. Durante casi un cuarto de siglo, la señora Lincoln fastidiaba y hacía la vida difícil para el presidente Lincoln.

Ella siempre se quejaba, y siempre criticaba a su marido; nada de él le parecía bien. Se paraba con hombros caídos, caminaba torpemente y levantó los pies hacia arriba y hacia abajo como un indio. Se quejó de que no había brinco en su paso, y se movía sin gracia. Ella imitó su andar y le fastidiaba en caminar con sus dedos apuntando hacia abajo, como a ella le habían enseñado en el internado de Madame Mentelle en Lexington.

No le gustaba la forma en que sus enormes orejas sobresalían en ángulo recto desde la cabeza. Ella incluso le dijo que su nariz no era recta, que su labio inferior sobresalía, y parecía tísico, que sus pies y sus manos eran demasiado grandes, con una cabeza demasiada pequeña.

Abraham Lincoln y Mary Todd Lincoln eran opuestos en todos los sentidos: en formación, en trasfondo, en temperamento, en gustos, y en perspectiva mental. Ellos se irritaban constantemente entre sí.

«La voz chillona de la Sra. Lincoln», escribió el fallecido senador Albert J. Beveridge, la autoridad sobre Lincoln más distinguido de esta generación, «La voz chillona de la Sra. Lincoln se oía en la calle, y sus arrebatos de ira eran incesantes, y audible para todos los que vivían cerca de la casa. Con frecuencia su ira fue exhibida por otros medios además de las palabras, y los cuentos de violencia son numerosos y intachables».

Para ilustrarlo: el Sr. y la Sra. Lincoln, poco después de su matrimonio, vivieron con la viuda del doctor finado Jacob Early — un médico de Springfield — quien se vio obligado por circunstancias de la vida, a tomar pensionistas.

Una mañana, el señor y la señora Lincoln estaban desayunando cuando Lincoln hizo algo que despertó el temperamento fogoso de su esposa. ¿Qué hizo?, nadie recuerda ahora. Pero la señora Lincoln, en una rabia, lanzó una taza de café caliente en la cara de su marido. Y lo hizo delante de los otros huéspedes. Sin decir nada, Lincoln se sentó allí en la humillación y el silencio mientras la señora Early llegó con una toalla húmeda y le limpió la cara y la ropa.

Los celos de la señora Lincoln era tan absurdas, tan feroces, tan increíbles, que simplemente el leer sobre algunas de las escenas patéticas y lamentables que ella creó en el sector público — y simplemente leer acerca de ellos — setenta y cinco años más tarde hace a uno quedar mudo de asombro. Ella finalmente se volvió loco; y quizás lo más caritativo que se puede decir de ella es que su disposición fue probablemente siempre afectada por la demencia incipiente.

¿Será que todo ese fastidio y regaño persistente cambió a Lincoln? En cierto modo, sí. Sin duda, cambió su actitud hacia ella. Le hizo arrepentirse de haberse casado con esa mujer, y le hizo evitar su presencia tanto como sea posible.

Springfield tenía once abogados, y no todos podían ganarse la vida trabajando en el pueblo, por lo que solían montar a caballo e ir de un pueblo a otro, siguiendo al juez David Davis mientras él sostenía la corte en varios lugares. De esa manera, se las arreglaron para ganarse la vida sirviendo a todos los pueblos del condado a través del Octavo Distrito Judicial.

Los otros abogados siempre se las arreglaban para volver a Springfield cada sábado y pasar el fin de semana con sus familias, pero Lincoln no lo hacía. Temía ir a casa, y durante tres meses en la primavera, y de nuevo durante tres meses en el otoño, se mantenía en el circuito y nunca se acercaba a Springfield. Mantuvo ese estilo de vida año tras año. Las condiciones de vida en los hoteles rurales eran a menudo miserables; pero, miserables como sean, él los prefirió eso que ir a su propia casa y tener que soportar las constantes quejas de la señora Lincoln y estallidos salvajes de su temperamento.

Tales son los resultados que la señora Lincoln, la emperatriz eugenésica, y la condesa Tolstoi obtuvieron por su fastidio persistente. Ellas trajeron nada más que tragedia a sus vidas. Destruyeron todo lo que ellos apreciaban más.

Bessie Hamburger, que ha pasado once años en el Tribunal de Relaciones Domésticas en la ciudad de Nueva York, y ha revisado miles de casos de deserción, dice que una de las principales razones que los hombres abandonan el hogar se debe a que sus esposas resultan fastidiosas y renegonas. O, como el Boston Post dice: «Más de una mujer ha cavado su propia tumba marital con una serie de pequeñas excavaciones».

Así que, si quieres mantener tu vida matrimonial feliz,

- **Regla 1 es: ¡*No atosigas!***

Ama y deja vivir

«Puedo cometer muchas locuras en la vida», dijo Disraeli, «pero nunca tengo la intención de casarme por amor.» Y no lo hizo. Se quedó solo hasta los treinta y cinco años, y luego le propuso matrimonio a una viuda rica, una viuda quince años mayor que él; una viuda cuyo pelo era blanco con el pasar de cincuenta inviernos. ¿Amor? Oh, no. Ella sabía que él no la amaba. ¡Ella entendía que él iba a casarse con ella únicamente por su dinero! Así que le contestó con una sola petición: le pidió que esperara un año para darle la oportunidad de estudiar su carácter. Y al final de ese tiempo, se casó con él.

Suena bastante prosaica, bastante comercial, ¿no es así? Sin embargo, paradójicamente, el matrimonio de Disraeli fue uno de los éxitos más brillantes en todos los anales maltratados y salpicados sobre el tema del matrimonio.

La viuda rica que Disraeli eligió no era ni joven, ni bella, ni brillante. Lejos de ello. Su conversación burbujeaba con una pantalla de risa provocadora de disparates literarios e históricos. Por ejemplo, ella «nunca supo quienes fueron primeros, los griegos o los romanos». Su gusto para la ropa era extraño; y su gusto en el mobiliario de la casa era fantástico. Pero ella era un genio, un genio positivo en la cosa más importante en el matrimonio: el arte de relacionarse bien con un hombre.

Ella no trató de interponer su intelecto sobre el de Disraeli. Cuando este volvió a casa aburrido y agotado después de una tarde de juego con réplicas ingeniosas duquesas, la charla frívola de Mary Anne le permitió relajarse. Su hogar, para su creciente deleite, era un lugar donde pudiera relajarse en sus zapatillas mentales y disfrutar de la calurosa adoración de Mary Anne. Estas horas que pasaba en su casa con su esposa anciana, fueron las más felices de su vida. Ella era su compañera, su confidente, su asesor. Todas las noches se apresuró a casa de la Cámara de los Comunes para contarle las noticias del día. Y — esto sí es importante — todo lo que él emprendía, Mary Anne simplemente no creía que podía fallar.

Durante treinta años, Mary Anne vivió para Disraeli, y para él solo. Incluso sus riquezas valoraba sólo porque servía para hacer que la vida de su marido sea mejor. A cambio, ella era su heroína. Se convirtió en un Earl después de su muerte; pero, aun cuando todavía era un plebeyo, logró que la reina Victoria elevara a Mary Anne a la nobleza. Y así, en 1868, ella llegó a ser la vizcondesa de Beaconsfield.

No importaba lo tonto o despistado que podría aparecer en público, nunca la criticaba; él nunca pronunció una palabra de reproche; y si alguien se atrevió a burlarse de ella, brincó en su defensa con lealtad feroz. Mary Anne no era perfecta, sin embargo, durante tres décadas nunca se cansaba de hablar bien de su marido, elogiándolo, y admirándolo, ¿y con qué resultado? «Hemos estado casados treinta años», dijo Disraeli, «y nunca me he aburrido de ella». (Sin embargo, por lo que Mary Anne no conocía bien de historia, ¡ella debía de ser una estúpida!)

Por su parte, Disraeli nunca guardó como algo secreto de que Mary Anne era la cosa más importante en su vida, ¿y con qué resultado? «Gracias a su amabilidad,» Mary Anne decía a sus amigas, «mi vida ha sido simplemente una larga escena de felicidad».

Entre ellos, tenían una pequeña broma. «Sabes bien,» Disraeli decía, «que yo sólo me casé contigo por tu dinero.» Y Mary Anne, sonriendo, respondía, «Sí, pero si tuvieras que hacerlo de nuevo, te casarías conmigo por amor, ¿no es cierto?» Y él admitía que era verdad. No, Mary Anne no era perfecta. Pero Disraeli era lo suficientemente sabio como para dejarla ser ella misma.

Como Henry James dijo: «Lo primero que hay que aprender en las relaciones con los demás es la no interferencia con su manera peculiar de ser feliz, siempre que esas maneras no interfieren con violencia con la nuestra.»

Eso es lo suficientemente importante como para repetirlo: «Lo primero que hay que aprender en las relaciones con los demás es la no interferencia con su manera peculiar de ser feliz, siempre que esas maneras no interfieren con violencia con la nuestra.»

O, como Leland Foster Wood, en su libro, *Creciendo juntos en la familia*, ha observado: «El éxito en el matrimonio es mucho más que una cuestión de **encontrar** la persona adecuada; también es una cuestión de **ser** la persona adecuada».

Así pues, si quieres que tu vida hogareña sea feliz,

- **Regla 2 es:** *No trates de cambiar a tu pareja.*

Haz esto y estarás averiguando
los horarios del trén a Reno

El rival que le amargaba la vida más a Disraeli en la vida pública fue el gran Gladstone. Estos dos se enfrentaron en cada tema discutible bajo el Imperio, pero tenían una cosa en común: la suprema felicidad en sus vidas privadas.

William y Catherine Gladstone vivieron juntos durante cincuenta y nueve años, casi tres décadas glorificadas con una devoción duradera. Me gusta pensar en Gladstone, el más decoroso de los primeros ministros de Inglaterra, tomado la mano de su esposa, bailando con ella alrededor de la alfombra de la chimenea, y cantando esta canción:

> Un esposo galopín y una esposa díscola,
> Viviendo a medio morir saltando,
> A través de los altibajos de la vida.

Gladstone, un enemigo formidable en público, nunca criticó en casa. Cuando bajó a desayunar por la mañana, sólo para descubrir que el resto de su familia aún dormía, tenía una forma suave de registrar su desaprobación. Alzó la voz y llenó la casa con un canto misterioso que recordó a los demás miembros que el hombre más ocupado de Inglaterra estaba esperando abajo para su desayuno, completamente solo. Siempre diplomático y considerado, rigurosamente se abstuvo de críticas domésticas.

Y así, a menudo, lo hizo Catalina la Grande. Catalina gobernó sobre uno de los mas grandes imperios que el mundo jamás haya conocido. Sobre millones de sus súbditos ella mantenía el poder de vida y muerte. En lo político, a menudo era una tirana cruel, librando guerras inútiles y sentenciando a centenares de sus enemigos a ser eliminados por los pelotones de fusilamiento. Sin embargo, si el

303

cocinero quemaba la carne, no dijo nada. Ella sonreía y se lo comía con una tolerancia que el marido promedio haría bien en emular.

Dorothy Dix, la autoridad principal de los Estados Unidos sobre las causas de la infelicidad marital, declara que más del cincuenta por ciento de todos los matrimonios terminan en fracaso; y ella sabe que una de las razones por las que tantos sueños románticos se destruyen en «las rocas de Reno» es por la crítica, que es inútil y desgarradora.

Así que, si quieres mantener tu vida en el hogar feliz, recuerda,

- **Regla 3: *No critiques.***

Una manera rápida de hacer que todos sean felices

« La mayoría de los hombres en la búsqueda de una esposa», dice Paul Popenoe, director del Instituto de Relaciones Familiares en Los Ángeles, «no están en busca de ejecutivos pero a alguien con encanto y buena voluntad para halagar su vanidad y hacer que se sientan superiores. De ahí que la mujer gerente de la oficina puede ser invitada a almorzar, una vez. Pero muy posiblemente reparte "restos recalentados de sus cursos universitarios" sobre "principales corrientes de la filosofía contemporánea", e incluso puede insistir en pagar su propia cuenta del almuerzo. ¿Y con qué resultado? Que a partir de entonces almuerza sola.

«Por el contrario, una mecanógrafa no colegial, invitada a almorzar, fija un mirada incandescente sobre su escolta y le dice con nostalgia, "Ahora cuéntame más de ti". ¿Y con qué resultado? El regresa diciendo a sus demás compañeros que "ella no es ganadora de concurso de belleza, pero nunca he conocido a una mejor conversadora".»

Los hombres debería expresar su aprecio por los esfuerzos de la mujer de mirarse bien y vestir decorosamente. Todos los hombres se olvidan, si alguna vez se dieron cuenta de ello, cuan profundamente interesadas las mujeres están en la ropa. Por ejemplo, si un hombre y una mujer se encuentran con otro hombre y otra mujer en la calle, la mujer rara vez se fija en el otro hombre, sino por lo general se fija en cuan bueno se viste la otra mujer.

Mi abuela falleció hace unos años a la edad de noventa y ocho. Poco antes de su muerte, le mostramos una fotografía de ella que se había sido tomado un tercio de siglo antes. Sus vista ya opacada por la avanzada edad no podían ver la imagen muy bien, y la única pregunta que nos hizo fue: «¿Qué vestido cargaba?» ¡Qué tremendo! Una mujer mayor en su último diciembre, confinada a la cama, cansada por tantos años de vida mientras yacía dentro de la sombra de la marca de un siglo de vida, su memoria que se desvanece tan rápido que ya no es capaz de reconocer incluso a sus propias hijas, ¡sigue interesada en saber qué vestido tenía puesto un tercio de siglo antes! Yo estaba a su lado cuando ella hizo esa pregunta y dejó una impresión en mí que nunca se desvanecerá.

Los hombres que están leyendo estas líneas no pueden recordar que terno o camisa llevaban hace cinco años, y ni tienen el más remoto deseo en recordarlos. Pero las mujeres son diferentes, y nosotros, los hombres deberíamos reconocerlo. Niños franceses de la clase alta son enseñados para expresar su admiración del vestido y encabezamiento de una mujer, no sólo una vez sino muchas veces durante una noche. ¡Cincuenta millones de franceses no pueden estar equivocados!

Tengo entre mis recortes de una historia que nunca sucedió, pero ilustra una verdad, así que voy a contarla:

De acuerdo a esta tonta historia, una mujer campesina, al final de un día de trabajo pesado, puso delante de los hombres de la casa una pila de heno. Y cuando los indignados exigieron si se había vuelto loca, ella respondió: «¿Por qué, cómo iba a saber si se darían cuenta? He estado cocinando para ustedes los últimos veinte años, y en todo ese tiempo yo nunca oí ni una sola palabra para hacerme saber que no era solamente heno que estaban comiendo!»

Los aristócratas mimados de Moscú y San Petersburgo solían tener mejores modales. En la Rusia de los zares, era costumbre de las clases altas, cuando habían disfrutado de una buena cena, insistir en que el cocinero fuera traído al comedor para entregarle sus felicitaciones.

¿Por qué no tener esa consideración para tu esposa? La próxima vez que el pollo frito está a la perfección, díselo. Hazle saber que agradeces el hecho de que no estás comiendo heno. O, como Texas Guinan solía decir: «Dale a la niña un tremendo aplauso.»

Y mientras estás haciendo eso, no tengas miedo de hacerle saber lo importante que es ella para tu felicidad. Disraeli era tan grande como un hombre de estado que el país de Inglaterra produjo jamás; sin embargo, como hemos visto, no se avergonzaba de que el mundo sepa lo mucho que «debía a la pequeña mujer».

Justo el otro día, mientras veía una revista, encontré lo siguiente. Es parte de una entrevista con Eddie Cantor.

«Le debo más a mi esposa», dice Eddie Cantor, «que a cualquier otro en el mundo. Ella era mi mejor amiga cuando era niño; ella me ayudó a ir derecho. Y después de que nos casamos, ella ahorró cada dólar, y lo invirtió, y lo reinvirtió. Ella construyó una fortuna para mí. Tenemos cinco niños encantadores. Y ella hizo un hogar maravilloso para mí. Si he llegado a ser algo en la vida, denle el crédito a ella.»

Allá en Hollywood, donde el matrimonio es un riesgo que incluso Lloyd de Londres no tomaría ni por apuesta, uno de los pocos matrimonios extraordinariamente felices es el de los esposos Warner Baxter. La señora Baxter, la ex Winifred Bryson, renunció a una carrera brillante cuando se casó. Sin embargo, su sacrificio nunca ha permitido estropear su felicidad. «Echaba de menos el aplauso de éxito en escenario», dice Warner Baxter, «pero he tratado de hacer que ella sea totalmente consciente de mis aplausos para ella. Si una mujer de algún modo va a encontrar felicidad en su marido, lo va a encontrrlo en su aprecio y devoción. Si ese aprecio y devoción es real, ahí encontrará la respuesta a su felicidad también.»

Ahí lo tienes. Así que, si quieres mantener tu vida en el hogar feliz, una de las reglas más importantes es:

- **Regla 4:** *Da reconocimiento honesto y sincero.*

Significican mucho para una mujer

Desde tiempos inmemoriales, las flores se han considerado el lenguaje del amor. No cuestan mucho, sobre todo en la temporada, y con frecuencia están a la venta en las esquinas de las calles. Sin embargo, teniendo en cuenta la rareza con la que el esposo promedio lleva a casa un ramo de narcisos, es posible que suponga que sean tan caros como las orquídeas y tan difíciles de conseguir como la flor de las nieves que florece en los nube barrida acantilados de los Alpes.

¿Por qué esperar hasta que tu esposa vaya al hospital para darle unas flores? ¿Por qué no llevarla unas rosas mañana por la noche? Te gusta experimentar. Pruébalo. Ve lo que sucede.

George M. Cohan, andaba siempre ocupado en Broadway, sin embargo, solía llamar por teléfono a su madre dos veces al día hasta la hora de su muerte. ¿Crees que tenía alguna noticia sorprendente para ella cada vez? No, el significado de pequeñas atenciones es el siguiente: demuestra a la persona que amas que estás pensando en ella, que deseas complacerla, y que su felicidad y bienestar son muy queridos, y muy cerca, a tu corazón.

Las mujeres otorgan una gran importancia a los cumpleaños y aniversarios — precisamente por qué, permanecerá por siempre uno de esos misterios femeninos. El hombre promedio puede andar por la vida sin tener que memorizar muchas fechas, pero hay algunas que son indispensables: 1492, 1776, la fecha de cumpleaños de su esposa, y el año y la fecha de su matrimonio. Si es necesario, puede incluso llevarse bien sin los primeros dos, ¡pero no sin recordarse de la última!

El juez Joseph Sabbath de Chicago, que ha revisado 40.000 disputas maritales y ha reconciliada 2.000 parejas, dice: «Las trivialidades son la base de la mayor parte de infelicidad conyugal. Una cosa simple, como un adiós a su marido cuando él sale a trabajar en la mañana evitaría un buen número de divorcios».

Robert Browning, cuya vida con Elizabeth Barrett Browning fue quizás la más idílica de la historia, nunca estaba demasiado ocupado para mantener vivo el amor con pequeños homenajes y atenciones. Él trató a su esposa inválida con tal consideración que una vez escribió a sus hermanas: «Y ahora empiezo a preguntarme naturalmente si puedo no ser una especie de ángel de verdad después de todo.»

Demasiados hombres subestiman el valor de estas pequeñas atenciones diarias. Como dijo Gaynor Maddox en un artículo en la revista Pictorial Review: «El hogar americano realmente necesita unos nuevos vicios. Desayuno en la cama, por ejemplo, es una de esas disipaciones amables un mayor número de mujeres debe consentirse. El desayuno en la cama con una mujer hace lo mismo como un club privado para un hombre.» Eso es lo que el matrimonio es en el largo plazo, una serie de incidentes triviales. Y ¡ay de la pareja que pasa por alto este hecho! Edna St. Vincent Millay resumió todo de una vez en uno de sus pequeños concisas rimas:

> *«¡No será el amor que lastime mis días,*
> *Pero que desvaneció de pequeñas maneras.»*

Allá en Reno, los tribunales conceden divorcios seis días a la semana, a razón de uno cada diez matrimonios. ¿Cuántos de estos matrimonios supones que naufragaron en el arrecife de la tragedia real? Muy pocos, te garantizo. Si tú pudieras sentarte allí día tras día, escuchando las historias de esos maridos y esposas infelices, te enterarías que el amor «desvaneció de pequeñas maneras.» Ahora saca tu navaja del bolsillo y corta esta cita. Pégalo dentro de tu sombrero o pégalo en el espejo donde lo verás cada mañana cuando te afeitas o te maquillas:

«Voy a pasar por este camino, una sola vez; cualquier bien, por lo tanto, que yo pueda hacer o cualquier bondad que pueda mostrar a cualquier ser humano, déjame hacerlo ahora. No dejes que me niegue ni me descuide, porque yo no pasaré por este camino otra vez.»

Así que, si deseas mantener a tu hogar en un estado de felicidad,

- **Regla 5 es: *Preste atención a atenciones pequeñas.***

37

Si quieres ser feliz, no descuides de esta

Walter Damrosch se casó con la hija de James G. Blaine, uno de los más famosos oradores de Estados Unidos y candidato una vez a la presidencia de esta gran nación. Desde que se conocieron hace muchos años en la casa de Andrew Carnegie en Escocia, los Damrosches han llevado una vida visiblemente feliz.

¿El secreto?

«Después de prestar atención en la elección de un compañero de vida», dice la señora Damrosch, «se debería colocar como sumamente importante, la cortesía en el matrimonio. ¡Si esposas jóvenes sólo serían tan corteses con sus maridos como lo son a extraños! Cualquier hombre se escapa de una lengua regañona.»

La grosería y la rudeza es el cáncer que devora el amor. Todo el mundo lo sabe. Sin embargo, es notorio que somos más amables con los extraños que con nuestros propios familiares. ¡Jamás interrumpiríamos a extraños para decir: «¡Dios mío, vas a repetir esa vieja historia otra vez!» ¡Jamás abriríamos el correo de nuestros amigos sin su permiso, o entrometernos en sus secretos personales! Y es sólo a los miembros de nuestra propia familia, los que están más cercanos y queridos para nosotros, que nos atrevemos a insultarlos por sus faltas triviales.

Citando nuevamente a Dorothy Dix: «Es una cosa asombrosa pero cierto, que prácticamente las únicas personas que dicen cosas hirientes, insultantes, y que lastiman, son los de nuestros propios hogares.»

«La cortesía», dice Henry Clay Risner, «es que la calidad del corazón que ignora la reja rota y llama la atención a las flores en el jardín más allá de la reja.» La cortesía es tan importante para el matrimonio como el petróleo es tu motor.

Oliver Wendell Holmes, el amado «autócrata de la mesa del

desayuno», era cualquier cosa menos un autócrata en su propia casa. De hecho, fue tan considerado que cuando se sentía melancólico y deprimido, hizo lo posible ocultar su estado del resto de su familia. Ya era bastante malo tener que soportarse a sí mismo, dijo, sin infligir su morbosidad sobre los demás.

Eso es lo que Oliver Wendell Holmes hizo. Pero ¿qué pasa con el ser humano promedio? Las cosas van mal en la oficina; pierde una venta o recibe una regañada del jefe. Desarrolla un dolor de cabeza o no alcanza el tren de las cinco y quince; y casi no puede esperar hasta llegar a casa y desquitarse con la familia.

En Holanda quitas tus zapatos antes de entrar en la casa. Por el amor de Dios, deberíamos aprender una lección de los holandeses y despojarnos de nuestros problemas cotidianos antes de entrar a nuestros hogares.

William James escribió una vez un ensayo titulado «Sobre una cierta ceguera de los seres humanos». Valdría la pena un viaje especial a su biblioteca más cercana para conseguir ese ensayo y leerlo. «Ahora bien, la ceguera en los seres humanos de lo que este discurso tratará», escribió, «es la ceguera con la que todos estamos atribulados en lo que se refiere a los sentimientos de las criaturas y personas diferentes a nosotros mismos.»

La ceguera con la que todos se ven afectados. Muchos hombres que no se le ocurriría hablar bruscamente a un cliente, o incluso a sus socios en el negocio, no piensan nada de ser groseros con sus esposas. Sin embargo, para su felicidad personal, el matrimonio es mucho más importante para ellos, y mucho más vital, que los negocios.

El hombre promedio que está felizmente casado, es mucho más feliz que el genio que vive en soledad. Turgenev, el gran novelista ruso, fue aclamado en todo el mundo civilizado. Sin embargo, él dijo: «Yo daría todo mi genio, y todos mis libros, si sólo había una mujer en algún lugar que le importaba o no que llegué tarde a la casa para cenar.»

De todos modos, ¿Cuáles son las posibilidades de que un matrimonio sea feliz? Dorothy Dix, como ya hemos dicho, considera que más de la mitad de ellos son fracasos; pero el Dr. Paul Popenoe piensa de otra manera. Él dice, «Un hombre tiene una mejor oportunidad de tener éxito en el matrimonio que en cualquier otra empresa que pueda entrar. De todos los hombres que entran en el negocio de la alimentación, el 70 % fracasa. De los hombres y mujeres que entran en el matrimonio, el 70% tienen éxito».

Dorothy Dix resume todo el asunto de esta manera: «En comparación con el matrimonio, nacer es un mero episodio en nuestras carreras, y morir un incidente trivial.

»Ninguna mujer puede entender por qué un hombre no pone el mismo esfuerzo para hacer que su hogar sea todo un éxito, como lo hace para que su negocio o profesión sea todo un éxito.

»Pero, a pesar de que para un hombre el tener una esposa contenta y un hogar tranquilo y feliz significa más que hacer un millón de dólares, ni un hombre en un centenar da algún pensamiento serio y sincero o hace cualquier esfuerzo honesto para que su matrimonio sea exitoso. Él deja la cosa más importante de su vida a la suerte, y él gana o pierde, en función de que la fortuna está o no con él. Las mujeres nunca pueden entender por qué sus maridos se niegan a manejarlas diplomáticamente, cuando sería dinero en sus bolsillos usar el guante de seda en lugar del método de mano dura.

»Todo hombre sabe que si consciente a su esposa ella es capaz de hacer cualquier cosa, y vivir sin cualesquiera cosas. Él sabe que si le hace unos elogios baratos de cómo administra bien las cosas, y cómo ella lo ayuda, ella va a exprimir todo lo que puede de cada centavo. Todo hombre sabe que si le dice a su esposa lo hermosa y encantadora que se ve en el vestido que le compró el año pasado, ella no lo cambiaría por la última importación de París. Todo hombre sabe que puede besar a los ojos de su esposa hasta hacerla volver ciega como un murciélago, y que sólo tiene que darle un besito de pajarito en los labios para hacerla muda como una ostra.

»Y cada esposa sabe que su marido sabe estas cosas de ella, porque ella le ha provisto de un diagrama completo acerca de cómo trabajar con ella. Y nunca sabe si estar enojado con él o disgustado con él, porque él prefería luchar con ella y pagar por ello en tener que comer las comidas malas, y tienen su dinero desperdiciado, y comprar sus nuevos vestidos y limusinas y perlas, que tomar la molestia de halagarla un poco y tratarla como ella está pidiendo ser tratada.»

Así que, si quieres mantener tu hogar feliz...

- **Regla 6 es:** *Sé cortés.*

No seas un «analfabeto matrimonial»

D ra. Katherine Bement Davis, secretaria general de la Oficina de Higiene Social, una vez pudo convencer a mil mujeres casadas en responder con toda franqueza a un conjunto de preguntas íntimas. El resultado fue sorprendente: un comentario increíblemente impactante sobre la infelicidad sexual del adulto estadounidense promedio. Tras analizar las respuestas que recibió de estas mil mujeres casadas, la Dra. Davis publicó sin titubear de ello, su convicción de que una de las principales causas de divorcio en este país es una conexión incorrecta física.

Una encuesta del Dr. G.V. Hamilton verifica este hallazgo. Dr. Hamilton pasó cuatro años estudiando los matrimonios de cien hombres y cien mujeres. Pidió a estos hombres y mujeres individualmente algo así como cuatrocientos preguntas sobre su vida matrimonial, y analizó sus problemas de forma exhaustiva — de manera tan exhaustiva que la investigación duró cuatro años. Este trabajo fue considerado tan importante sociológicamente que fue financiado por un grupo de filántropos destacados. Tú puedes leer los resultados del experimento en la obra *¿Qué hay de malo en el matrimonio?* por el Dr. G.V. Hamilton y Kenneth MacGowan.

Bueno, ¿qué hay de malo en el matrimonio? «Tendría que ser un psiquiatra muy prejuiciada e insensato,» dice el Dr. Hamilton, «que niegue que la fricción matrimonial no encuentra su fuente en la inadaptación sexual. En cualquier caso, las fricciones que surgen de otras dificultades serían ignorados en muchos, muchos casos si la relación sexual fuera satisfactorio para ambos.»

Dr. Paul Popenoe, como jefe del Instituto de Relaciones Familiares en Los Ángeles, ha revisado miles de matrimonios, y él es una de las autoridades más destacadas de los Estados Unidos sobre la vida del hogar. Según el Dr. Popenoe, el fracaso en el matrimonio es por lo general debido a cuatro causas. Él los enumera en este orden:

1. Mal ajuste sexual.

2. La diferencia de opinión en cuanto a la forma de pasar el tiempo libre.

3. Las dificultades financieras.

4. Alteraciones emocionales, mentales, o físicos.

Nótese que el sexo es lo primero, y que, por extraño que parezca, las dificultades de dinero vienen solamente tercero en la lista.

Todas las autoridades sobre el divorcio están de acuerdo en la necesidad absoluta de que haya compatibilidad sexual. Por ejemplo, hace unos años el juez Hoffman del Tribunal de Relaciones Domésticas de Cincinnati, un hombre que ha escuchado miles de tragedias domésticas, anunció: «Nueve de cada diez divorcios son causados por problemas sexuales.»

«El sexo», dice el famoso psicólogo, John B. Watson, «sin lugar a duda, es el tema más importante en la vida. Y sin lugar de duda, es lo que causa la mayoría de los naufragios en la felicidad de los hombres y las mujeres.» Y he oído una serie de médicos en ejercicio en discursos ante mis propias clases decir prácticamente lo mismo. ¿No es lamentable, pues, que en el siglo XX, con todos nuestros libros y toda nuestra educación, matrimonios son destruidos y vidas destrozadas por la ignorancia con respecto a este instinto más primario y natural?

El reverendo Oliver M. Butterfield, después de dieciocho años como ministro metodista, renunció a su púlpito para dirigir el Servicio de Orientación Familiar en la ciudad de Nueva York, y él ha casado, probablemente, la mayor cantidad de gente joven que cualquier otro hombre vivo. Él dice:

«Al inicio de mi experiencia como ministro descubrí que, a pesar de mucho romance y buenas intenciones, muchas parejas que acuden al altar del matrimonio son analfabetos matrimoniales.» ¡Analfabetos matrimoniales!

Y continúa:

«Cuando se considera que dejamos el sumamente difícil ajuste del matrimonio en gran medida al azar, la maravilla es que nuestra tasa de divorcio es sólo el 16 por ciento. Un número espantoso de los matrimonios no están realmente casados, sino que no están divorciados: viven en una especie de purgatorio.»

«Los matrimonios felices,» dice el Dr. Butterfield, «rara vez son el producto de la casualidad: son arquitectónico en que están de forma inteligente y deliberadamente planificadas.»

Para ayudar en esta planificación, el Dr. Butterfield ha insistido durante años que cualquier pareja que se casa tiene que discutir con él francamente sus planes para el futuro. Y fue como resultado de estas discusiones que llegaron a la conclusión de que muchas de las altas partes contratantes eran «analfabetos matrimoniales».

«El sexo», dice el Dr. Butterfield, «no es sino una de las muchas satisfacciones en la vida matrimonial, pero a menos que esta relación esté bien, nada más en la relación puede estar bien.»

Pero, ¿cómo hacer que las cosas estén bien? «Reticencia sentimental», y estoy todavía citando al Dr. Butterfield, «debe ser sustituida por una capacidad de platicar de manera objetiva y con actitudes y prácticas desprendidas de la vida matrimonial. No hay mejor forma de adquirir esta capacidad que a través de un libro de aprendizaje sólido y de buen gusto. Tengo siempre a la mano varios de estos libros, además de una cantidad disponible de mi propio libro, *El matrimonio y la armonía sexual*.

«De todos los libros disponibles, los tres que me parecen más satisfactorias para la lectura en general son: *La técnica sexual en el matrimonio* de Isabel E. Hutton; *El lado sexual del matrimonio* por Max Exner; *El factor sexual en el matrimonio* de Helena Wright.»

Así que,

- **Regla 7 de «Cómo hacer que tu hogar sea más feliz» es:**

Lee un libro de calidad sobre el tema de sexo en el matrimonio.

¿Aprender acerca del sexo de libros? ¿Y por qué no? Hace unos años, la Universidad de Columbia, junto con la Asociación Americana de Higiene Social, invitó a líderes educadores para venir a discutir los problemas matrimoniales y sexuales de los estudiantes universitarios. En esa conferencia, el Dr. Paul Popenoe dijo: «El divorcio está en descenso, y una de las razones por las que está en disminución es que la gente está leyendo más de libros destacados sobre el tema del sexo y el matrimonio».

En pocas palabras: Siete reglas para hacer que tu hogar sea más feliz

- **Regla 1:** *¡No atosigas!*

- **Regla 2:** *No trates de cambiar a tu pareja.*

- **Regla 3:** *No critiques.*

- **Regla 4:** *Da reconocimiento honesto y sincero.*

- **Regla 5:** *Preste atención a atenciones pequeñas.*

- **Regla 6:** *Sé cortés.*

- **Regla 7:** *Lee un libro de calidad sobre el tema de sexo en el matrimonio.*

En su número de junio de 1933, la revista estadounidense publicó un artículo de Emmet Crozier, *Porqué los matrimonios van mal*. El siguiente es un cuestionario reimpreso de ese artículo. Tú puedes sacar provecho de responder a estas preguntas, dándote diez puntos para cada pregunta puedes responder afirmativamente.

Para ESPOSOS

1.- ¿Todavía «acortejas» a tu esposa con un regalo ocasional de flores, recordándola en su cumpleaños y aniversario de boda, o con un poco de atención inesperada, algunas inesperadas expresiones de ternura?

2.- ¿Tienes mucho cuidado de no criticarla ante otros?

3.- ¿Le das dinero para gastar en su totalidad como ella elige, por encima de los gastos de la casa?

4.- ¿Haces un esfuerzo para entender sus estado de ánimo variables y ayudarla a través de sus períodos de fatiga, estrés e irritabilidad?

5.- ¿Compartes al menos la mitad de tus horas de recreación con tu esposa?

6.- ¿Te abstienes de comparar la comida de tu esposa o su limpieza de la casa con la de tu madre o de la esposa de Bill Jones, excepto a su favor?

7.- ¿Tomas un interés sincero en su vida intelectual, sus clubes y sociedades, los libros que lee, sus puntos de vista sobre los problemas cívicos?

8.- ¿Puedes dejar que baile con otro y recibir atenciones amistosos de otros hombres sin hacer comentarios celosos?

9.- ¿Te mantienes atento para oportunidades de poder alabarla y expresar tu admiración por ella?

10.- ¿La agradeces por las pequeñas cosas que ella hace por ti, como coser un botón, zurcir tus calcetines, y llevar tu ropa a la tintorería?

Para ESPOSAS

1.- ¿Le das a tu marido completa libertad en sus negocios, y te abstienes de criticar a sus asociados, su elección de una secretaria, o las horas que guarda?

2.- ¿Pones tu mejor esfuerzo para hacer que tu hogar sea un lugar interesante y atractivo?

3.- ¿Varias el menú de la casa para que él nunca sabe qué esperar cuando se sienta a la mesa?

4.- ¿Tienes una comprensión inteligente de los negocios de tu marido para que puedas platicar con él opinadamente?

5.- ¿Puedes enfrentar reveses financieros con valentía, alegremente, sin criticar a tu marido por sus errores o comparándolo desfavorablemente con otros hombres más exitosos?

6.- ¿Haces un esfuerzo especial para llevarte bien con su madre u otros de sus familiares?

7.- ¿Te vistes tomando en cuenta los gustos de tu marido y disgustos en cuanto a color y estilo?

8.- ¿Cedes tú en el interés de la armonía matrimonial cuando se trata de pequeñas diferencias de opinión sobre algún asunto?

9.- ¿Haces un esfuerzo para aprender juegos que a tu marido le gusta, para poder compartir con el en sus tiempos de ocio?

10.- ¿Haces un seguimiento de las noticias del día, los nuevos libros y nuevas ideas, para que puedas mantener el interés intelectual de tu marido?